"Lituraterre"
de
Jacques Lacan

ラカン
「リチュラテール」論

大意・評注・本論

佐々木孝次 著

天下之言性也

せりか書房

ラカン「リチュラテール」論――大意・評注・本論　　目次

第一部　　大意と評注　7p

第二部　　本論　77p

Ⅰ　文字まで　79p

　　　第一章　　欲動と表象　79p
　　　第二章　　表象からシニフィアンへ　86p
　　　第三章　　四つのマテーム　95p
　　　　　　　　A. シェーマ L　95p
　　　　　　　　B. 欲望のグラフ　109p
　　　　　　　　C. 四つのディスクール　133p
　　　　　　　　D. 性別化の論理式　161p
　　　第四章　　文字のステイタス　176p
　　　　　　　　A. シニフィアンと文字　176p
　　　　　　　　B. 文字と現実界　187p
　　　　　　　　C. 文字と無意識　198p

Ⅱ　文字の国へ　209p

　　　第一章　　沿岸的ということ　209p
　　　第二章　　「見かけでないようなディスクールについて」　224p
　　　第三章　　漢字の多義性　239p
　　　第四章　　音読みと訓読み　254p
　　　第五章　　翻訳の日本語　270p
　　　第六章　　「お前」（二人称）の大他者化　286p
　　　第七章　　言語活動と慣習　302p
　　　第八章　　無意識への問い　316p

あとがき　332p

「Lituraterre」テキスト　337p

第Ⅰ部　大意と評注

Lituraterre

Ce mot se légitime de l'Ernout et Meillet : lino, litura, litura-
rius. Il m'est venu, pourtant, de ce jeu du mot dont il arrive qu'on
fasse esprit : le contrepet revenant aux lèvres, le renversement à
l'oreille.

「リチュラテール」

《大意》
　表題のリチュラテール（Lituraterre）は、私の造語であるが、エルヌー
とメイエの『ラテン語語源辞典』にある lino、litura、liturarius のあいだ
のつながりからみても、この言葉遊びには理由がある。といっても、それ
はあるひとの口からついて出ると、耳には語音がさかさまに聞こえる転換
（contrepet）による洒落から思いついたのである。

《評注》
　はじめに、この論文が書かれたいきさつについてふれる。
　ラカンは、1971 年 1 月 13 日から、同年 6 月 16 日まで、「見かけでない
ようなディスクールについて（D'un discours qui ne serait pas du semblant）」
と題して、10 回の講義を行なっている。その間、4 月のはじめに日本を訪
れ、22 日には東京の出版社（弘文堂）で、『エクリ』の訳者たちを前に 2
時間話し、翌日、東京大学で阿部良雄氏のインタビューに応じている。そ
して、帰国直後の 5 月 12 日、「リチュラテールについて」と題して、その
年の 7 回目の講義を行なっている。
　この論文は、当時ラルース社から発行されていた、文学部の研究者や学
生向けの雑誌『文学（Littérature）』が、「文学と精神分析」の特集を組ん
だสいに、編集者の要請に応じて書かれ、71 年の秋（第 3 号）に発表され
た。内容は、上記の講義と表現や用語にいくらか違いはあるが、ほとんど

変わらない。

　題名の "Lituraterre" は、雑誌名 "Littérature" の "littera" を "litura" に、"ture" を "terre" に代えて言葉遊びをしている。これは（e）と（u）の音韻を入れかえて、言語学では語音転換（contrepet）と呼ばれる発音の誤り、ないしは意識的な言葉遊びとされている。ラカンは、A. Ernout と A. Meillet の Dictionnaire étymologique de la langue latine（『ラテン語語源辞典』）にある lino（塗る）、litura（塗りつけること）、liturarius（塗りつけた）のあいだのつながりからも、自分の言葉遊びには理由があると書いている。一方、講義では、それらの語が語源的には littera（文字）とは無関係で、もともと意味につながりはないと言っている。ラテン語の littera は、litteratura（文字の教え）とつながり、フランス語の littérature（文学）の語源であるが、litura は、同じラテン語の littera とは関係がないと言うのである。しかし、同時に、それはこれから話そうとすることにはどうでもよく、語音転換の言葉遊びと綴り字の語源的なつながりとは別の事柄で、その遊びには、次のような理由があると言っている。

Ce dictionnaire (qu'on y aille) m'apporte auspice d'être fondé d'un départ que je prenais (partir, ici est répartir) de l'équivoque dont Joyce (James Joyce, dis-je) glisse d'a letter à a litter, d'une lettre (je traduis) à une ordure.

《大意》

　この辞書を見ていただきたい。あのジョイス（私は、作家のジェイムズ・ジョイスを言っているのだが）は、a letter すなわち文字、手紙を a litter すなわちゴミ、屑に語音転換して、多義性をもたらした。私は、そこから出発（départ）したのだが、出発する（partir）とは、ここでは多義性を配分して、適切に割りふる（répartir）ことである。この辞書は、そのことに力を貸してくれる。

8

《評注》

　ラテン語の lino は、「塗りつける」ことである。辞書から連想されるのは、語源的なつながりがないにしても、それによって何かを「遮断する」ことである。近代語の lino-leum（リノリウム）も遮断性の床材で、水や油を透さない。その性質を littera に近づけてみると、文字の一義性と多義性が浮かぶだろう。すなわち、一義性は、文字がその多義性を遮断することによって何かを隠蔽する性質に通じ、文字を利用する言葉遊びは、その一義性から多義性へと意味をずらすことである。ラカンは、あえて言語学による語源の知識にさからって、lino を litura に近づけた。それによって、大学人向けの雑誌『littérature』が守ろうとしている『文学』の一義的な意味を、多義性に向けて開こうとしている。Répartir とは、既存の言葉の建物の閉じた門を開き、言葉を広い意味作用へ向け変えるとともに、その建物の構造を見きわめて、開放のプランを作ろうとすることである。古典語の辞書は、そのためにこそ役立てられる。

　On se souvient qu'une « messe-haine » à lui vouloir du bien, lui offrait une psychanalyse, comme on ferait d'une douche. Et de Jung encore…

《大意》

　思い起こせば、ジョイスの後援者だったある女性（messe-haine）は、善意から、彼に精神分析を勧めたことがあった。しかし、その精神分析は、ジョイスが編み出す言葉の多義性を、ちょうどシャワーで洗い流すように一義性に還元してしまおうとしていた。そう、それはやはりユングの精神分析だった……

《評注》

　messe-haine は、ラカンの造語で、「カトリックのミサ（messe）」と「憎しみ（haine）」を合成している。同時に、mécène と同音で、こちらは芸

術家や文芸作家の女性後援者を指している。この後援者は、パリで 1919 年にシェイクスピア・アンド・カンパニー書店を開いたアメリカ人女性、シルヴィア・ビーチである。彼女は、22 年に、ジェイムズ・ジョイスの『ユリシーズ』の初版を、多くの困難を乗りこえて出版した。その後も、ずっとジョイスの後援者であり続けたが、同時にアーネスト・ヘミングウェイ、エズラ・パウンドなど、いわゆる「失われた世代」のアメリカ人作家、詩人たちをヨーロッパ社会に紹介して、フランスの現代文学に大きな影響を与えた。Haine は、語義上は「憎しみ」だが、広く後援者のその対象者に向ける愛と憎しみの葛藤を示唆しているとも受けとれる。

ジョイスの長女ルチアは、1929 年、22 歳の頃から精神障害に悩み、32 年には錯乱状態に陥って、その後は入退院をくり返し、82 年に精神病院で没した。その間、多数の精神科医から診療を受け、ユングも有力なひとりだった。ジョイスは、そのために大きな負担を背負い、精神的にも不安定であったのを、ビーチは、彼自身にユングの分析を受けるように勧めた。ラカンは、それをジョイスが断わったことにふれている。ジョイスは、ユングよりはるかにラカンの近くにいる。ジョイスは文字を書きながら、ラカンの精神分析理論を実践していたからである。ジョイスにとって、ユングの治療法は、その方向がまったく逆であった。ユングは文字（象徴）の解釈にあたって、ひたすらそれを囲む枠を作ろうとしていた。つまり、文字の意味を探求し、象徴の表象する内容を構築しようとしていたのである。

ラカンは、1964 年のセミネール『精神分析の四基本概念』（邦訳、岩波書店）が文字となって出版されたとき、その後記に、「『エクリ』が買われるとしても、それは読まれるためではないが、本書は、きっと読まれるだろう」と書き、続けてジョイスについて、次のように書いている、「つまるところ、読まれるために書いたのではない『エクリ』をもたらした（introduire）のは、あのジョイスだった。いや、ジョイスはもたらしたと言うより、翻訳されなくした（intraduire）のである。というのも、彼は言葉を各国語を越えた通行手形にしてしまったので、それはほとんど翻訳されることもなく、どこの国でも同じように、まずは読まれないものになってしまったからである」。ジョイスのそのような立場からみると、ユング

の精神分析は、人生経験の全体像なるものをあらかじめ想定している実証主義者の治療法である。

Au jeu que nous évoquons, il n'y eût rien gagné, y allant tout droit au mieux de ce qu'on peut attendre de la psychanalyse à sa fin.

A faire litière de la lettre, est-ce saint Thomas encore qui lui revient, comme l'œuvre en témoigne tout de son long ?

Ou bien la psychanalyse atteste-t-elle là sa convergence avec ce que notre époque accuse du débridement du lien antique dont se contient la pollution dans la culture ?

《大意》

そういう精神分析は、われわれの考えている言葉遊びの面から見ると、ジョイスの用語法の中心にある多義性を消してしまうもので、彼にとっては得るものが何もなかったろう。ジョイスは、精神分析には最後になってやっと期待できるような、いちばん良い地点へまっすぐ向かっていたのである。

ジョイスは、その作品がいたるところで示しているように、まるで文字を家畜の寝床に敷く藁のごとく惜しげもなく濫費している。それは、あの厖大な『神学大全』を「籾殻のように（sicut palea）」書き残したトマス・アクィナスが、彼に再来していたからなのだろうか。

それとも、われわれは、古代からのつながりによって文化のなかに汚染がはびこり、そこでじっとしているが、今日の時代は、そのことを非難しつつ開放を求めている。精神分析は、ひょっとすると、その叫びに唱和するのを受け合っているというのだろうか。

《評注》

ユングは、象徴と表象との関係を考究して、ひとが遺伝的に受けついだ

共通するイメージと、その形態の全体的様式を明らかにしようと努めていた。「タイプ（心理的類型）」や「原型」のような観念がそれを表わしている。それに対して、ジョイスは、言葉の意味をそれまでの表象の枠からそとに出して、それを遊具として使用しながら、言葉の威圧に悩む精神の治療に役立てようとした。その試みは、精神分析療法の核心に通じている。話すひとにとって、心の病は、話す病である。ひとと話の関係が、言葉となって聞かれる。ラカンは、言葉の「多義性」という用語によって、その意味を「一義性」に向けようとする慣用の締めつけから解かれることを言おうとしている。精神分析療法も、とどのつまりは、ひとがそのひとの自由によって言葉の意味作用にとどくのを期待している。そして、その長い道のりの例として、言葉の「濫費」をあげているのである。

　また、ラカンは、その「一義性」を文化の汚染と考えている。それは慣習によって社会のなかにはびこり、われわれ（ヨーロッパ語）のディスクールを窮屈で、動きのとれない柵のなかに閉じ込めてしまった。彼は、今日の反抗と解放への動きを、ディスクールの開放、すなわちものの言い方を変えることだと見なしている。

J'avais brodé là-dessus, comme par hasard un peu avant le mai de 68, pour ne pas faire défaut au paumé de ces affluences que je déplace où je fais visite maintenant, à Bordeaux ce jour-là. La civilisation, y rappelai-je en prémisse, c'est l'égout.

Il faut dire sans doute que j'étais las de la poubelle à laquelle j'ai rivé mon sort. On sait que je ne suis pas seul à, pour partage, l'avouer.

《大意》
　私は、たまたま、1968年のパリにおける5月革命の直前に、今はそこから場所を移しているが、ちょうどその頃ボルドーで、そこに集まった人のなかで途方にくれていた人たちを励まそうと、当時のことを大げさにお

しゃべりしたことがある。私がそこでそのとき受け合ったのは、文明とは
下水道だということである。

　たぶん、私は、自分の運命を預けてきたごみ箱に少々うんざりしていた
と告白しなければならないだろう。しかし、ご存知のように、そう告白し
ている（l'avouer）のは、私ひとりではない。

《評注》

　文明は、汚水や排水を流すための設備である。それをディスクールにつ
いて見ると、ディスクールは、その結果として排出される文字を流し出す
ための施設である。文字は、ディスクールから出た残滓であり、廃棄物で
ある。それが溜まって、設備が尋常に稼動しなくなると、人びとのあいだ
に騒動が起こる。

　5月革命では、パリの大学生が政府の教育政策に不満を爆発させて、暴
動を起こしたのをきっかけに、広範な労働者、市民の反対運動が起こった。
当時、ド・ゴール体制によって維持されていた政権は、6月には総選挙に
追い込まれ、翌年、ド・ゴールは、大統領を辞任した。しかし、暴動の是
非を問う総選挙の結果は、ド・ゴール派が圧勝し、約束された変革ととも
に革命の危機は去った。

　ラカンは、ボルドーで何を話したか。その詳細は明らかでないが、精神
分析の立場は、文明の姿を知って、汚水の排出を良くすることだろう。そ
のさい、暴動に直接加わるかどうかは尋ねない。排水の出口を塞いでいる
文字の読みを変えながら、硬直した文明の壁に風穴を開けて、ディスクー
ルの移動を手助けすることだろう。彼が運命を預けてきたのは、当然、ギ
リシア時代以来のヨーロッパ文明であるが、そこでは長い時間のあいだに
ディスクールの廃棄物としての文字が堆積し、一定の読みを押しつける慣
習のために息がつまる。

　今日では、一人ならずのひとが、そういうゴミ箱としての環境にうんざ
りしていると語っている。

L'avouer ou, prononcé à l'ancienne, l'avoir dont Beckett fait balance au doit qui fait déchet de notre être, sauve l'honneur de la littérature, et me relève du privilège que je croirais tenir ma place.

La question est de savoir si ce dont les manuels semblent faire étal, soit que la littérature soit accommodation des restes, est affaire de collocation dans l'écrit de ce qui d'abord serait chant, mythe parlé, procession dramatique.

《大意》

　告白する（l'avouer）は、古い発音では（avouere）で、現在では、持つ（l'avoir）」すなわち所有である。ベケットは、この言葉からわれわれの存在の残滓となっている負債の差引残高表を作り、それによって文学の名誉を救い、私がいま自分のいる場所にいられるだろうと思っていたところから、私を引き離してくれた。

　肝心なのは、文学の手引書に並べられていそうなこと、すなわち残滓の配列順序としての文学、最初は歌や語られた神話や一連の劇であったらしいそれらの書かれたものが、はたして法律上は破産した後の負債の弁済順序の問題であるかどうか、それを知ることである。

《評注》

　ベケットは、とくに戯曲『勝負の終わり（Fin de partie、「チェスの終盤戦」の意)』において、avoir（持つ、所有）とêtre（ある、存在）のテーマを展開している。ラカンの比喩は、それを貸し方（l'avoir）と借り方（le doit）におき代えて、存在を借り方としている。すなわち、文明が押しつけるひとの存在とは、借り方であり負債である。それは貸し方とバランスをとって良き存在になること、すなわち安定した自我になることであるが、精神分析は、ひとをそこに導こうとする療法ではない。借り方としての存在には、つねに負債の残高がごみ屑として残っている。それが貸し方の持ち分である。そこで、ひとはいつも貸借対照表をもとにやりとりをしているが、それには終わりがない。その過程は、ちょうどチェスのゲームで

だんだん駒が取られていくように、盤面が空になるのを待つだけである。

　文学の手引書には、借り方の負債項目が並べられ、それが時代や土地の要求する配列順序にしたがって記されている。貸方は、その借り方に載った残滓としての文学に、さらに新しい文字を貸与する。貸方は、文字を持っているが、それをせっせと借り方に用立てしながら、ゴミ箱を一杯にしている。ベケットは、その様子を『勝負の終わり』に登場する4人の人物によって表現している。見逃せないのは、戯曲が貸借の収支バランスを取ろうとする出口のない営みの仕組に目を向けていることである。ここで、文学は、はたして借り方が破産した後の残務整理の問題であるかどうか、それが問われている。

　Pour la psychanalyse, qu'elle soit appendue à l'Œdipe, ne la qualifie en rien pour s'y retrouver dans le texte de Sophocle. L'évocation par Freud d'un texte de Dostoïevski ne suffit pas pour dire que la critique de textes, chasse jusqu'ici gardée du discours universitaire, ait reçu de la psychanalyse plus d'air.

　Ici mon enseignement a place dans un changement de configuration qui s'affiche d'un slogan de promotion de l'écrit, mais dont d'autres témoignages, par exemple, que ce soit de nos jours qu'enfin Rabelais soit lu, montrent un déplacement des intérêts à quoi je m'accorde mieux.

《大意》
　精神分析は、どれほど強くエディプスの神話に結ばれていようと、ソフォクレスのテキストのなかに精神分析におけるエディプスを探したところで、何も見つからない。フロイトは、エディプス・コンプレックスにおける愛と憎しみの二重性について、1928年の論文（「ドストエフスキーと父親殺し」）で言及しているが、そのテキストだけでは、今日まで大学人のディスクールのために保護されている禁猟区のテキスト批評が、そこか

ら何か新しい刺激を受けとったとは言えまい。

　ここで、私の講義は、書かれたものの地位向上というスローガンを掲げて、大学人のディスクールから分析者のそれへとディスクールの場所を移動させようとしている。しかし、それには他にもいくつかの証言があり、例えば、ラブレーが今日になってやっと読めるようになったのではないかというような読者の関心の変化に、私はそれこそ賛意を表わしているのである。

《評注》

　フロイトの理論は、たしかにソフォクレスの戯曲「オイディプス王」に決定的な影響を受けたと言えるだろうが、戯曲は、あくまでも書かれたものである。それはディスクールの残滓であって、そこに精神分析の中味があるわけではない。精神分析は、あくまでも残務整理という行ないであり、広い意味では、それを読み、解釈して、貸し借りの釣り合いをとらせることである。

　大学人のディスクールは、これまでテキストについての知識を集め、それらを貯めて使用する場所は、とくにそのディスクールのために保護されていた。ラカンは、それを分析者のディスクールに移動させようとするが、それによって知識をより豊かにし、大学人のテキスト批評を向上させようとするのではない。もっぱら文字の読み方を変えようとするのである。そのために、ラブレーの名をあげている。彼は今から400年も前に、当時の体制が押しつけようとした言葉の一義性を笑いとばして、意味にとらわれず、種々雑多な言葉を乱発して、その多義性や自由なものの言い方に道を開いた。精神分析も、言葉の慣用的に固定した意味を鵜呑みにせず、その使用法をゆさぶって、ディスクールを移動させようとしている。そこで、言語記号の使用上の多義性と、根本的な無意味性とに目を向けようとする現今の動きに合流する。

　J'y suis comme auteur moins impliqué qu'on n'imagine, et mes Écrits, un titre plus ironique qu'on ne croit : quand il s'agit soit de

rapports, fonction de Congrès, soit disons de « lettres ouvertes »
où je fais question d'un pan de mon enseignement.

Loin en tout cas de me commettre en ce frotti-frotta littéraire
dont se dénote le psychanalyste en mal d'invention, j'y dénonce la
tentative immanquable à démontrer l'inégalité de sa pratique à
motiver le moindre jugement littéraire.

《大意》

　だが、私は、ひとが想像するほどそのことに文字を書く著述家としてか
かわっているわけではない。私の『エクリ』（書かれたもの）にしても、そ
の表題は、ひとが思う以上に反語的（ironique）である。そこに収録され
ている論文は、例えば「学会」で行われる口頭報告とか、いわゆる「公開
状」（公開の手紙）のように、精神分析家としての私の講義が、たんに他
のいくつかのディスクールのなかにあってはたすべき役目について問題を
提起しているにすぎないのである。

　私は、いずれにしても、着想の乏しさに苦しむ精神分析家が示している
ような、文学とのべたべたした関係に巻き込まれないで、精神分析家がそ
の実践によって得たところから試みる文学的判断を正当化しようとすれば、
それは必ず見当はずれに終わる、そうした試みについて明らかにしている
のである。

《評注》

　著述家は、文字を書くのをおもな仕事としている。ラカンは、とくにそ
のような書き手として自己規定しているわけではないと言うが、このとき、
彼は書き手を二つのタイプに分けているようである。一つは、ソフォクレ
ス、ラブレーからジョイス、ベケットにいたる文学作品の書き手と、もう
一つは社会活動のなかで推論による論証的な叙述を行なう、彼のような書
き手である。そのなかで、彼の書いたものは多くないが、たいていは学会
報告をもとにした文や、公開の手紙、意見書などである。それらは、おも
にフランスの精神分析家がその当時におかれていた状況を反映している。

「Lituraterre」　大意と評注　　17

良い例としては、有名な「ローマ講演（Fonction et Champ de la parole et du langage en psychanalyse）」（1953年）や「《盗まれた手紙》についてのセミネール」（1955年）がある。二つは、文字にされ、発表されたときは同じ（1956年）だが、ともに当時の当時の国際精神分析協会（I．P．A）とその影響下にあったフランス精神分析界のなかにあって、分析者のディスクールの役割を強調したパロールをもとにしている。

　このタイプの書き手は、文学作品を書くのではなく、時代の支配的なディスクールを揺さぶろうとするのが共通している。例えば、マルクスは、主人のディスクールによって、ニーチェは、ヒステリー者のディスクールによって、フロイトは、分析者のディスクールによって、それを試みたと言えよう。ラカンは、そうしたタイプの一人として、フロイトの実践した分析者のディスクールを再開し、刷新しようとしている。そこで、精神分析家は、ある文学作品を話題にするとき、とくにそのディスクールの実践に気を配るべきである。それを忘れて、タイプの異なる書き手の文字に引きずられ、それと癒着すれば、既存の知識を利用して、作品の新たな理解に一役買おうとする大学人のディスクールに合流することになる。分析者のディスクールは、たとえそうして作品に一定の評価を下そうとしても、そのことにはもともと力が及ばないし、また、そうしてはならないのである。

　『エクリ』が反語的（ironique）であるのは、分析者のディスクールと書かれた（エクリ）文字との関係を示唆している。分析者のディスクールにとって、文字は、そもそも余分なものである。精神分析家は、好んでソクラテスを最初の分析者だと言うが、彼は一生何も書かなかった。文字は、ディスクールからこぼれ落ちた残りものであり、分析は、「言うこと」と「聞くこと」で足りるはずである。しかし、その本質は、いつも文字によって反語的に、つまり本質とは正反対の外見をとって現われる。そこで、分析者のディスクールにとっては捨て去るべき残滓である文字を問題の俎上にのせるのに、文字をもってする。ラカンは、『エクリ』について「あれは良く売れたが、読まれなかった。もともと、読まれるために書いたわけではない」と言った。「読まれる」とは、ふつうは文字について言われるが、ここではそうではない。精神分析家にとって、文字は「聞かれる」もので

ある。つまり、それを聞き、それから読むのである。そのようにして読むとは、分析理論の従来からの意味では、解釈することである。すなわち、『エクリ』は、文字からできた本としては売れたが、分析者のディスクールによって解釈されていない。そこに、反語的な含みがある。

Il est pourtant frappant que j'ouvre ce recueil d'un article que j'isole de sa chronologie, et qu'il s'y agisse d'un conte, lui-même bien particulier de ne pouvoir rentrer dans la liste ordonnée des situations dramatiques : celui de ce qu'il advient de la poste d'une lettre missive, d'au su de qui se passent ses renvois, et de quels termes s'appuie que je puisse la dire venue à destination, après que, des détours qu'elle y a subis, le conte et son compte se soient soutenus sans aucun recours à son contenu. Il n'en est que plus remarquable que l'effet qu'elle porte sur ceux qui tour à tour la détiennent, tout arguant du pouvoir qu'elle confère qu'ils soient pour y prétendre, puisse s'interpréter, ce que je fais, d'une féminisation.

《大意》
　しかし、私がその書かれたものの集録（『エクリ』）を、全体として執筆時の順に沿った編年体の体裁から切り離して、ある短い物語（ポーの「盗まれた手紙」）の話題から始めているのは、やはりそこに特別の思い入れがある。もっとも、その物語は通常の劇的な構成のリストに加えられるものではなく、きわめて独特なもので、一通の手紙のおかれた場所が生みだす状況の物語である。手紙が送られているのは知られていて、それがあるひとに意味の効果を生んでさえいれば、そのひとの宛先に届いていると言えるひとたちがいるのだが、じっさいには手紙が迂回を重ねた後になっても、物語とその叙述は、手紙の内容にはいっさいお構いなく進行するのである。そして、もっと驚くべきことは、手紙がそれを手にした人々に対し

て及ぼす効果である。人々は、手紙が与えてくれる力についてあれこれと思い描き、それに期待しながらも、つまりは女性化（féminisation）として解釈するより仕方がないような結果に終わるのである。

《評注》

　ラカンは、1966年に『エクリ』を出版したとき、論文を執筆時期の順に並べた全体の編集を離れて、ポーの短編小説「盗まれた手紙」についてのセミネールを巻頭においた。本論（「リチュラテール」）も、彼の死後20年目にJ-A・ミレールが編集した『オートル・ゼクリ』（Autres écrits）のなかで、やはり全体の編年体の形式を離れて巻頭におかれている。「手紙（lettre）」は、フランス語で「文字」の意味でもある。文字は、ラカンの精神分析理論のなかで、彼の生前も死後も、その役割が大きいと考えられているのである。

　「盗まれた手紙」には、最初の場面と第二の場面があり、それぞれに三人の人物が登場する。最初は、「王」と「王妃」と「大臣」、次は「警察」と「大臣」と「デュパン」である。「手紙」は、王妃がそれを読んでいるとき、王が入室し、王妃はあわてて抽斗に隠そうとするが、間に合わず、ひろげたまま卓の上におく、そこへ大臣がやってくる。この場面で、王は何も発見できない。王妃はそれを知って、安心する。大臣は、王が何も見ていないのと、王妃が安心しているのを知り、似たような手紙を出して、王妃の手紙と取りかえるが、王妃は、それを見ながら何もできない。次の場面は、手紙が大臣の事務室の中央の安っぽい状差しのなかに無造作に差し込まれていて、だれの目にもとまる。しかし、警察は、部屋を1ライン（1インチの12分の1）の50分の1も見逃さずに捜索したが、発見できなかった。大臣は、警察が何も見ていないのを知って安心している。しかし、デュパンは、大臣が安心しているのを見て、手紙を発見する。そして、後日、偽物を作って大臣を再訪し、それを盗まれた手紙と取りかえる。

　この物語についてのセミネールが行われたのは、1955年4月（邦訳、『自我』下、収録、岩波書店）で、書かれたものとして発表されたのは、1957年（邦訳、『エクリ』Ⅰ、収録、弘文堂）であるが、その後、あちちで話

題になった。私は、30年ほど前、それについての小論考を、J・デリダの批判的論評（邦訳「真理の配達人」、『現代思想—デリダ読本』収録、1982年、青土社）と、B・ジョンソンの批評（邦訳「参照の枠組み」、『現代思想・総特集、ラカン』収録、1981年）を材料として取り上げて、ある文芸雑誌に発表する機会をもった（「シニフィアンをめぐる物語」、拙著『幻影のディスクール』収録、1986年、福武書店）が、50年代には、ラカン自身も手紙（文字）を、ときにシニフィアンと呼び、両者の区別は、現在ほどはっきりしていなかった。しかし、彼はフロイトの夢の理論を受け継いで、文字を早くから無意識の土台をなすとみていた。とくに、このセミネールの2年後に発表された「無意識における文字の審級、あるいはフロイト以後の理性」（1957年、邦訳、『エクリ』Ⅱ、収録、弘文堂）では、その考えが明らかにされる。無意識は、文字となって構造化され、それが音声となって発言されるのである。

　J・デリダの批判は、いつものように、細部におけるきわめて精緻な論理の展開を見せているが、それはジョンソンの指摘するように、かえって「手紙（文字）」の効果についてラカンが述べていることの妥当性を明らかにする結果となっている。つまり、「デリダが実際に反駁していたのは、ラカンのテキストではなくて、ラカンの『効力』、すなわち、当時のフランス言論界に強い発言力、説得力をもつ括弧つきの『ラカン』なのである」。デリダは「手紙」を「真理の配達人」として、無理に、性急に「存在」にまで仕立てようとしたが、その「存在」は、じつはデリダ自身が想像的に描いた、どこにもいない「ラカン」だったので、「それはセミネールの示す最終的な真理をわれわれに伝えてくれるどころか」、「ただ、どんな形であれ、究極的な分析のメタ言語など絶対にありえないことを、身をもって演じてみせることしかできなかった」のである。すなわち、ラカンの主張を逆説的に論証して見せたのである。

　「盗まれた手紙」の主役は、あくまでも「手紙（文字）」であって、それを巡って想像的な堂々巡りを繰り返す登場人物たちではない。しかも、手紙の内容は、いちども明らかにされないのであって、そこに「真理」と一つになるような「存在」を探してもむだである。ただし、登場する者たち

のなかで、自分が手紙の所有者だと想像している人物は、ただちに石化したように動けなくなるのに注意しよう。その事態は女性化（féminisation）と呼ばれている。手紙の内容は一義性を脱け出して、多義性をおびて拡散し、所有者は、それをどう使用するべきかを分からずに、受動性と不動性のなかに身をおく。あれほど抜け目なく活発に動いていた大臣も、まったく例外でない。彼は、政治的目標に向かう行動力を失い、デュパンの知恵に身を任せ、なすがままにされる。手紙は登場人物たちに、そのような効果を及ぼす。多義性と受動性をおびていることが、すなわち手紙そのものの力であり、それによって舞台を動かすのである。

Voilà le compte bien rendu de ce qui distingue la lettre du signifiant même qu'elle emporte. En quoi ce n'est pas faire métaphore de l'épistole. Puisque le conte consiste en ce qu'y passe comme muscade le message dont la lettre y fait péripétie sans lui.

Ma critique, si elle a lieu d'être tenue pour littéraire, ne saurait porter, je m'y essaie, que sur ce que Poe fait d'être écrivain à former un tel message sur la lettre. Il est clair qu'à n'y pas le dire tel quel, ce n'est pas insuffisamment, c'est d'autant plus rigoureusement qu'il l'avoue.

《大意》
　そのことが、文字とシニフィアンの関係を明らかにするのである。文字は、シニフィアンと連れ添い、それを運ぶけれども、その内容（contenu）には何ら頼るところはない。そこが、シニフィアンとは截然と区別されるところである。隠喩（métaphore）は、いつも何らかの意味にかかわるのであるが、手紙（文字）は、いくら巡回しても隠喩にかかわらない。というのも、物語のなかで、手紙のメッセージはまるで手品師が使う小さな玉のようにどこかに消えているけれども、手紙は、そんなことにはお構いなく、次々と事件を生んでいくからである。

私の批評が文学的なものとして受けとられるのはやむをえないが、私は、もっぱらポーが作家として手紙（文字）についてのそのようなメッセージを送っていることに目を向けようとしている。ここでは、それがどういう手紙であるかを言っていない。それはだれの目にも明らかだが、かといって、けっして言い足りないのではない。むしろ、どういう手紙であるかを言ってしまうより、ずっと厳密なのである。

《評注》
　文字は「書かれ」、「読まれる」。それがディスクールの効果として、シニフィアンと区別され、とくに言及されるのは、1969 年のセミネール（「4つのディスクール」）以後のことである。ただし、上の原文にある文字とシニフィアン（signifiant même……）の区別は、2006 年に出版されたセミネールの記録では、文字と主・シニフィアン（signifiant maître, en tant qu'ici……）の区別となっている。主・シニフィアン（または、主人のシニフィアン）は、「主人のディスクール」における初発の動因として、はじめに見かけの場所に現われるシニフィアンを指すとき、とくに言われることが多く、「S_1」と表記されるか、あるいは「純粋シニフィアン」と呼ばれるシニフィアンに近い。あらゆるシニフィアンは、本質的に同等であり、お互いの差異のみによって区別される。それらが、ときに「主」「純粋」などと形容されるのは、それらにまったく「意味」がなく、「シニフィエ」から離れ、それ自体で主体を代理表象しているからである。意味は、シニフィアンの意味作用の効果として生まれる。あるシニフィアンが、とくに「主」とされるのは、あくまでもディスクールのなかで、それがおかれる場所のせいであって、どのシニフィアンも主・シニフィアンになることができる。それゆえ、ここで文字と区別されるのは、一般のシニフィアンととって差し支えないだろう。
　手紙（文字）は、そのようなシニフィアンを封筒のなかに入れて運搬する。そして、文字からは、さまざまなシニフィアンが生まれる。しかし、その内容（意味）は、最後まで、いちども明らかにされない。ラカンは、かえって、それがポーの物語を論理的にも厳密なものにしていると言う。

「Lituraterre」　大意と評注　　23

隠喩は、シニフィアンのもつ意味作用の効果から生まれる意味の一面である。しかし、手紙は、そのような意味や隠喩にお構いなく、次々と場面を動かしていく。それゆえ、登場人物たちの欲望をシニフィアンや表象の内容から探ろうとする必要はない。それは手紙の巡回とともに移動する、お互いの関係図から探られるべきである。したがって、精神分析からの文学批評と見なされる発言も、その分野における作品の新たな意味づけや、評価についてではなく、その作品からどれだけの理論的なてこ入れが引き出せるかについて行われるのである。

　　Néanmoins l'élision n'en saurait être élucidée au moyen de quelque trait de sa psychobiographie : bouchée plutôt qu'elle en serait.

　　(Ainsi la psychanalyste qui a récuré les autres textes de Poe, ici déclare forfait de son ménage.)

　　Pas plus mon texte à moi ne saurait-il se résoudre par la mienne : le vœu que je formerais par exemple d'être lu enfin convenablement. Car encore faudrait-il pour cela qu'on développe ce que j'entends que la lettre porte pour arriver toujours à sa destination.

《大意》

　とはいえ、そこを言わないで飛ばしてしまうことが、作者の何か心理的伝記（psychobiographie）の面から明らかにされることはないだろうし、そういうことをすれば、かえって解明が妨げられてしまうだろう。

　（そんなわけで、ポーの他のテキストについて大いに論じたあの女流精神分析家も、その点については何も言わなかったのである）

　私自身のテキストも、また私の心理的伝記によって解明されることはないだろうし、私は、それゆえ最後にはそれが適切に読まれるのを願うこともできるだろう。また、それゆえに、私が言っていること、つまり手紙はいつもその送り先に届いているのを分かっていただきたい。

《評注》

　手紙（文字）は書かれ、いつか読まれはするだろうが、その本質は、た
とえ読まれはしても、その内容が分かったとは言えないことである。むし
ろ、内容は謎としてわきにおかれたまま、舞台はまわり続けるのである。
ポーを論じながら、その謎の由来を解明できなかった例をあげているが、
その女流精神分析家は、マリー・ボナパルト（1882 - 1962）である。彼女
は、ナポレオン・ボナパルト家の数少ない子孫の一人で、早くからウィー
ンにフロイトを訪ねて、精神分析をフランスに紹介していた。また、1938
年の夏、フロイトがロンドンに亡命するさい、ナチスと交渉し、彼をパリ
の駅に迎えたことでも知られている。多数の著書があり、1933 年には、
ポーに関する 3 巻本の大著（『エドガー・ポー、その生涯と作品』）を出版
して、まもなく英語とドイツ語に翻訳されている。同著では、ポーのテキ
ストを広く、詳細に分析しているが、「盗まれた手紙」については、ポー
がどうして手紙の内容を不問に付したまま、それを無視しているかについ
ては考究されていない。彼女は、ポーの精神史的遍歴とその作品との関係
を徹底的に分析しているが、ラカンは、手紙の本質は心理的な側面から解
明できるものではなく、彼女には物語におけるその役割が理解できなかっ
たので、沈黙していたと言うのである。

　手紙（文字）を読むとはどういうことか。たいてい、それを読もうとす
るのは、その一義性に向かおうとすること、すなわち意味を確定しようと
することであるが、結局、それは徒労に終わるだろう。手紙は、いつもそ
の宛先に届いている。だれでも、その宛先人になるが、その内容は、だれ
にも分からない。けれども、それは宛先人のあいだに意味作用を生む。そ
の結果、そこで意味の効果を生みさえすれば、そこにいる人はすべて宛先
人である。それゆえ、手紙はもっぱらその内容を明らかにしようとするよ
りも、それが登場人物たちを動かす舞台の仕組みの方に、すなわち全体の
構造の方に目を向けなくてはならない。

Il est certain que, comme d'ordinaire, la psychanalyse ici reçoit, de la littérature, si elle en prend du refoulement dans son ressort une idée moins psychobiographique.

Pour moi si je propose à la psychanalyse la lettre comme en souffrance, c'est qu'elle y montre son échec. Et c'est par là que je l'éclaire : quand j'invoque ainsi les lumières, c'est de démontrer où elle fait trou. On le sait depuis longtemps : rien de plus important en optique, et la plus récente physique du photon s'en arme.

Méthode par où la psychanalyse justifie mieux son intrusion : car si la critique littéraire pouvait effectivement se renouveler, ce serait de ce que la psychanalyse soit là pour que les textes se mesurent à elle, l'énigme étant de son côté.

《大意》

いつものことであるが、精神分析が文学から何かを受け取るのは確かである。ただし、そこには条件がつく。すなわち、精神分析でいう抑圧について何かを得るなら、そのとき心理的伝記からの着想は、ますます少なくなるということである。

私が精神分析に対して、手紙はその引き取り手がない（en souffrance）と言うのは、精神分析において、手紙がその役割をはたしていない（son échec）からである。そこで、私は手紙に光を当てるのであるが、私がそうするのは、手紙が穴（trou）になっているのはどこであるかを明らかにするためである。ずっと以前から、われわれは光学で、最近では物理学の理論的武器として、光子（photon）より重要なものはないのを知っている。

そこに、精神分析が口をはさむのを自己正当化するやり方がある。というのも、文学批評がじっさいに自己革新をなしうるとしたら、そこに精神分析があって、テキストはそこで判断されるからである。つまり、謎は精神分析の側にあって、精神分析は文学作品に何か解答を与えるのではなく、おそらく文学作品によって新たな謎が、精神分析に与えられるからである。

《評注》

　抑圧は、欲動から生まれる表象を無意識のなかに押しやって、そこにとどめようとする精神過程である。この古典的な定義では、しばしばそこで思考や記憶やイメージなどの表象が忘れられるとされている。しかし、ポーの「盗まれた手紙」は、抑圧され、忘れられているのが、そのような表象ではなく、手紙が登場人物たちのあいだを巡回し、意味の効果を生んでいる動きそのものであると語っている。それゆえ、作品を解釈するのは、手紙の内容をポーの心理的伝記にからませて突き止めようとすることではない。解釈は、精神分析家の職業的な義務であるが、それは分析主体の言語活動とふるまいのなかから何らかの意味を取りだすことである。その何かを広い意味で対象と呼ぶと、解釈が向かうのは、欲望の対象である。それが防衛によって隠され、遠ざけられているのだが、解釈するのは、対象の意味を確定することではない。手紙の内容は、無視されてよいわけではないが、ポーの作品は、むしろそれが分からず、はっきり読みとられないままに、人々のあいだで意味の効果を発揮している。そこから、精神分析は、解釈についてのヒントを受け取り、解釈が向けられるのは確定された対象の意味ではなく、むしろ、意味を確定しようとする手紙（文字）の動きそのものであるのを教えられる。

　ところで、ラカンは、その手紙はいつも送り先に届いていると言ったが、ここでは、その引き取り手がない（en souffrance）と言い、それは役目をはたしていない（son échec）からであると言う。引き取り手がないのは、その宛先人がはっきりしていないということで、役目をはたしていないのは、それが読まれていないことである。つまり、手紙（文字）は、いつもそれを目にするひとの前にあるのに、きちんと受け取られず、読まれもしないということである。それは内容を読まれないばかりではい。もっと重要なのは、手紙そのものが巡回するありさまである。精神分析における解釈は、このとき、どういうことになるだろうか。ラカンは、ここで、光（lumières）を用いると言う。光は、18世紀のいわゆる啓蒙時代（Siècle des lumières）の光で、知性による「啓蒙」であり、彼は『エクリ』の刊行時（1966年）から、分析者のディスクールの役割について、その言葉を使っている。ここでは、

「Lituraterre」　大意と評注　　27

その光を手紙から生まれる穴（trou）に当てると言うが、穴は、欠けている個所であり、手紙が読まれないところである。そして、その欠けているところから、広く対象の意味の問題が生まれてくるのである。

　解釈の対象に一義的な意味を与えようとしても、それは失敗する。精神分析の経験が、そのことを教えている。手紙にそもそもの意味があって、それを復元しようとする解釈は、啓蒙的でない。一般に、本来の意味とか、本当の意味などと言って対象の属性を追っていこうとするのは、はじめから言語活動から生まれる虚構にとらわれているのである。そこから、一義的な有意味性を離れ、多義的な無意味性に向かうための穴に喩えて、物理学の光子（photon）をあげている。それは、光の場の素粒子の一つ。プランクやハイゼンベルクによる光の波動性と粒子性の解明とともに、それは自然界の実在物として、その物理的な変化量が連続的でないのが明らかになった。そのことについて、ラカンの言う手紙の穴と光子の穴の関係を伺わせるような、光学の分野からの説明の例を次にあげておこう。

　「いま、一個の光子が、ある直線に沿って入射し、小さい穴に達したとする。このときその小さい穴のどこに光子が到来したかを確定すると、そのときの光子の運動量の不確定さが生じる。つまり、その後の進行方向は、一定の範囲内で不確定さを示し、到来した直線を延長する方向に進むとは限らない。多少のゆらぎをもった、どこかの方向に進んでゆく。これが穴を通過した光の波が範囲をいっそう広げて伝わるという回折現象の本質である」（『現代総合教育体系』、第8巻　現代物理の世界、講談社）。

　手紙は、その内容の意味が確定され、光子は、その運動量が数字によって確定される。それによって問題が解決するとされがちだが、だいじなのは、手紙がどこにどうやって巡回しているか、光子がどこで小さい穴に達し、どうやって回折現象を起こすのか、それを謎として、そこに目を向けることである。すなわち、謎は、精神分析の側に与えられるのである。

Mais ceux dont ce n'est pas médire à avancer que, plutôt qu'ils l'exercent, ils en sont exercés, à tout le moins d'être pris en corps

–, entendent mal mes propos.

J'oppose à leur adresse vérité et savoir : c'est la première où aussitôt ils reconnaissent leur office, alors que sur la sellette, c'est leur vérité que j'attends. J'insiste à corriger mon tir d'un savoir en échec : comme on dit figure en abyme, ce n'est pas échec du savoir. J'apprends alors qu'on s'en croit dispensé de faire preuve d'aucun savoir.

Serait-ce lettre morte que j'aie mis au titre d'un de ces morceaux que j'ai dit Écrits…, de la lettre l'instance, comme raison de l'inconscient ?

《大意》

しかし、精神分析を行っているというより、それに使われている人たち、といっても、その人たちの悪口を言っているわけではないが、少なくとも、正面から分析主体の欲望と向き合って、身体ごと精神分析につかまえられている人たちは、私の言うことを誤解してしまう。

私は、その人たちに向かって真理と知を対立させたい。彼らがすぐにその職務範囲にあると思うのは、真理の方であるが、私が待っているのは、問いかけられるべき彼らの真理の方である。私は、とくにここで、ある挫折した知の弾道を修正しなくてはならない。それは「入れ子状（figure en abyme）」という言葉があるように、じっさいには知の挫折ではないのである。

私は、『エクリ』と名づけた断片集の一つに、文字を「無意識の理性としての審級」として、それを表題にした（「無意識における文字の審級、あるいはフロイト以後の理性」、1957年）。その文字は、はたして死んでいる文字（死語）であろうか。

《評注》

真理は、ギリシア以来、西欧では一般に言葉と事象が一致している状態だとされてきた。知は、ひとがそれを目ざして、生来の認識能力を発揮す

「Lituraterre」　大意と評注　　29

る過程と、その結果述べられた言葉を指している。精神分析家たちも、そのような真理と知についての西欧的な観念に従って、知が、やがて真理にとどく道であるのを疑わなかった。そのために、彼らは真理が最終の表現を目ざしているにしても、知は、あくまでもそこに至る過程であり、両者のあいだにはつねに隔たりがあるのに気づかなかった。彼らは、行く先が分からない中途の道にありながら、いつも自分たちを真理の側においていたのである。そのため、精神分析において、知は、言葉の堂々巡りをくり返してきた。そこで、ラカンは、知が言葉によって最後の目標を手に入れるというような伝統的な観念を離れて、真理と知を対立させ、知そのものに問いを向けようとする。そうすると、彼らの真理は、あらかじめ実現が前提されている真理ではなく、彼らに知の堂々巡りを余儀なくさせている言葉の仕掛けということになり、ラカンは、その言葉を文字につないでいる。

　知は、どういう状態にあっても、じっさいに挫折しているのではない。入れ子状（figure en abyme）とは、例えば同じ形をした箱を、大きいものから小さいものへ、次つぎと入れていくことから生まれる状態で、知について言えば、ある知のなかに別の知があり、そのなかにまた別の知がある状態である。これは知について起こる通常の運動で、俗に重箱の隅をつついていると言われても、それは知が挫折している状態ではない。しかし、そうやってどれほど詮索を重ねても、言葉が全体的な真理に届くことはない。人々は、知を小さい箱を大きい箱へ詰め込むようにすればするほど、落ちつかなくなる。それでも、人々は知を入れ子状に追求しながら、往々にして、知そのものを問おうとしない。これまで精神分析は、知を真理にからませて問題にしてきたけれども、そのさい、真理の側に立って知を追求しながら、知をそれとして考えるのを忘れていた。

　理性は、ひとが認識能力を正しく用いるときに使われる用語である。フランス語の理性（raison）は、ラテン語の ratio に由来する。それには数えること、計算することの他に、割合、比の意味があって、もとはギリシア語のレゲイン（legein）「言う、語る」の訳語であり、ロゴス（logos）「言葉」につながる。それがフランス語では、ひとだけのもつ考える能力を、とくに意識と結びついた明晰な認識能力を指すようになった。けれども、

ものを言う、何かを比べたときの割合などの、もとの意味が消えたわけではあるまい。割合は、何かが全体のなかで占める比率を表している。人の認識能力を全体とすれば、意識は、そこにおいてどれほどの割合を占めるだろうか。はたして、それは理性の全体を占有することができるだろうか。だが、明晰な意識によって対象を認識する能力だけを、理性と呼ぶことはできないのである。

　1957年の論文の表題は「フロイト以後の理性」だが、ここで、それを「無意識の理性」と呼び、「文字」は、それを審判する場所（審級）であるとしている。そうなると、文字はひとが考える活動全体のなかで、意識と無意識の割合を決める場所ということになる。それゆえ、文字は、たんにディスクールからこぼれ落ちた残滓として死んでいるわけではなく、それ自体がふたたび意味作用を生み、理性の審判体制のなかで再活動することになる。

　　N'est-ce pas désigner assez dans la lettre ce qui, à devoir insister, n'est pas là de plein droit si fort de raison que ça s'avance ? La dire moyenne ou bien extrême, c'est montrer la bifidité où s'engage toute mesure, mais n'y a-t-il rien dans le réel qui se passe de cette médiation ? La frontière certes, à séparer deux territoires, en symbolise qu'ils sont mêmes pour qui la franchit, qu'ils ont commune mesure. C'est le principe de l'Umwelt, qui fait reflet de l'Innenwelt. Fâcheuse, cette biologie qui se donne déjà tout de principe : le fait de l'adaptation notamment ; ne parlons pas de la sélection, elle franche idéologie à se bénir d'être naturelle.

《大意》
　文字のなかには、これは強調しておかなくてはならないが、それに深入りすると、理性的にはあまり正当性を主張する権利のないものがある、そういうことではないだろうか。理性が代数学の比例式において、内項（moyenne）とか外項（extrême）と呼んでいるときに使われる文字は、や

はり、それによってあらゆる計測につきまとう二裂性（bifidité）を示しているのである。ところが、現実界には、このような第三者的媒介から生じるものは、何もないのではなかろうか。確かに、それは二つの領域を分ける境界であろうし、境界を越えるものに対してもそれらの領域を象徴化してはいる。しかし、そうやって分割された二つの領域は、じつは同じ性質をもっているのである。内的世界（Innemwelt）を反映している環境世界（Umwelt）の原理とは、そういうものである。けれども、こうした生物学は困ったもので、選択（淘汰）なるものについては言わないまでも、とくに適応の事実という原理によって、すべてがあらかじめ与えられており、それが自然の性質をもつという前提によって、イデオロギーを飛び越えてしまっているのである。

《評注》
　理性は、フロイトの前後を問わず、一般にものを考え、推論し、判断する、ひとの精神能力を指している。それが、フロイト以前には、ひとの何かを感覚する能力と区別されて、とくに活動範囲が限られていた。そこに認められる特徴を、代数学における線分の比例的分割にたとえている。その比例式は、計測に拠っているが、下図のように線分aをbとcに分割すると、bとcを内項、aを外項と言う。

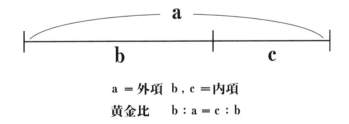

上のように分割すると、線分の長さは、計測上 a = b+c となり、aとcの比は、1.618対1で、古代ギリシア以来もっとも調和的な、美しい分割とされて、黄金分割と呼ばれている。ここでは、ひとの理性による精神活

動の全体を線分 b にたとえ、それを中庸（内項、moyenne）と極端（外項、extrême）の用語を使って二つの線分に分けている。理性は、そのように古代からひとの精神活動を二つに分割して（bifidité）、それが極端に走らず、あくまで中庸の可能性を実現するのに最善の比を求められてきたが、分割された線分は、とどのつまり同じ性質をもっている。すなわち、それらはひとを取り囲む象徴界が想像的に分割された姿であって、ひとの精神活動が反映している結果として描かれている。

　ところが、線分 b は、ひとの作った境界を越えて、すべてが象徴化できると思い込んでいるひとに全体を測る尺度として使われることがある。そのさい、もっとも広く利用されるのが、自然、あるいは自然界という観念である。「内的世界」と「環境世界」は、動物行動学の先駆者とされるドイツの生物学者 J・ユクスキュル（1864-1944）の用語で、あらゆる動物は、その知覚と関心にもとづいて自然界のなかに種特有の世界を作ると主張した。その説は、人間の環境を相対化し、それが主観的な現象であるとみなして、ダーウィン流の進化論を否定したとみられている。しかし、あらゆる動物が二つに分割された世界に生きながら、そこで種に特有の計画性をもち、選択をおこなうのが自然的であるという主張は、それ自体が一つのイデオロギーである。にもかかわらず、そこに前提されている適応という観念は、イデオロギーを越えた原理的な事実とされている。しかし、二つの世界の区別は、象徴界と現実界の境界とは関係のない、伝統的な人間中心説の後裔である。ユクスキュルには、邦訳書『生物から見た世界』（思索社）がある。

La lettre n'est-elle pas… littorale plus proprement, soit figurant qu'un domaine tout entier fait pour l'autre frontière, de ce qu'ils sont étrangers, jusqu'à n'être pas réciproques ?

Le bord du trou dans le savoir, voilà-t-il pas ce qu'elle dessine. Et comment la psychanalyse, si, justement ce que la lettre dit « à la lettre » par sa bouche, il ne lui fallait pas le méconnaître, comment pourrait-elle nier qu'il soit, ce trou, de ce qu'à le combler, elle recoure à y invoquer la jouissance ?

Reste à savoir comment l'inconscient que je dis être effet de langage, de ce qu'il en suppose la structure comme nécessaire et suffisante, commande cette fonction de la lettre.

《大意》

　文字は、もっとはっきり言えば、沿岸的（littorale）なものではなかろうか。すなわち、ある領域の全体が、別のある領域に対して、お互いに同じ性質をもたないほどに異質であるのを示しているのではなかろうか。

　知における穴の縁、驚いたことに、それこそ文字が描き出しているものである。そこで、文字がまさに精神分析家の口をとおして文字どおりに言うことを、精神分析は誤認すべきでないなどと言うことができようか。また、同じように精神分析が知のなかの穴を埋めるために、そこで享楽に助けを求めるのを否定したりすることができようか。

　あとは、私がランガージュの効果であると言っている無意識が、それについての必要かつ十分な構造を思い描くことによって、どのようにこの文字の働きを支配しているか、それを知ればよいのである。

《評注》

　Littorale（沿岸的）の語源は、ラテン語の litus で、海岸、海辺の意。また、litus は、litura と同根で、その動詞形 lituro は、削り取る、抹消するという意味で、litura は、削除や削除された部分の意味である。ここでは沿岸と、前出の境界（frontière）を対比して、その違いに言及している。境界は、確かに二つを区別するが、分割された領域は、例えば土地に境界を設ける場合のように、それぞれの土地は同じ性質をもっている。それに対して、沿岸によって境界が引かれる陸地と海は、それぞれがまったく違う性質をもっている。すなわち、それらは象徴界と現実界であり、文字は、それらの異質な領域を分ける沿岸のような境界線をなしている。

　知における穴とは、知についての穴ではない。文字の穴とは、ある文字

について知らないのではなく、文字が境界をなしている領域について知らないのである。そこで、知における穴とは、境界について言われるのではなく、文字が境界として描かれる領域について言われる。そこに、知がないのである。あるいは、ひとはそこに到達できない。知は、必ず頓挫する。しかるに、ひとはそこに行き着こうとする。この事情は、精神分析においてもまったく変わらない。その動きを享楽（jouissance）と言い、ここでは、知の穴と享楽の関係にふれている。

　享楽は、知の穴を埋めようとする試みであるが、文字が境界をなしている領域には行けないために、知は、どこかで立ち止まらなくてはならない。その地点における知を、誤認する（méconnaitre）ことだと言っているが、この語は、私を（me）知る（connaitre）に分けられる。すなわち、ひとが享楽によって私を知るのは、誤認によっている。性におけるのと同じように、知においても、享楽は禁止されている。ひとの知は、つまるところ私についての知である。享楽が禁止されている以上、知は、私について誤認をするよりない。そのことは、精神分析についてもその通りである。分析によって知に近づこうとすれば、分析主体の言うことを文字として読まなくてはならない。そのとき、文字は「文字通り」口にされる。そのことは、分析主体だけでなく、分析者にとってもまったく同じである。分析においては、お互いに文字を「文字通り」に読んで、口にしているのである。お互いにそうして文字を読もうとすることが、分析における享楽である。

　そこで、当然、分析者が解釈として口にする言葉は、分析者の「私」に対する「誤認」、すなわちみずからについて知らないことを表明する言葉になる。しかし、精神分析は、そのことによって非難されはしない。精神分析は、知の穴に近づくことはできない、享楽は禁止されている。それを前提にしながら、それでも文字を読もうとする。そこに誤認があるのは避けることができず、また、避けるべきでもない。本文では、" comment pourrait-elle nier qu'il soit.... ?" と、主節の動詞を条件法にして、お互いの口から分析のなかで「文字通り」に読みだされる文字は、むしろ、すすんで「誤認」の結果として受けとられるべきではないかと述べている。それゆえ、知における穴の縁は、いつまでも無意識としてとどまる。あとは無

意識が、どのようにして文字を操り、それがランガージュとして、ひとが語るあらゆる場面でじっさいに口にされて言い出されるのか、ということである。

Qu'elle soit instrument propre à l'écriture du discours, ne la rend pas impropre à désigner le mot pris pour un autre, voire par un autre, dans la phrase, donc à symboliser certains effets de signifiant, mais n'impose pas qu'elle soit dans ces effets primaire.

Un examen ne s'impose pas de cette primarité, qui n'est même pas à supposer, mais de ce qui du langage appelle le littoral au littéral.

Ce que j'ai inscrit, à l'aide de lettres, des formations de l'inconscient pour les récupérer de ce dont Freud les formule, à être ce qu'elles sont, des effets de signifiant, n'autorise pas à faire de la lettre un signifiant, ni à l'affecter, qui plus est, d'une primarité au regard du signifiant.

《大意》

文字は、ディスクールを書き記すのに適当な道具であるが、それが文のなかで、ある言葉が他の言葉に向けられたり（mot pour mot、隠喩）、ある言葉が他の言葉にとって代わられたりする（mot par mot、換喩）と、すなわち、それがシニフィアンのある効果を象徴化すると言うのは不適切ではない。けれども、そのことによって文字がこれらの効果の第一義的（primaire）なものであるとは言えないのである。

検証が求められているのは、この第一義性についてではなく、そもそもそのようなものがあると考えられてもいないのであって、あくまでも、何がランガージュによって沿岸的なものを書き記すものとして呼び寄せているのか、ということである。

私は、文字の助けを借りて、無意識の形成物を書き記したが、それはフ

ロイトが、それらの形成物をシニフィアンの効果として、まさにそのとおりに述べているのをくり返しているのである。しかし、そこでは文字をシニフィアンにすることも、それにたとえることも許していない。ましてや、シニフィアンとの関係における第一義性（primarité）などは認めていない。

《評注》

隠喩（mot pour mot）と換喩（mot par mot）は、修辞学で転義法（trope）と呼ばれている言葉の言い換えを代表している。「人間は一本の葦である」は、隠喩。「ショパンを聴いている」は、換喩である。前者は、なぜ「人間」を「葦」と言い換えているのだろう。そこに「弱さ」という共通の意味が想像できるとしても、その根拠は示されていないし、他に多くの意味があるかもしれない。しかし、後者では「ショパン」と「聴いている」のあいだには「音楽」があり、他の言葉によるつながりは想像しにくい。両者の区別は、必ずしも厳密ではないが、ラカンは、言語学者R・ヤコブソンの論文（「言語の二つの面と失語症の二つのタイプ」、邦訳『一般言語学』みすず書房、所収）にもとづいて、両者をフロイトの「圧縮」と「移動」に結んだ。

ヤコブソンは、論文のなかで、こう述べている「ディスクールの進展は二つの異なった意味的な線に沿って行われる。一つの話題から他の話題へと相似性によってか、隣接性によってか、いずれかによって進行する。隠喩的方法が第一の場合に、換喩的方法が第二の場合に、最も適当な呼び名であろう。両者は、それぞれ、隠喩と換喩において最も凝縮された表現を見出すからである」（同上書、p.39）。ラカンは、この所説をディスクールのなかでシニフィアンが生む、象徴化の効果につなげているのである。

第一義的（primaire）とは、ここでは、シニフィアンと文字を比べたときの優位性、優先性であるが、ラカンは、そういう関係をうんぬんすることにはあまり意味がないとしながらも、シニフィアンに対する文字の第一義性、優先性を否定している。それは、当時、そういう議論が両者について行われていたからであり、その違いをここではっきりさせようとしているのである。文字は、ディスクールの効果として、そこからこぼれ落ちて

「Lituraterre」　大意と評注　　37

くるものであり、沿岸的な境界として、以前からそこになかったものを削り取った跡の境界線である。この境界線には、果てがない。そこにはシニフィアンの材料となるものが現われはしても、どこにも区切りがない。シニフィアンには、それぞれの区切りがあり、同時に他のシニフィアンとのつながりがある。そして、主体を必然的に象徴化へと向ける。文字には、つながりがなく、それぞれが凝固していて、そこから交代による意味作用は生まれない。そこで、文字は、そもそも無意味な現実界に近く、シニフィアンは、象徴界に近いとされるのである。

Un tel discours confusionnel n'a pu surgir que de celui qui m'importe. Mais il m'importe dans un autre que j'épingle, le temps venu, du discours universitaire, soit du savoir mis en usage à partir du semblant.

Le moindre sentiment que l'expérience à quoi je pare, ne peut se situer que d'un autre discours, eût dû garder de le produire, sans l'avouer de moi. Qu'on me l'épargne Dieu merci ! n'empêche pas qu'à m'importer au sens que je viens de dire, on m'importune.

《大意》
　そのように文字をシニフィアンと区別しないようなディスクールは、混乱したディスクールなのであるが、それがもっぱら私の考えを話題にする人について見られる。しかし、私は、そのディスクールが知を見かけ（semblant）の場所に据えて、そこから出発して用いられる大学人のディスクールとして、しかるべきときに言及し、位置づけしている。それは、分析者のディスクールとは別のディスクールによって行われているのである。

　私のこれまでと現在の経験が、分析者のディスクールによってのみ位置づけされるという感情が少しでもあるならば、私からは認めることもない大学人のディスクールを実践するのは、控えるべきであったろう。私には、

そうさせないで欲しい。分析者のディスクールを、私が述べた意味の大学人のディスクールによって邪魔する（importune）ことはできないのである。

《評注》

　大学人のディスクールは、科学によって明らかにされた事実を見かけの場所に据え、それを知として、そこから出発して進められる。ラカンは、それについて 1969 〜 70 年のセミネール（「精神分析の裏側」）において、とくに 1970 年 1 月 21 日の講義でかなり詳しくふれている。大学人のディスクールが、既得の知をたどって境界を飛び越え、享楽を実現しようとするのに対し、分析者のディスクールでは、知はすべてではなく、しくじりのない知はありえない。ところが、精神分析家のなかには、実証的な知をつなげることによって、分析主体を欲望する主体として実現させることができると想像する向きもあり、分析者のそれとは別のディスクールにしたがっている。

　しかし、分析者のディスクールにあっても、知はしかるべき場所に位置づけされるべきである。それは、いわば知の穴を探るための知であり、みずから手に入れることはできないけれども、みずからの誤認の表現として利用されるのである。知について、分析者のディスクールは、他のどのディスクールとも違う態度をとるが、とくに知を支配者の命令する場所におく大学人のディスクールとは区別されなくてはならない。そのことを銘記しながらも、分析者のディスクールは、例えばラカンの講義においても、臨床の現場においても、あるときは大学人の、また主人の、ヒステリー者の、いずれのディスクールにもくり返し移動しながら、それとして実践されているのである。

　動詞 importuner の語根は importun で、ラテン語の語源 emportunus は、「近づくのがむつかしい港」の意。それによって、分析者のディスクールと大学人のディスクールとは、移動することはあっても、そもそも異なっているので、混ざり合うことはなく、それを峻別しないことが、シニフィアンと文字を混同することにつながるのである。

「Lituraterre」　大意と評注　39

Si j'avais trouvé recevables les modèles que Freud articule dans une Esquisse à se forer de routes impressives, je n'en aurais pas pour autant pris métaphore de l'écriture. Elle n'est pas l'impression, ce n'en déplaise au bloc magique.

Quand je tire parti de la lettre à Fliess 52e, c'est d'y lire ce que Freud pouvait énoncer sous le terme qu'il forge du WZ, Wahrnehmungszeichen, de plus proche du signifiant, à la date où Saussure ne l'a pas encore reproduit (du signans stoïcien).

Que Freud l'écrive de deux lettres, ne prouve pas plus que de moi, que la lettre soit primaire.

《大意》

　フロイトは、1895 年の「科学的心理学草稿」のなかで、知覚によって刻印されたものに理論的な道筋をつけた。しかし、たとえそのモデルを受け入れていたとしても、私は、それが書字（écriture）について語ったものとは見なさなかったろう。書字は、「マジック・メモ」のパッドには気の毒ではあっても、刻印されるものではないのである。

　私が、1896 年 12 月のフリース宛の手紙 52 番から受けとった成果は、フロイトがそこで知覚標識（ＷＺ、wahrnemungszeichen）という用語を使っているのを読んだことである。これはシニフィアンにいっそう近く、その日付は、ソシュールがシニフィアンを（ストア派の signans〈意味するもの〉から）再生させるより以前であった。

　しかし、フロイトがそれをＷＺの二字で記してはいても、私にとっては、それが文字は第一義的であるということにはならない。

《評注》

　テキストの Esquisse は、「科学的心理学草稿」（邦訳、フロイト著作集 7、p.231-320、人文書院）を指しているが、知覚の道筋のモデルは、『夢判断』（1900 年）の第 7 章「夢事象の心理学」（邦訳、同上著作集 2、p.445）に図

示されている。マジック・メモのパッド（bloc）とは、「草稿」からほぼ30年後に書かれた論文「マジック・メモについてのノート」（1925年）（邦訳、『S・フロイト自我論集』、ちくま学芸文庫）のなかの「蝋（ろう）」の部分を指している。この間、フロイトはずっと書字に関心を寄せていて、たびたび言及している。マジック・メモは、ずっと以前に日本でも販売されたことのある一種の玩具で、セルロイドのシートと蝋の層からなり、セルロイドのシートに文字を書いて、それを蝋の層から離すと文字が消え、再度そこに接着させると、そのたびに新しい文字が書き込めるというもの。

　フロイトは、その書き込まれた痕跡を「刻印」として、「知覚」から「意識」への道筋における「知覚痕跡（WZ）」と同列におき、そこに「文字」を認めた。さらに、この刻印としての文字は、「記憶」を組織する心的装置においては、そのつどの新しい知覚とは分かれて、別の部分を形成すると考えた。それに対して、ラカンは、書字は痕跡ではなく、フロイトの言う刻印は、それ自体が知覚標識であって、それは「シニフィアン」に他ならないと言う。したがって、厳密には、刻印と知覚標識とは分けて考えられなくてはならず、そのうえで、書字は刻印でもシニフィアンでもなく、無意識を生む心的過程において第一義的なものではないとされるのである。ここでも、シニフィアンと文字の本質的な違いが示唆されている。シニフィアンは、他のシニフィアンとのつながりによってのみ規定されるのに対して、文字は、それ自体として自己同一的に存在し、そのことからシニフィアンは意味作用を生む象徴界に近く、文字は現実界の根源的な無意味性の近くにあるとされるのである。

　西欧では、言語記号を構成する要素として、signans（意味するもの、シニフィアン）と signatum（意味されるもの、シニフィエ）が、古代から区別されていた。ここで、とくにストア派があげられているのは、同派が二要素の他に言葉が指しているとされる res（物）を加えて、三つとしたからである。ソシュールは、それを踏まえたうえで、ふたたび言語記号の要素をシニフィエとシニフィアンとし、「物」を切り離した。ストア派の説明には、「物」は何らかの物体の質量であるにせよ、判断が目指す対象であるにせよ、「言葉」は、それを真理として述べることができるという考

「Lituraterre」　大意と評注　　41

えがあるようだ。すなわち、真理とは、言葉が目指す目標であり、それは実在する、と。しかし、ソシュールの二分法による「聴覚映像（シニフィアン）」と「概念（シニフィエ）」は、どちらも心のなかに浮かぶイメージ、すなわち表象である。現代では、こうして言葉を構成する要素は実在する物という観念から遠ざかる。

Je vais donc essayer d'indiquer le vif de ce qui me paraît produire la lettre comme conséquence, et du langage, précisément de ce que je dis : que l'habite qui parle.

J'en emprunterai les traits à ce que d'une économie du langage permet de dessiner ce que promeut à mon idée que littérature peut-être vire à lituraterre.

On ne s'étonnera pas de m'y voir procéder d'une démonstration littéraire puisque c'est là marcher du pas dont la question se produit. En quoi pourtant peut s'affirmer ce qu'est une telle démonstration.

《大意》
そこで、私は、文学を結果とし生みだすように思われるものの核心を、つまりランガージュの、正確には、語る者がそこに住んでいると私が言っているものの核心を示すことにしよう。

文学（littérature）は、たぶん沿岸の土地（lituraterre）の方へ進路を変える。そういう私の考えに力を貸してくれるものの特徴を思い描きながら、ランガージュの経済によってその方向転換が可能になるのだと言っておこう。

私が、文学的な論証によってそれを行っているのを見ても、ひとは驚くまい。そこに問いを進める歩みがあるのだし、そこでこそ、当の論証が確証されるのだから。

《評注》

　Lituraterre は、「沿岸の土地」と訳したが、それと語源的に無関係とされる litura を語音転換によって littera（文字）とし、フランス語の littérature（文学）へとつなぎ、さらに littoral（沿岸）として、それを土地（terre）につないで複雑な意味作用を狙っている。「沿岸の土地は、すなわち文字の土地である」と読むこともできよう。ラカンは、「《盗まれた手紙》についてのセミネール」によって、文字（手紙）が巡回する経済構造の一例を語ったが、「沿岸の土地」への旋回では、ベケット、ジョイスなどの文学作品を念頭においているようだ。文字は、読まれるからといって、そこから決まった意味作用が生まれるわけではない。彼らの文学は、言葉を一定の意味につなぎとめようとする試みを拒んでいる。

　Je reviens d'un voyage que j'attendais de faire au Japon de ce que d'un premier j'avais éprouvé... de littoral. Qu'on m'entende à demi-mot de ce que tout à l'heure de l'Umwelt j'ai répudié comme rendant le voyage impossible : d'un côté donc, selon ma formule, assurant son réel, mais prématurément, seulement d'en rendre, mais de maldonne, impossible le départ, soit tout au plus de chanter « Partons ».

　Je ne noterai que le moment que j'ai recueilli d'une route nouvelle, à la prendre de ce qu'elle ne fut plus comme la première fois interdite. J'avoue pourtant que ce ne fut pas à l'aller le long du cercle arctique en avion, que me fit lecture ce que je voyais de la plaine sibérienne.

《大意》

　私は、ずっと心待ちにしていた日本への旅行から戻ったところである。最初の旅行のとき、私は、そこで沿岸的なものを体験した。私は、先ほど環境世界（Umwelt）について述べ、そこには旅行のできないところが

あって、そこへ行くのは、お断りしたとほのめかした。旅行ができないのは、たしかに私の四つのディスクールに従うと、その環境世界ではディスクールによって現実界にふれることはできないのが保証済みだからである。しかし、それは早まってトランプの札を配り間違えて、旅行ができなくなったので、たんに「出かけよう、出かけよう」と叫んでいるだけだからである。

　戦後、初めて空路を利用して日本へ旅行したときは、シベリア上空を通過することは禁止されていたが、こんどはそれが許可されて、新しいルートを飛べるようになったので、もっぱらそこから受けた印象を記すことにしよう。だが私がシベリアの平原から見てとったのは、往路の北極廻りのルートからの光景ではなかったのである。

《評注》

　ラカンは、戦後、日本を二回訪れているが、空路による最初の旅行は、1963年4月である。そのさいにも、帰国直後の同年5月8日の講義で、「日本」を話題にしている。その記録は、現在、『不安』の表題で出版されているミレール版セミネール第10巻のなかで、「仏陀の瞼」と題した16回目の講義によって読むことができる（詳しくは、拙著『文字と見かけの国』、太陽出版、参照）。

　環境世界（Umwelt）は、前に述べたように、あらゆる動物が自然界で種に特有な適応の仕方によって生存を確保しているという観点から、それがイデオロギーを越えた事実として、人間の行動の説明にも一役はたそうとしている。しかし、それぞれの種が、もし自然界で本当に適応を実現していたら、少なくとも人間という種にとって「旅行」はできなくなる。なぜなら、どこへ行っても人間の行動は同じで、旅行には意味がなく、必要もなくなるからである。そのとき、世界のどこでも、人間は同じディスクールによって生きている。環境世界は、科学的な立場であると自負しながら、世界に対する適応と選択を説明する言葉については、その一義性によって支えられている。しかし、それは本当に不可能な現実界を排除して、そこから動こうとしないディスクールである。もし、そこに閉じこもった

まま旅行に出かけるなら、行く前にも後にも、ディスクールはもとのまま
で、言葉を操る人間と現実界との関係には何の変りもないだろう。旅行は、
人間が、いま閉じ込められているのとは別のディスクールに出会う期待に
よって、はじめて可能になる。

Mon essai présent, en tant qu'il pourrait s'intituler d'une sibé-
riéthique, n'aurait donc pas vu le jour si la méfiance des Sovié-
tiques m'avait laissé voir les villes, voire les industries, les installa-
tions militaires qui leur font prix de la Sibérie, mais ce n'est que
condition accidentelle, quoique moins peut-être à la nommer oc-
cidentelle, à y indiquer l'accident d'un amoncellement de l'occire.

Seule décisive est la condition littorale, et celle-là ne jouait qu'au
retour d'être littéralement ce que le Japon de sa lettre m'avait sans
doute fait ce petit peu trop qui est juste ce qu'il faut pour que je le
ressente, puisque après tout j'avais déjà dit que c'est là ce dont sa
langue s'affecte éminemment.

Sans doute ce trop tient-il à ce que l'art en véhicule : j'en dirai le
fait de ce que la peinture y démontre de son mariage à la lettre,
très précisément sous la forme de la calligraphie.

《大意》

　私がいま述べようとしているのは、シベリア－倫理（sibériéthique）と
でも言うべきものだが、それはソヴィエト連邦の人々の警戒心が、もしそ
この街々や工場、軍事施設など、シベリアを価値あるものにしているもの
を私に見せてくれていたら、とうてい私の目に映ることはなかっただろう。
しかし、それはたんに偶発的（accidentelle）条件であるにすぎない。ある
いは、少なくとも、これまでに殺戮を積み重ねてきた西欧的（occidentelle）
とでも言える偶然的条件にすぎない。

　たった一つ、決定的なのは、沿岸的な（littoral）条件である。日本は、その

「Lituraterre」　大意と評注　　45

文字によって、おそらくは正当な理由をもった、わずかな過剰を生みだしている。復路において、私にそのことを文字どおり感じとらせてくれたのは、まさしくその条件によるのである。なぜなら、結局、日本語という国語に関わりのあることはそこにあると、私はすでに言っているからである。

　おそらく、その過剰は、日本の芸術が伝えているものと結ばれている。私はそれについて、絵画が文字と結びつくことによって、厳密には書道という形式によって表現しているものについて述べてみたい。

《評注》

　シベリア−倫理は、Sibérie と éthique を合わせて、一語にしているが、音声的には cybernéthique、すなわちサイバネティックスと掛けて、意味もそれに関連させている。サイバネティックスは、ギリシア語では「kubernetike」（船の舵取り）で、今日では「人工頭脳」とも邦訳されている。一般に、機械、動物、人間、社会における制御と通信、情報伝達の問題を統一的に扱おうとしている。第二次大戦後の新しい科学分野とされるが、その科学が実現させようとする統一や全体は、あくまでも人間のディスクールにおけるそれであって、しかも、それが使われる言葉とその意味作用の一義性に頼るかぎりのものである。ここでは、そのことを偶然的（accidentelle）であると見なし、それを歴史の偶発事（accident）として、さらに自然と他者に対する支配と殺戮を重ねてきた西欧的（occidentalle）と掛けて、「西欧という歴史の偶然性（occidentelle）」と造語している。単行本『オートル・ゼクリ（Autres écrits）』では、occidentelle が accidentelle となっているが、これはミレール版セミネール X Ⅷ の記録（119 ページ）に照らしても、誤植であろう。

　ここでは、シベリア−倫理、偶然的、西欧的と並べているが、そこへギリシアに語源をもつサイバネティックスの意味を絡ませている。サイバネティックスは、神経系の理論からの比較や類推によって人間の通信や相互のコミュニケーションの問題を体系的に処理しようとするが、それはディスクールを一律に制御し、支配しようとする男性の側からの発想に基づいている。すなわち、それによって言葉の一義性とともに、意味作用の必然

性を追求しているのである。その努力は、ギリシア文明以来、とくに西欧的である。だが、ディスクールのなかで、言葉のつながりから意味が生まれるのは必然性によるのではなく、意味作用からは偶然性を消すことはできない。それによって、西欧の支配的なディスクールは、歴史の偶然的な結果であるのを知ることができる

　沿岸的は、ここではどこまでも続く海岸線に面した土地を連想させる。日本とユーラシア大陸をへだてる海に面したところ、そこが沿岸地帯である、文字は、その海を越えて日本に伝来し、まさしく、そこの沿岸的性格を育てた。沿岸とは境目であり、たとえ象徴的な文字が意味の必然的な一義性を求めてやってきても、意味作用は行き止まりになる。意味は、そこで多義的な偶然性に委ねられるのである。その結果、文字は、そこでわずかな過剰（ce petit peu trop）を生みだしている。この過剰は、ディスクールにおける余剰享楽（plus de jouir）の場所につながる。すなわち、文字は、そこで余剰享楽をもたらした。日本は、大陸から伝えられた文字によって、多少とも過剰な余剰享楽を生んでいる。

　文字が絵画のような芸術と結びつくのは、象徴的なものが現実界から距離をとるさいに、文字が一義的な意味を離れて、純粋に形式的なものに依拠しているのを物語っている。そして、そのことによってもたらされるわずかな過剰が、象徴界と現実界の境目における享楽を生んでいるのである。

Comment dire ce qui me fascine dans ces choses qui pendent, *kakémono* que ça se jaspine, pendent aux murs de tout musée en ces lieux, portant inscrits des caractères, chinois de formation, que je sais un peu, mais qui, si peu que je les sache, me permettent de mesurer ce qui s'en élide dans la cursive, où le singulier de la main écrase l'universel, soit proprement ce que je vous apprends ne valoir que du signifiant : je ne l'y retrouve plus mais c'est que je suis novice. Là au reste n'étant pas l'important, car même à ce que ce singulier appuie une forme plus ferme, et y ajoute la dimension, la

「Lituraterre」　大意と評注　　47

demansion, ai-je déjà dit, la demansion du papeludun, celle dont s'évoque ce que j'instaure du sujet dans le Hun-En-Peluce, à ce qu'il meuble l'angoisse de l'Achose, soit ce que je connote du petit a ici fait objet d'être enjeu de quel pari qui se gagne avec de l'encre et du pinceau ?

《大意》

　壁に掛けられているもののなかでも、私を魅了する掛け物（kakémono）と呼ばれるものについて、どう語ったらよいだろうか。どこの美術館にも掛けられていて、文字が書き込まれている。その文字は、もともと漢字で、私は漢字について少しは知っている。漢字のことをほんの少しでも知っていれば、この文字が仮名の草書体になったとき、もとの漢字から何が省略されたかを推測することはできる。草書体では、書くひとの個別性が普遍を圧砕しているのだが、それはまさしく私がシニフィアンについてしか言えないと説いているものが普遍を押しつぶしているのである。私にはそれ以上に良く見えないとしたら、それは私が初心者だからである。しかし、肝心なことはそこにあるのではない。なぜなら、その個別性は、もっと堅固な形式を支えていて、そこであの次元（dimension）を、私がdemansionと言ったあの次元を示している。すなわち、papeludun（一者以上のものではない）というdemansionを示しているからである。また、それは私がHun-En-Peluce（付加された一者）と言ったものが、そこから立ち現れてくる次元である。さらに、主体がそれによって「もの（la chose）」でない「もの（l'Achose）」から生まれる不安を育んでいるものを、すなわち、私がここで小文字のa（対象a）で記した賭金が、墨と筆によって勝ち取るものを示しているからである。

《評注》

　ラカンは、日本の掛け物の草書体で書かれた仮名文字に、普遍性と一義性を打破する個別性と多義性を認めた。Demansion は、彼の造語。この語からは、demande、mansion、chose、objet a などが連想される。Mansion

は、日本語でも英語からの音訳語（マンション）として常用されているが、英語では豪壮な大邸宅を意味する。しかし、同じ綴りのフランス語では、ローマ時代の宿屋や中世の演劇の背景や小道具などの舞台装置のことで、現在ではあまり使われない用語である。それを、あえて分析家の面接室につなぐとすれば、そこの机や長椅子などの家具で、分析主体のパロールから対象aや「もの」が現われてくるところである。また、そこを掛け物に草書体の文字を書くところに近づけて、書くひとの個別性と、書く行為の強固な形式性を指摘しているのは、ラカンが、分析する行為とは個々の分析主体の欲望を担うパロールから文字を読みとることだと主張していることにつながる。

　面接室で音声に変えられた文字は、普遍の内容や一義性をもつ材料ではなく、そこにはいつも「もの」や対象aというランガージュのそとにある何かが付加されていて、それがディスクールの効果として生まれる記号の要素を、すなわちシニフィアンを特徴づけている。漢字から作られた仮名には、もとより特定の意味はなく、それを材料としてシニフィアンを生み続けているディスクールは、書く行為の形式性によって、文字の一義性を追い払っているのである。Demansion は、また、dé-mansion でもある。すなわち、それは劇場内の特定の舞台装置には収まりきれず、そとに飛びだしている。それによって、ディスクールにおける意味作用は、あくまでも個別的で、多義的な動きに従うようになる。

　Papeludun は、本論のもとになった1971年5月12日の講義で、"pas-plus-d'un" の言葉遊びであると断っている。これは "un et pas-plus-d'un" と、はじめに un〈一者〉を補って、「〈一者ではあるが〉、一者以上のものではない」と読まなくてはならない。その造語によって、一者が唯一、絶対のものではなく、複数のシニフィアンのなかから選ばれたものであり、その本質が偶然的であるのを示唆している。分析者のディスクールにおいて主体の動因となる対象aは、見かけの場所から選ばれる複数のシニフィアンにつながり、どれも「一者以上のものではない」。これは、性別化の定式における女性の側の言い分をそのまま伝えているように受けとれる。男性の側は、群れのなかに去勢されていない者が少なくとも一人いると言

「Lituraterre」　大意と評注　　49

い、それを例外者として残りのすべての者は去勢されていると言うが、その例外者がいなければ、普遍的な全体は存在しないのである。Papeludunは、また、音声的には papelard に近いが、これは俗にたんなる紙切れや意味のはっきりしない書類に近く、文字（手紙）にも通じている。

　Hun-En-Peluce は、言葉遊びで、"un en plus" と読む。文字どおりには大他者の穴を塞ぐものとしての一者で、欲望によって探られる「追加の一者」である。それは対象 a であるが、ここでは、それを l'Achose とつないでいる。Hun は、文字のうえでは、アジア内陸地帯に住んでいたフン族で、5 世紀にアッティラ大王のもとでカスピ海からライン河におよぶ大帝国を建設した遊牧騎馬民族である。また、Peluce は、毛におおわれた熊の縫いぐるみで、子供用の玩具になるところから、過渡的な対象としての対象 a と受けとれる。それはシベリアからやってきた追加の対象 a である。

　L'Achose は、大文字で始めているが、l'achose と小文字で記されることが多い。ここでは言葉遊びだが、La Chose とふつうに記せば、ラカンがフロイトの Das Ding を、大文字で始まるフランス語に訳した用語で、彼の理論の基本概念の一つになっている。ここに付けられた A は、「…でない（否定）」、「『…がない（欠如）」を表わす接頭辞で、「『もの』でない『もの』」と訳したが「『もの』のない『もの』」でもある。大文字の A で始めたのは、たんに「もの」の否定や欠如ではなく、大文字で始まる（大）他者（Autre）におけるそれらを示唆している。また、通常の小文字で始まる l'achose は、対象 a としての「もの」の否定や欠如を示している。「もの」と対象 a は、理論的にはむろん截然と区別されなくてはならないが、ここでは、「もの」が近親相姦の対象として、ランガージュの到来とともに根本的に異質な領域に退くのに対して、対象 a は、欲望する主体の幻想によって、つねに主体に現われるのを伝えている。

Tel invinciblement m'apparut, cette circonstance n'est pas rien : d'entre-les-nuages, le ruissellement, seule trace à apparaître, d'y opérer plus encore que d'en indiquer le relief en cette latitude,

dans ce qui de la Sibérie fait plaine, plaine désolée d'aucune végé-
tation que de reflets, lesquels poussent à l'ombre ce qui n'en mi-
roite pas.

Le ruissellement est bouquet du trait premier et de ce qui l'ef-
face. Je l'ai dit : c'est de leur conjonction qu'il se fait sujet, mais de
ce que s'y marquent deux temps. Il y faut donc que s'y distingue la
rature.

Rature d'aucune trace qui soit d'avant, c'est ce qui fait terre du
littoral. Litura pure, c'est le littéral. La produire, c'est reproduire
cette moitié sans paire dont le sujet subsiste. Tel est l'exploit de la
calligraphie. Essayez de faire cette barre horizontale qui se trace
de gauche à droite pour figurer d'un trait l'un unaire comme ca-
ractère, vous mettrez longtemps à trouver de quel appui elle s'at-
taque, de quel suspens elle s'arrête. À vrai dire, c'est sans espoir
pour un occidenté.

Il y faut un train qui ne s'attrape qu'à se détacher de quoi que ce
soit qui vous raye.

《大意》

　そんなふうに、驚くべき状況が、私には抵抗のしようもなく現われた。
雲間から垣間見える水の流れは、それだけが目に映る痕跡なのであるが、
それは縞模様の諧調として平原の起伏を示す以上に、シベリアを平らな平
面にしているのである。平原には水の照り返し以外のいかなる植生もなく、
荒涼としていて、水の照り返しは、きらめきのないものを影の方に追い
やっている。

　水の流れは、最初の印し（le trait premier）と、それを消去するものか
らできた花束（bouquet）、〈チップ、心付け、おまけ〉である。私がかつ
て言ったように、主体は、その二つが結ばれて生まれるのであるが、そこ
には二つの時が刻まれているのである。

　それ以前にあったかもしれないあらゆる痕跡を消去したところ、それこ

そが沿岸地帯の陸地をなしている。純粋な litura（消去）とは、文字にかかわるもの（litteral）である。その消去したところをふたたび生みだすことは、主体がそれによって生きのびる、その対をもたない平原を再生産することである。まさしく、それが書道の功績である。一本の線（un trait）によって、文字としての最初の線（l'un unaire）を描くために、左から右にひかれるあの水平な線を引いてみるとよい。あなたがたにはそれをするのにどのような支えがいるか、それを止めるのにどのような中断がいるか、それが分かるためにはずいぶん長い時間がかかるだろう。本当のことを言うなら、西欧化された人間（un occidenté）には、その見込みがない。

　それには、何であろうと、あなた方を抹消するものから身を引き離すことによって、はじめて真似のできる筆運びが必要なのである。

《評注》
　水の流れと土地の起伏は、ディスクールにおける意味作用の移り変わりを思わせるが、同時に、最初の痕跡とそれを消し去った文字を連想させる。
　ここで、ラカンが「すでに言った」と書いている「花束」と「二つの時」は、彼が 1958 年 7 月に行われたシンポジウムで報告し、61 年に『精神分析』誌に発表した論文「ダニエル・ラガーシュの報告『精神分析と人格の構造』についての考察」（邦訳、『エクリ』Ⅲ、収録）で言及した測光学の新案機械装置に関連している。そこでは次頁の図に示すように、凹面鏡によって錯覚を生じさせる花束と花瓶の関係が紹介されている（上掲邦訳書、125 頁以下参照）。本論の趣旨からは、端的に、花束は現実的なものであるが、観察者の目から隠されている花瓶は、そうではない。しかし、凹面鏡の効果によって、観察者の見ている平面鏡ではそれが実像として映り、花束は花瓶のなかにあるように見える。花束は、ここで最初の印しであり、花瓶はそれを消去する。主体は、この最初の印しとその消去のあいだに形成されるが、その過程で生まれる契機を、つまり花束を刺激として受容し、それを錯覚によって花瓶のなかにある花として統合的に構成する契機を、二つの時と言ったのである。現実的なものとしての花束は、最初の印しとその消去とを、この光学装置において一つに縮約しているのである。

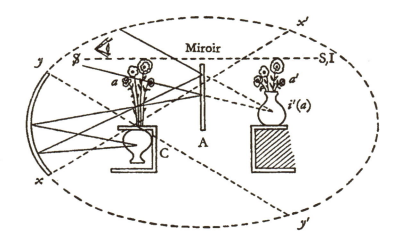

　Le trait premier（最初の印し）は、un trait, l'un unaire と言いかえられているが、ラカンがよく使う le trait unaire（一の印し）と同じ。これは、フロイトが論文「集団心理学と自我の分析」の7章「同一化」で使った einziger Zug に関連している。ラカンは、この用語をフランス語訳として通用している trait unique とせず、trait unaire と新たに仏訳した。Trait は、おもに「線」「特徴」を意味するが、それを形容している語を unique（唯一の、比類のない）とせずに、unaire としたところにラカンのシニフィアンについての考えが、はっきり表明されている。Unaire は、とくに序数を示す語ではないが、次に続く数を予想させる、まれに使われる形容詞である。ラカンは、それによってシニフィアンと数字の観念を結び、シニフィアンのつながり、その連鎖、ディスクールにおける系の発想に道を開く。フロイトが同一化の対象選択に関して述べた einziger Zug は、唯一の、かけがえのない（対象の）特徴というのではなく、主体を代理表象するシニフィアンのつながりがそこから始まる順序を示している。その考えには、数字の1が、はじめに実在した何かの単位を示す記号ではなく、たんにその前にあって何もないことを示しているゼロに続く数記号であるという、フレーゲによる現代の数理論の背景がうかがえる。

「Lituraterre」　大意と評注　53

西欧化された人間（occidenté）は、セミネールの記録ではイタリック体となっていて、その意味に注意を喚起している。この造語からは、accident（偶然事）の他に、まれに諧謔的に使われる古語の occire（殺す）が連想される。これは、コジェーヴがヘーゲル講義のなかで主人と奴隷の命を賭けた闘いを、論理（弁証法）の中心に据えたことに関連している。すなわち、人間は自分の命を賭けて他人を殺すことを、ディスクールにおける意味作用の始まりとして肯定している。西欧化された人間とは、あくまで、そのような意味作用のうちにとどまり、そこにおける言葉の一義性、普遍性を失うまいとする人間である。一方、書道を実践する人は、そのような意味作用のそとに出ようとしている。そこには、言葉と文字の多義性、個別性を醸成する沿岸地帯の条件がある。書家は、そこにおいて享楽に近づこうとするが、やはり話す存在が現実界に近づくことはできないので、コジェーヴが「日本」の芸術について述べたような、徹底した「形式化」によって危険から身をかわし、それによって可能になる享楽を実現しようとするのである。

Entre centre et absence, entre savoir et jouissance, il y a littoral qui ne vire au littéral qu'à ce que ce virage, vous puissiez le prendre le même à tout instant. C'est de ça seulement que vous pouvez vous tenir pour agent qui le soutienne.

Ce qui se révèle de ma vision du ruissellement, à ce qu'y domine la rature, c'est qu'à se produire d'entre les nuages, elle se conjugue à sa source, que c'est bien aux nuées qu'Aristophane me hèle de trouver ce qu'il en est du signifiant : soit le semblant, par excellence, si c'est de sa rupture qu'en pleut, effet à ce qu'il s'en précipite, ce qui y était matière en suspension.

Cette rupture qui dissout ce qui faisait forme, phénomène, météore, et dont j'ai dit que la science s'opère à en percer l'aspect, n'est-ce pas aussi que ce soit d'en congédier ce qui de cette rupture ferait jouissance à ce que le monde ou aussi bien l'immonde, y ait pulsion à figurer la vie.

《大意》

　中心と不在、知と享楽、そのあいだに沿岸地帯がある。それは文学的なもの（le littéral）に向かって旋回するが、あなた方は、その方向転換をつねに同じものとして受けとることができよう。それによって、はじめてあなた方は、自分をその旋回を支えている動作主（agent）と見なすことができる。

　私が、水の流れを巡って思い描いたことから浮かんでくるのは、そこでは消去する線が支配していることから、それが線の源泉と結ばれるのは、線が雲の合間から出現してくるからだということである。それはまた、アリストパネスが私を呼び止めて、シニフィアンについてはどうなのかをよく見るように教えてくれるのも、やはり「雲」をとおしてだということである。すなわち、シニフィアンとは、とりわけ見かけ（semblant）であって、その切れ目から、宙づり状態にあった何かが、雨となって急激に降ってくるものなのである。

　この切れ目は、ものの形、事象、大気現象などを出現させているものを溶解させてしまうのだが、私は、科学がその様態を明らかにするために役立てられていると述べた。しかし、科学はまた、そうした切れ目から享楽を生むものを、つまり語るひとの世界や不浄な世界（immonde）には、そこにはない対象がひとの生を実現しているからには、そこに欲動があるはずであるのに、そこにおいて享楽を生むためにあるはずの当の切れ目を、追い払ってしまおうとしているのではないだろうか。

《評注》

　動作主（agent）は、動因とも訳される。主体が、ランガージュの世界で社会的な絆を確保するために、そこに参加する最初の場所であり、主体はそこにおける姿をとおして動作主になる。

　前５世紀に、アテネで活躍した喜劇作家アリストパネスは、その作品『雲』のなかで、そこに登場するソクラテスに「すべてのものの本体は、雲

である」と言わせている。彼は、当時無神論者と非難されていたソクラテスを揶揄しているが、現代の精神分析家にとっては、そこから新しい意味がよみがえる。ゼウスを信仰する田舎者のストレプシアデスに対して、ソクラテスは「ゼウスがどんなものか、お目にかかりたいくらいだ。ゼウスなんてものはいないのだ」と言う。すると、田舎者は「なんということを言うのだ。ゼウスがいないとしたら、だれが雨を降らせるんですかい」とたずねる。ソクラテスは「そりゃあ無論、この雲の精が雨を降らせるのさ。その証拠に、お前は、これまでに雲がなくて雨が降っているような場合を、どこかで見たことがあるかね。ゼウスが篩ごしに小便をして雨を降らせるのなら、晴天でも独力で雨を降らせることができたはずで、雲などなくてもよかったはずだ」と答える（邦訳、『ギリシア喜劇』Ⅰ、ちくま文庫、244頁）。ゼウスの実在を信じる田舎者に対して、ソクラテスは、「雲は、なろうと思えば何にでもなれる見かけにすぎない」と言うのである。アリストパネスによるソクラテス風の無神論を、ギリシアの自然哲学の流れの一端を汲む科学的な世界観の元祖とみる向きもあるが、精神分析家にとって、ここのソクラテスの言葉遣いは、「雲」を最初のシニフィアンとして「見かけ」の場所に据えて、それを「本体」として話を進めるディスクールのタイプの一つである。

　Le monde に対して l'immonde と言っているが、これは通常の使用法では「けがれた、不浄の」という形容詞であるが、ラカンは、さらにそれを s'immonder と動詞化して「汚くなる」の意味で使用する。文字は、語るひとの世界（le monde）から現実界の境目にやってきて、象徴界に支えられた社会の現実秩序のかなたに向かおうとする。しかし、それは現実界との境目を飛び越えることはできず、たんにディスクールの滓として残され、それ自体が汚れたものになる。名詞化した l'immonde は、象徴界と現実界の境目を想像的に加工することによって汚された世界である。

Ce qui de jouissance s'évoque à ce que se rompe un semblant, voilà ce qui dans le réel se présente comme ravinement.

C'est du même effet que l'écriture est dans le réel le ravinement du signifié, ce qui a plus du semblant en tant qu'il fait le signifiant. Elle ne décalque pas celui-ci, mais ses effets de langue, ce qui s'en forge par qui la parle. Elle n'y remonte qu'à y prendre nom, comme il arrive à ces effets parmi les choses que dénomme la batterie signifiante pour les avoir dénombrées.

Plus tard de l'avion se virent à s'y soutenir en isobares, fût-ce à obliquer d'un remblai, d'autres traces normales à celles dont la pente suprême du relief se marquait de cours d'eau.

N'ai-je pas vu à Osaka comment les autoroutes se posent les unes sur les autres comme planeurs venus du ciel ? Outre que là-bas l'architecture la plus moderne retrouve l'ancienne à se faire aile à s'abattre d'un oiseau.

Comment le plus court chemin d'un point à un autre se serait-il montré sinon du nuage que pousse le vent tant qu'il ne change pas de cap ? Ni l'amibe, ni l'homme, ni la branche, ni la mouche, ni la fourmi n'en eussent fait exemple avant que la lumière s'avère solidaire d'une courbure universelle, celle où la droite ne se soutient que d'inscrire la distance dans les facteurs effectifs d'une dynamique de cascade.

Il n'y a de droite que d'écriture, comme d'arpentage que venu du ciel.

Mais écriture comme arpentage sont artefacts à n'habiter que le langage. Comment l'oublierions-nous quand notre science n'est opérante que d'un ruissellement de petites lettres et de graphiques combinés ?

Sous le pont Mirabeau certes, comme sous celui dont une revue qui fut la mienne se fit enseigne, à l'emprunter ce pont-oreille à Horus Apollo, sous le pont Mirabeau, oui, coule la Seine primitive, et c'est une scène telle qu'y peut battre le V romain de l'heure cinq (cf. *l'Homme aux loups*). Mais aussi bien n'en jouit-on qu'à ce qu'y pleuve la parole d'interprétation.

《大意》

　見かけが断ち切られることによって呼び出される享楽的なもの、そこにこそ、現実界のなかに水の流れる溝として現れる何かがある。

　同じようなことから、書字（エクリチュール）は、現実界におけるシニフィエの溝であり、そのことが見かけを生みだすものとしてのシニフィアンを受け入れさせてきたのである。書字は、シニフィアンを写しているわけではなく、それぞれの国語の効果としてあり、国語を話すひとによって練り上げられてきたものである。書字がふたたびそこから浮かび上がってくるのは、もっぱらそこで名前をとることによってでしかなく、それはシニフィアンの装置が諸事物を名づけ、それらを数え上げるようになる、その結果、それらの事物のあいだからさまざまな効果が生まれるのである。

　シベリアの上空から、はじめは水の流れが見えていたが、その後、飛行機からは、等圧線に沿って斜めに進んだせいだろうか、水の流れによってそれと分かる土地の起伏のいちばん高いところからまっすぐに下った斜面だけが見えることになった。

　大坂で、私は、高速道路がまるで天空から降りてくる鳥のように、互いに重なり合っているのを見なかったろうか。そこでは、最新の現代建築が昔の建物といっしょに、まるで鳥の翼のように羽ばたいているのである。

　ある点から別の点へのいちばん短い行程は、風向きが変わらないかぎりで、風に押しやられる雲の動きによるのでなければ、どうやって示すことができるだろうか。光は、宇宙の曲率に沿って進むことが証明され、直線は、滝が落下する力のじっさいの係数として記入されるだけである。アメーバも、人間も、木の枝も、ハエも、アリも、係数が記入される以前には、それぞれが進む行程をどうやって示すことができただろうか。

　書字がなかったら、直線はありえない。そのことは、測量が天からやってくるにすぎないのと同じである。

　しかし、書字も測量も、ランガージュのなかだけに住まっている人工的

な産物である。科学は、もっぱら小さな文字の流れと、組み合わされた図式の流れに沿って進められている。そうだからといって、われわれは書字と測量の本質を忘れることはできない。

ミラボー橋の下には、なるほど、かつて私も参加していた精神分析の機関紙が教えているように、その耳橋をエジプトの太陽神ホーラスとギリシアのアポロンをつないだ橋にたとえるなら、たしかに大昔からのセーヌ河（La Seine primitive 〈＝La scène primitive〉）が流れている。それはフロイトの「狼男」の症例で、掛け時計のローマ数字のⅤが、5時を告げるときの光景である。しかし、また、そこには解釈のパロールが雨となって降り注ぐのである。さもなければ、だれもその対象を享楽することはできない。

《評注》

シニフィアンは、言語記号の要素として、「意味するもの」と訳されることがある。だが、それは何を意味するのだろうか。ラカンにとっては、たいへん逆説的ながら、それぞれのシニフィアンは、他のすべてのシニフィアンと同じものを意味するのである。ただし、それは言語記号の「要素」としてであって、個々の単語としてではない。「桜」と「狸」が、同じシニフィエの二語だと主張するひとはいないだろう。ラカンは、ここで象徴界と現実界の切れ目としての溝と、そこに現われる見かけの、根本的に同じ性質をもったシニフィエとの関係を、l'écriture（書字）でつないでいる。しかし、その語は、日本語でしばしばたんにエクリチュールと音訳されているように、多義的であって、文字を書く行為、文字の書き方、書かれた文字などを同時に伝えることができる。《大意》でも、たんに「文字」とした方が日本語として分かりやすいところもあるが、すべて「書字」とした。

ミラボー橋は、ギョーム・アポリネールの詩「ミラボー橋の下、セーヌは流れる」の一節から、シャンソンのメロディーなどによって、日本でもよく知られている。ここでは、その橋と下を流れる水の連想から、大昔からのセーヌ河（la Seine primitive）と言って、「狼男」の通称で知られるフロイトの症例（邦訳の論文名は、「ある幼児期神経症の病歴より」）におけ

「Lituraterre」　大意と評注　　59

る原光景（Urszene）の仏訳語（la scène primitive）に、音声上の一致を利用してつないでいる。その論文では、ローマ数字のＶが表わす５がたびたび登場する。狼男は、幼年期に、５時になるとしばしば発作を起こしていたが、その文字は、彼が怖がっていた蝶の羽の動きが作る形に似ている。そして、彼は、後にもよく同じ時刻に抑うつ状態に陥って、ずっとその数字を避けるようになった。

　ここで、「私も参加していた精神分析の機関誌」というのは、ラカンが本論を執筆していた当時に主宰していた雑誌『シリセット』（Scilicet）ではなく、彼がフランス精神分析協会を去る以前に論文を載せていた『フランス精神分析雑誌』（La revue Française de Psychanalyse）を指している。

　原光景は、通常、子供が目撃した両親の性交場面とされている。そして、それが現実であろうと、幻想であろうと、ずっと後まで心的外傷として残り、その場面が表象を固着させて、症状形成にあずかるとされている。フロイトは、「狼男」がおそらく早朝の５時に原光景に出会い、そのとき掛け時計の文字Ｖを目にしたと推測した。それによる判断は、フロイトが蝶の羽や女性の両足を広げた姿などにつないだ文字Ｖの読みに、すなわち彼の解釈によっている。「狼男」は、本名をセルゲイ・パンケイエフというロシア人で、晩年には、ある女性ジャーナリストとの対話で、フロイトのその解釈を作り話として否定している。フロイトには、はじめから「原光景」という観念があって、それを無理やりに患者の言葉とむすびつけていると言って、次のような理由から、「あれは、多かれ少なかれこじつけです」と断言している。「それは全体的に、ありそうもないことなのです。ロシアでは、子どもは部屋で子守りのそばで寝ていました。寝室の両親のそばで寝ていたわけではありません。私には、フロイトの言ったことをすべて信じることができません。私は（その後）、原光景の記憶はやがて甦ってくるだろうとずっと考えてきましたが、けっして思い出したことがないのです」（Ｋ・オプホルツアー『Ｗ氏との対話』、邦訳、みすず書房、37頁）。

　ここで、ラカンは原光景について、そこに「解釈」の雨が降り注ぐと言い、そのことを享楽とむすびつけている。文字のＶは単純に見かけの形式であり、それ自体として内容はないが、その文字を読むのが知の切れ目に

向かうことである。そして、内容のない文字の意味を読もうとすることが、他ならぬ解釈であって、それが享楽に近づくことだと言っている。すると解釈は、精神分析家の職務でもあるのだから、原光景がじっさいにあったかなかったかというのは、患者の問題ではなく、むしろ分析家のそれということになる。つまり、分析家が、どのくらい解釈を進めることができたかを、そこでいつも考えなくてはならないのである。その意味で、フロイトの「狼男」の分析は、けっして成功したとは言えない。しかし、彼はそれによって知の切れ目に近づいたのであって、それは享楽につながっていた。解釈は、分析家の側の享楽であって、分析家が解釈によって享楽し、やがて知の切れ目に出会い、享楽が不可能であるのを体験するいとなみである。

Que le symptôme institue l'ordre dont s'avère notre politique, implique d'autre part que tout ce qui s'articule de cet ordre soit passible d'interprétation.

C'est pourquoi on a bien raison de mettre la psychanalyse au chef de la politique. Et ceci pourrait n'être pas de tout repos pour ce qui de la politique a fait figure jusqu'ici, si la psychanalyse s'en avérait avertie.

Il suffirait peut-être, on se dit ça sans doute, que de l'écriture nous tirions un autre parti que de tribune ou de tribunal, pour que s'y jouent d'autres paroles à nous en faire le tribut.

Il n'y a pas de métalangage, mais l'écrit qui se fabrique du langage est matériel peut-être de force à ce que s'y changent nos propos.

Est-il possible du littoral de constituer tel discours qui se caractérise de ne pas s'émettre du semblant ? Là est la question qui ne se propose que de la littérature dite d'avant-garde, laquelle est elle-même fait de littoral : et donc ne se soutient pas du semblant,

mais pour autant ne prouve rien que la cassure, que seul un dis-
cours peut produire, avec effet de production.

《大意》

　症状は秩序を打ち立て、それによって政治の姿が明るみに出る。そのことは、一方でこの秩序から表明されるあらゆる事柄が解釈に付されることを物語っている。

　それゆえ、精神分析を政治の要点に据えることには、十分な理由がある。また、精神分析がそのことをはっきり認識していたならば、政治によってこれまでなされてきたことが、それほど安全ではなかったことが分かるかもしれない。

　おそらく、こう言えば十分だろう。すなわち、書字は議会の演壇（tribune）や裁判の法廷（tribunal）からわれわれを別のところに連れだして、そこでわれわれを貢ぎ物（tribut）にするような、別のパロールが話されているところへ向かわせるだろう、と。

　メタ・ランガージュは、存在しない。しかし、書字は、ランガージュによって作られ、おそらくそれが、われわれの話し方を変える強力な材料なのである。

　見かけから生まれるのではないという性質をもったディスクールについて、はたして沿岸的なものから、そのようなディスクールが生まれることがありうるだろうか。そこに、いわゆる前衛文学がもっぱら提起している問題があるのだが、その文学自体が沿岸的なもの、すなわち書字によって生産されている。そこで、見かけによっていつまでも支えられていることはできないから、それがもっぱらランガージュにおける裂け目を明るみにだしていることになる。ディスクールは、その意味作用をともなった産物の効果を、そこで生みだす、たんにそれだけのことなのである。

《評注》

　議会の演壇（tribune）、裁判の法廷（tribunal）、貢ぎ物（tribut）と、音声の近い三語が並んでいる。議会と裁判所におけるランガージュは、社会

的秩序と慣習をまもるために既存の知に支えを求め、それによって意味作用を不動なものにしようとする閉じたディスクールである。それに対して、分析者のディスクールは、分析者自身を慣習と秩序の世界の貢ぎ物に、すなわち自分からの義務による献上物にするようなそれであると言う。分析者のディスクールは、社会的参加の動因となる見かけの場所に対象 a を据えて、これにはいかなる既知の内容も、決定された意味もなく、たんに義務的な貢ぎ物として差し出され、やがてこの世界のどこにもないものとして廃棄されなくてはならないからである。貢ぎ物は、分析を実践しているパロールが必ず出会う喪失そのものを意味している。それによって、いちどは閉じているディスクールから離れてしまった分析者のディスクールを、ふたたびある別のディスクールへ向かわせるのである。

「メタ・ランガージュは存在しない」。これは講義のなかでも言われているように、ラカンがしばしばくり返す、基本的なテーゼの一つである。論理学は、対象 − 言語（le langage-objet）を作り、これを扱う言語をメタ・ランガージュ（超越的な、そとにある言語）として扱うので、必ず道に迷うのである。そのテーゼは、彼の用語では、「大他者の大他者は存在しない」に通じる。大他者は、目の前にいる想像的な相手のかなたに、主体がそこにいる以前からいて、しかもそこで主体を規定している他者であるが、主体はそこに自分の心のなかの欠如に照応した欠如を見いだす。しかし、そのそとに欠如を埋めてくれるような大他者はいない。大他者は、つまるところランガージュの領域と重なっている。主体のなかに言語活動によって生まれる欠如は、それを埋めてくれるようなそとの（メタ）言語（ランガージュ）は存在しないのである。

しかし、書字は、象徴界を構成するランガージュの欠けたところで、われわれを現実的なものに近づけてくれる。そして、ランガージュにおける一義性と普遍性の幻想を打ち砕き、閉じたディスクールを揺り動かしてくれるかもしれない。そこに前衛文学（littérature d'avant—garde）なるものが登場する。近代からのリアリズのような、これまでの文学は、想像的な世界の虚構によって世界が説明できると思い込んでいた。しかし、それは登場人物たちの見かけに支えられて、現実的なものを排除していたので

ある。これまでの文学は、言葉の一義的なつながりによって支えられていて、あらかじめ意味作用を全体的に支配するメタ・ランガージュによって書かれている。作者は、作品の隅々にわたって意味の決定に関与しようとする。だが、最初に紹介されているジョイスやベケットのような作家は、言葉を決められた意味につなぎとめるのをやめて、筋の一貫性を拒んでいる。彼らは、言葉そのものを象徴界から脱出させて、意味作用のかなたに向けようとする。そこには沿岸地帯があり、やがて現実界に直面するだろうが、それが文学の前衛である。けれども、そのいとなみ自体が書字によって行われており、われわれはそこで明るみに出されるランガージュの裂け目から、どのようなディスクールが生まれるかを知ることはできない。

Ce à quoi semble prétendre une littérature en son ambition de lituraterrir, c'est de s'ordonner d'un mouvement qu'elle appelle scientifique.

Il est de fait que l'écriture y a fait merveille et que tout marque que cette merveille n'est pas près de se tarir.

Cependant la science physique se trouve, va se trouver ramenée à la considération du symptôme dans les faits, par la pollution de ce que du terrestre on appelle, sans plus de critique de l'*Umwelt*, l'environnement : c'est l'idée d'Uexküll behaviourisée, c'est-à-dire crétinisée.

Pour lituraterrir moi-même, je fais remarquer que je n'ai fait dans le ravinement qui l'image, aucune métaphore. L'écriture est ce ravinement même, et quand je parle de jouissance, j'invoque légitimement ce que j'accumule d'auditoire : pas moins par là celles dont je me prive, car ça m'occupe.

《大意》
　ある種の文学（une littérature）は、リチュラテリール（lituraterrir）するという野心をもちながら主張されているようだが、それは科学的と呼ば

れる運動によって整頓されているのである。

　書字は、じっさいにそこで驚くべきことをなしていて、あらゆることが示しているとおり、それがなくなることはまず考えられない。

　しかし、物理学という科学は、さまざまな事実のなかで、症状というものついて考えざるをえない方へ向かっている。それは、地上的と呼ばれているものの汚染によってなのだが、それでも環境世界（*Umwelt*）という、あの生存のための周辺世界に対しては、それ以上の批判は行われていない。それは適応を前提にした、ユクスキュルの白痴的な行動主義者ふうの観念である。

　私自身も、沿岸の土地に着陸する（lituraterrir）ために、水の流れに穿たれた溝というイメージには何の隠喩的な含意もないのを、ここで断っておきたい。書字は、その溝そのものであり、私が享楽について語るとき、それは当然ながら、聴講生が期待していること、すなわちその溝からディスクールのなかに意味作用の産物が生まれてくることなのである。同時に、またその意味作用にかかわりのない、私に取りついている、しかも私には禁じられている、いくつもの享楽である。

《評注》

　Lituraterrir は、ラテン語の litira とフランス語の terre を合わせて、それを動詞にした造語。ここに含まれている atterrir の「着陸する、やって来る」などの意味から、「沿岸地帯、すなわち文字の土地に着陸する」と読める。ある種の文学は、文字によって象徴界と現実界の境界であるその土地に到着しようとしているが、それは科学のいとなみに通じていて、それだけでは文字そのものを問題にしていることにはならない。

　科学は、ディスクールにおいて知を産みだす。それは、ランガージュの裂け目から、つまり水に穿たれた溝から出発するヒステリー者のディスクールである。Lituraterrir の野心をもつ文学が、どうして科学のディスクールによって規定されるかといえば、その文学がやはり書字によって知を目ざしているからである。ヒステリー者の真理は対象 a であるが、それはある種の文学にとっては、現実界との出会いを意味する汚れであり、塵

「Lituraterre」　大意と評注　65

芥にすぎない。ヒステリー者のディスクールと同じように、この塵芥を書字によってつかもうとするところに、その文学が科学に吸収される理由がある。書字は、溝そのものを作り出し、そこからは意味作用と、何らかの享楽が生まれるだろう。しかし、それは知にともなう享楽であり、現実界の手前で挫ける享楽である。

Je voudrais témoigner de ce qui se produit d'un fait déjà marqué : à savoir celui d'une langue, le japonais, en tant que la travaille l'écriture.

Qu'il y ait inclus dans la langue japonaise un effet d'écriture, l'important est qu'il reste attaché à l'écriture et que ce qui est porteur de l'effet d'écriture y soit une écriture spécialisée en ceci qu'en japonais elle puisse se lire de deux prononciations différentes : en *on-yomi* sa prononciation en caractère, le caractère se prononce comme tel distinctement, en *kun-yomi* la façon dont se dit en japonais ce qu'il veut dire.

Ça serait comique d'y voir désigner, sous prétexte que le caractère est lettre, les épaves du signifiant courant aux fleuves du signifié. C'est la lettre comme telle qui fait appui au signifiant selon sa loi de métaphore. C'est d'ailleurs : du discours, qu'il la prend au filet du semblant.

《大意》
　私は、すでに述べた事実から生まれることについて、すなわち、そこに書字が働いている日本語という、一つの国語から生まれることについて証言したい。
　日本語では、書字が効果をあげているが、それについて重要なのは、それが日本語で二つの異なった発音によって読まれることから、特殊な性質をもった書字だということである。それらは漢字として明瞭に発音される

音読み（*on-yomi*）と、それが日本語の意味だとされている訓読み（*kun-yomi*）である。

　漢字が文字であるからといって、そこにシニフィエの川を流れるシニフィアンの漂流物を見るなどと言えば、それは滑稽である。そこにおいて隠喩の法則に従い、つまり精神分析がそこに認める言葉の入れ代えの法則に従って、シニフィアンのつながりを出現させているのは、文字そのものである。さらに、ディスクールについてみるなら、それが文字をつかむのは、見かけの網のなかからである。

《評注》

　「音読み」と「訓読み」は、言うまでもなく、日本人が子供のころから慣れ親しんでいる漢字の二通りの読み方である。漢字は、高度に完成された体系的な文字であるとともに、ほとんどが一字ごとにきまった意味をもつ表意文字である。日本人に漢字の発音を伝えたのは、多くは大陸からやってきた、いわゆる帰化人たちだったが、大勢やってきたのは、4世紀後半から5世紀と、6世紀後半から7世紀後半だとされている。そして、それぞれの時代の漢字の音韻を伝えたのである。日本語による漢字の音読みは、一通りではない。それは漢字の読み方が、中国語の音韻の歴史的変遷によって、彼らが伝えた時代とともに変化しているからである。それぞれの時代の音韻は、上古音、中古音、あるいは呉音、漢音、唐音などと呼ばれている。日本語では、発音が伝えられた時期に応じて、音読みがいく通りかある場合と、そうでない場合がある。例えば、「我」の音韻を上古、中古、現代の順でカナ表記すると、ウォ、ガ、ウォとなるが、音読みは、ガとして固定している。一方、「山」は、訓読みによってヤマと読みかえられたが、同時に中国音のサンとセンの読みも、そのまま日本語のなかに定着している。

　音読みでは、文字としての漢字は、他の国語における文字と同じように、シニフィアンの材料となるが、同時に、それがシニフィエになるのではなく、音声としての指示対象（référent）になる。主体は、そのために、シニフィアンによって代理表象されるのではなく、意味作用のそとにあって、

たんに形式的な外見（音声）となった指示対象としての漢字によって規定されることになる。それが音読みにおいて起こることであるが、訓読みは、その音声によって伝えられる日本語の意味と受けとられて、読まれた漢字から意味作用が生まれる。しかし、それは中国語における漢字の決まった意味ではなく、指示対象となった文字である漢字の見かけから、そのつど生まれる意味作用である。

Elle est pourtant promue de là comme référent aussi essentiel que toute chose, et ceci change le statut du sujet. Qu'il s'appuie sur un ciel constellé, et non seulement sur le trait unaire, pour son identification fondamentale, explique qu'il ne puisse prendre appui que sur le Tu, c'est-à-dire sous toutes les formes grammaticales dont le moindre énoncé se varie des relations de politesse qu'il implique dans son signifié.

La vérité y renforce la structure de fiction que j'y dénote, de ce que cette fiction soit soumise aux lois de la politesse.

Singulièrement ceci semble porter le résultat qu'il n'y ait rien à défendre de refoulé, puisque le refoulé lui-même trouve à se loger de la référence à la lettre.

En d'autres termes le sujet est divisé comme partout par le langage, mais un de ses registres peut se satisfaire de la référence à l'écriture et l'autre de la parole.

《大意》
　けれども、文字は、そのことからあらゆるものと同じほど本質的な指示物としてその地位を向上させ、それが主体のあり方を変化させる。主体が、基本的同一化のために、たんに一の印し（un trait unaire）にではなく、星座のきらめく空（un ciel constellé）に支えを求めることは、主体がもっぱら大文字の二人称（Tu）である「お前」だけに支えられているのを、す

なわち、シニフィエをともなう礼儀の関係によって微妙にものの言い方が変わってくるような、あらゆる文法的形式に従って、そうしているのを知らせてくれる。

　真理は、そこではフィクションの構造を強化しているが、それはこのフィクションが礼儀の規則に従っているからである。

　不思議なことに、そのことは防衛すべき抑圧されたものが、そこには何もないという結果を生んでいるようである。なぜなら、抑圧されたものそれ自体が、文字に向かうことによって安住の場所を見つけてしまうからである。

　言いかえると、主体は、地上のどこでもそうであるように、ランガージュによって分割されているが、一方の場所では文字に向かうことによって満たされ、他の場所ではパロールによって満足することができるからである。

《評注》

　「星座のきらめく空（un ciel constellé）」。カントは、『実践理性批判』の結びで、われわれにいつも新たな感嘆と畏敬の念を与える「私の上なる星をちりばめた空と、私の内なる道徳法則」について語っている。星空は、外の世界にある対象であり、道徳法則は、うちの世界に自己として形成されるものである。精神分析では、それを幼児期のはじめに出会った、そとの相手と、とくにその「一の印し（特徴）」をうちに取り込むことによる「同一化」という言葉で表わしているが、現在では、これは分野をこえて広く使われる用語である。ここで、日本の言語環境では、うちに形成される道徳規則が、幼児期の基本的な同一化とは別に、その後の社会関係における大文字化された「お前」とのかかわりによって支えられていると述べている。ここで、「星座のきらめく空（un ciel constellé）」は、単数形であるが、大文字化された「お前（Tu）」は、「一者（Un）」ではなく、複数であるのに注意しなくてはならない。星座が複数の星から成るのは言うまでもないが、同一化の対象としての「お前（Tu）」も、主体のそのつどの社会関係に応じて、複数となって実現している。「一の印し」の「一」は、次

に2、3と続くシニフィアンの最初の数を表わす象徴的な目印であって、それが幼児の想像的な同一化を促して、その人間的形成を進めていく。ラカンは、同一化について、「ひとは、数え始める前に数えられている」と言い、すでに象徴化されている数を重視しているが、それは最初の「一」を言う（数える）メタ・ランガージュは存在しないという考えに通じる。ひとは、それをゼロからの反復によって数えなくてはならず、それによって象徴界が、幼児期からの体験のなかに否応なくもたらされる。

　「大文字の二人称（Tu）」について、ラカンが何を考えていたかは、ここに述べられている以上のことは分からない。私には、長年パリで日本語を教えていた森有正の「『お前』を定義する『お前』」という二項結合方式（le combinaison binaire）の説が思い起こされる。森は、その方式の二つの特徴について、「一は、その関係の親密性、相互嵌入性（それぞれの相手〈お前〉がそれぞれの自己〈我〉を基礎づけること—引用者）であり、二は、その関係の方向の垂直性である」と書いている（『経験と思想』）。一は、目の前の相手との想像的関係の優位という心的な側面であり、二は社会的規則と慣習の面である。その垂直性とは、位階序列による上下関係の特徴であり、その形式性が目立っている。森にとっても、日本語の二人称の背後には、たんなる小文字の（目の前の）「お前」を越えた、国語そのものの使用法と、昔からの社会的慣習があって、それがあたかも日本語のディスクールを形成する場所の一つで、大文字の他者の役割を代替していると映ったかもしれない。彼にはフランス人向けの『日本語教科書（Leçon de japonais）』の著作もあるが、ラカンがその考えを知っていたかどうかは分からない。

　日本語と防衛すべき抑圧については、文字が抑圧されるものの場所にあって、抑圧されるはずのシニフィアンと入れ替わっているから、抑圧されるものに対する防衛はなく、文字がシニフィアンを遠ざけ、抑圧する構造の一部になっている。したがって、その防衛としての日常的な表現は礼儀という形式をとり、それによって抑圧をかわそうとする。すなわち、文字（形式）と言葉遣い（礼儀）によって、社会的行動を円滑に進めているのである。

C'est sans doute ce qui a donné à Roland Barthes ce sentiment enivré que de toutes ses manières le sujet japonais ne fait enveloppe à rien. *L'Empire des signes*, intitule-t-il son essai voulant dire : empire des semblants.

Le Japonais, m'a-t-on dit, la trouve mauvaise. Car rien de plus distinct du vide creusé par l'écriture que le semblant. Le premier est godet prêt toujours à faire accueil à la jouissance, ou tout au moins à l'invoquer de son artifice.

《大意》

おそらく、そのことがロラン・バルトに、日本人の主体はどのようなふるまい方をしても、結局は何も包み隠さないという、あの陶酔的な感覚を与えたのであろう。彼は、その著書を『記号の帝国（*L'Empire des signes*）』と名づけたが、その意味は見かけの帝国である。

あるひとが私に語ったところでは、日本人はその著書を良くないと思っている。というのも、見かけほど書字によって穿たれた空虚から遠いものはないからである。書字は、つねに享楽を迎えるための受け皿になっているか、少なくともそれを書く技巧によって、享楽を呼び求めている。

《評注》

ラカンは、ロラン・バルトが著書の表題にした「記号の帝国」は、「見かけの帝国」が正しいと言う。本論のもとになった講義では、それは出版社のせいであると言っている。出版社は、本の表題にしばしば口を出すので、そのために表題は適切に内容を伝えない、と。

彼の精神分析の立場では、「記号」は一般に何かの代わりとなるものから、しだいに特定の意味作用に拘束されない書字の便利な道具になったが、「見かけ」は1970年代になって、ロジェ・カイヨワの著書から借りて使い始めている。そして、四つのディスクール論を練り上げる過程で、やがて主体が最初に位置づけされる場所として、重要な用語になった。記号は、代わりになるものと代わりにされるものとの分離として理解されるが、見

かけは、対象 a の姿をした、主体がそれによって享楽に近づこうとする場所であり、その意味で文字が現われる場所に近い。そこで、表題は記号の帝国とするのでなく、対象 a と文字の根本的な無意味性が主体を享楽に向けるような「見かけの帝国」とすべきだと言うのである。

　しかし、日本のあるひと（たち）は、それが良い著書ではないと言っている。この一節では、「それを良くないと思っている」の「それ（la）」（女性形の代名詞）が何を指しているのか正確には分からないが、講義の記録ではバルトの本を、推奨すべき仕方で書かれた「センセーショナルな著作（une oeuvre sensationelle）」と女性名詞を使って紹介しているので、それを指していると読む。

　ところで、それが良くないとされる理由は、「見かけほど書字によって穿たれた空虚から遠いものはないから」と言うが、そのことは、日本における書字の実践を思ってみれば分かりやすい。見かけは、すでに書かれている文字を対象 a として、想像的に空虚を塞ごうとするときの姿である。見かけは、そのようにして空虚を隠す、あるいは空虚を隠しているのを隠す。日本語では、中国から伝えられた漢字の見かけと、その形式性が空虚を明るみに出す。しかし、それによってなぜ日本を「見かけの帝国」と呼ぶのか。そこが日本の人たちの、バルトの著作に対する不満であるとともに、そうラカンが言うことの分かりにくさでもある。だが、それは書字の形式性が、「掛け物」に見られるような芸術活動の一面から離れて、もっぱら大文字の二人称（Tu）によって支えられている社会的行動となって表現される。そのさいの形式性を眺めてみれば、そこに見かけの場所の特徴がとくに支配的であるのが分かる。日本語の書字は、享楽の禁止によって社会的秩序（ランガージュの法）の壁に突き当たり、そこで見かけと形式の場所に釘づけされるのである。

D'après nos habitudes, rien ne communique moins de soi qu'un tel sujet qui en fin de compte ne cache rien. Il n'a qu'à vous manipuler : vous êtes un élément entre autres du cérémonial où le sujet se compose justement de pouvoir se décomposer. Le bunraku, théâtre des marionnettes, en fait voir la structure tout ordinaire pour ceux à qui elle donne leurs mœurs elles-mêmes.

Aussi bien, comme au *bunraku* tout ce qui se dit pourrait-il être lu par un récitant. C'est ce qui a dû soulager Barthes. Le Japon est l'endroit où il est le plus naturel de se soutenir d'un ou d'une interprète, justement de ce qu'il ne nécessite pas l'interprétation.

《大意》

　われわれの習慣では、結局のところ何も包み隠さないこのような主体ほど、みずからについて何もコミュニケートしてこない主体はいない。そのような主体にとって、みなさんは、ただ操作すべき相手なのである。みなさんは、主体がまさしくみずからを解体しうることによって形成される、そのような儀式におけるいくつかの要素の一つなのである。文楽（*bunraku*）という人形芝居の舞台では、そのような構造を、それが日本人にとってはまったく当たり前のものとして、観客に対して彼らの慣習そのものをじっさいに見せてくれるのである。

　さらにまた、あらゆることが文楽の劇場におけるのと同じように、ひとりの語り手によって口にされることもできるだろう。バルトの心を軽くさせたのも、そのことであったに違いない。日本は、ひとりの男性の、あるいは女性の通訳者（interprète）によって支えられるのがいちばん自然なところである。そして、まさしくそれゆえに、解釈（interprétation）を必要としないのである。

《評注》

　文楽について、バルト自身が書いているところをかいつまんで紹介しよう。「文楽によって、演劇の根源はその空虚な状態でさらされる。舞台から追放されているのは演劇そのものであり、そのかわりに見せられているのは、演劇を生みだすのに必要な行為である。つまり、作業が内面性にとってかわっているのだった」、「何人かのヨーロッパ人のように、観客は

人形遣いの存在を忘れられるかどうか、などといぶかるのは無意味なことである。文楽は、その原動力を隠蔽もしないし、誇示もしない。そうして、生き生きとした演技から、いっさいの神聖な痕跡をとりのぞいて、形而上学的な絆を消滅させてしまう」（邦訳『記号の国』、みすず書房）。

通訳（者）（interprète）と解釈（interprétation）と、語根の共通した２語を並べているが、意味は異なる。通訳は、通常、ある国語を別の国語に言いかえることで、いわば、あるひとが言ったことを別の言葉で説明することである。解釈は、ここで精神分析の用語として使われているが、精神分析家の義務的な作業である。それは、相手の言ったことのなかに意味の分からない文字を見つけて、それを読もうとすることである。その文字は、分析主体のパロールのなかに広義の書字（エクリチュール）として見出されるもので、それを文字として読み、その謎を問い続けていくことである。そのさい、書字は、またシニフィアンのつながりとなって、それが古典的な形式論理や現代の記号論理にそのまま従わないにせよ、やはり何らかの論理的な性質をもったつながりとして読み続け、その道筋に沿って意味が追究される。そこから生まれるのが、分析者のディスクールにおける意味作用である。通訳による言いかえには、そういう作業は前提されていないし、要求もされていない。

文楽（人形浄瑠璃）は、女義太夫の例はあるとしても、ほとんど男性によって上演されるが、日本の通訳は、男性であれ女性であれ、分析者のように通常の読み方を宙づりするのではなく、慣習となった文字の読み方によって説明を続けていく。

C'est la traduction perpétuelle faite langage.

Ce que j'aime, c'est que la seule communication que j'y aie eue (hors les Européens avec lesquels je sais manier notre malentendu culturel), c'est aussi la seule qui là-bas comme ailleurs puisse être communication, de n'être pas dialogue : à savoir la communication scientifique.

Elle poussa un éminent biologiste à me démontrer ses travaux, naturellement au tableau noir. Le fait que, faute d'information, je n'y compris rien, n'empêche pas d'être valable ce qui restait écrit là. Valable pour les molécules dont mes descendants se feront sujets, sans que j'aie jamais eu à savoir comment je leur transmettais ce qui rendait vraisemblable qu'avec moi je les classe, de pure logique, parmi les êtres vivants.

Une ascèse de l'écriture ne me semble pouvoir passer qu'à rejoindre un « c'est écrit » dont s'instaurerait le rapport sexuel.

《大意》

日本語とは、言語活動（ランガージュ）となった永遠の翻訳である。

私が愛しているのは、私が日本でもった唯一のコミュニケーションで、それはわれわれの文化的誤解をともにうまく処理できるヨーロッパ人たちを別にすれば、私がよその場所でも同じように対話によらないで可能な唯一のコミュニケーション、すなわち科学的コミュニケーションである。

ある優れた生物学者が、そうしたコミュニケーションによって、彼の仕事を説明してくれた。私は、知識がないので何も理解できなかったが、もちろん黒板を使ってそこに書かれていたことが、そんな理由から妥当であるのを妨げられることはない。それは生体の分子について妥当することで、私の子孫たちは、それによって主体として形成されるはずである。しかし、だからといって、子孫たちが私といっしょに文字による純粋論理によって、数多くの生体のなかでそこに分類されるのが真実らしいという理由を、私は彼らにどうやって伝えたらよいか、知ることも、知る必要もなかったのである。

書字（エクリチュール）の苦行は、おそらく性関係がそこから始まる「それは書かれている」に、どうしても行き着かざるをえないように思われる。

「Lituraterre」　大意と評注　　75

《評注》

　「日本語とは……」。本文では「永遠の翻訳」が、日本語のことか、あるいは日本語の通訳のことか判然としないが、講義の記録では、それが「日本語」と明記されている。

　科学のディスクールは、ヒステリー者のディスクールから始まるが、そこから産出される知は、それが見かけの場所をとると、大学人のディスクールへ移動する。科学のディスクールが残した純粋論理的な記号である文字が真実らしく見えるためには、想像的なものが、その象徴的な記号に関与しなくてはならない。そのことについて考えることが、ここで言われている理由を知ることにつながる。しかし、日本では、黒板に書かれた文字が、意味と説明のすべてを担っている。それゆえ、そこに解釈はなく、「書かれている」文字が、そのまま享楽の受け皿となっている。

　精神分析家は解釈し、通訳は翻訳する。両者とも、その作業では文字にかかわる。文字は、日本において、はじめに「書かれている」ものとして伝えられ、それ以来、文字はつねに書かれている文字である。そこで、文字を読む通訳の仕事は、その文字を翻訳することになった。それは書かれている文字の音読みと、訓読みによって行われる。日本人にとって、すでに書かれている文字を翻訳によってふたたび書こうという、書字のいとなみから、文字はそれによって享楽を実現しようとする「もの」にまで高められ、それが大他者の身体と一つになるための対象aの姿をとる。しかし、「もの」は、どこまで行ってもその姿と一つになることはできない。それができるならば、享楽は完全なものとなり、性関係は実現するだろう。そこに、例えば「掛け物」に表現されているような、日本で文字を書くことの「苦行（ascèse）」がある。それは話す存在であるひとにとって、性関係が不可能であることからくるのだが、日本では、文字がそもそも「書かれている」ものである以上、そこにおける書字のいとなみは、どうしても「もの」としての文字の「それは書かれている」に向かわざるをえないだろう。ひとは、そこに一義性の足枷を免れた自由なエクリチュールと、窮屈な慣習となった社会的法としてのランガージュのあいだに、話す存在として生きているのである。

第Ⅱ部　　本論

I　文字まで

第一章　欲動と表象

　欲動は、精神分析の基本概念である。それはひとを動かす力としてのエネルギーであり、ひとは、その力が向けられるものであって、力の対象である。しかし、対象である「ひと」は、はじめから明らかなものではない。それが身体と精神の両面をそなえ、ひとを動かす力は、その両面から考えられるというのは、古くからの二元論で、精神分析もその伝統を受け継いでいる。

　エネルギーは、現代では、あるものが何かをする能力のことで、その作用は、大小や強弱などの量で表現される、いわゆる科学的な概念である。しかし、ひとを動かすエネルギーを、身体と精神の両面について量化するのは難しい。そこでフロイトは、欲動を身体的なものと精神的なものとの両面にわたりながら、どちらか一方に属することがない境界概念であるとしたのである。だが、欲動は精神分析にとって、そこからいっときも離れることができないが、同時にまったく謎のような概念である。フロイトは、そう述べて、欲動が自然科学的であるとともに、神話的な概念であるのを認めている。

　ひとの身体的な面の知識は、おもに生物学や医学などの自然科学的な分野からえられる。精神分析が目を向けるのは、欲動の精神的な面であるが、フロイトは、それがつねに性をめぐってひとを動かすと主張した。欲動は、性欲動の他にいくつかの呼び名はあるが、それらはすべて性とのかかわりで明らかになる。その主張は、今日ではとくに問題にされないが、広く顰蹙を買ったのは、一般に性についての経験や観察が狭く、その言葉の意味が非常に漠然としていたからである。ひとの性欲動は、自然科学による知識ととくに矛盾するわけではない。生物学における個体の保存と種の存続についての知識は、ひとの性欲動の背景となっている。しかし、それがひ

とに特有な欲動となれば、性欲動と、それの精神面とのかかわりに目を向けなくてはならない。

　ところで、精神（＝心）、あるいは精神的（＝心的）について、その意味を考えてみると、どちらも精神現象（＝心的現象）につながり、その現象には刺激と、それによる興奮とがあって、やはり自然科学の量を表わす用語に結ばれる。刺激と興奮が生まれるためには、対象がなくてはならない。あるいは、対象があって、それとともに刺激と興奮が生まれる。フロイトにとって、対象はそれとしてあり、それによって欲動が目標に向かうものである。ある何かがひとにとって心的な対象であるためには、ひとがそれを思い浮かべるか、思い描かなくてはならない。つまり、何かが感覚できるようにならなくてはならない。何かが目の前にあって、それが見えるようになる。これが心的現象の始まりであり、同時に心的の意味である。フロイトは、その何かを表象と呼んだ。ドイツ語では Vorstellung、何かを目の前におくことである。哲学の通常の用語で、かつては「現識」と邦訳されたこともあるように、それは感覚によって受けとって、そこにあるようになることである。ギリシア語（phantasia）、ラテン語（perceptio）は、この用語の意味を豊かに伝えているが、仏語訳は représentation で、それは、何かをふたたび差し出して、目の前におくことである。

　こうして、欲動は、いずれにせよエネルギーという、たんに量的な現象から出て心的な現象となるには、それを見える姿形にする表象の仲立ちがなくてはならない。表象が仲立ちとして、何らかの表現（イメージ）となり、心的な現象を生む。そのとき、表象は、欲動の代理として、それを代表しているのである。そこで、欲動は表象に代理されることによって、心的な現象になる。そのような表象は、表象代表（あるいは、表象代理）と呼ばれるが、それは情動のような、欲動の強・弱、大・小にかかわる量的な一面をわきにおけば、欲動代表と同じ意味になる。どちらも、身体的現象が心的現象によって代理され、表象が両者の仲立ちとして働いているのである。欲動は、それ自体としてはけっして意識の対象にならない。そうなるのは、欲動を代表している表象だけである。フロイトは、そう述べているが、代表とは、身体的現象から委託を受けて心的現象になったものと

いう意味である。その働きによって、身体的なものが心的なものに移行するのである。

　意識は、ごく一般的に、日本語では何かに気づくことだとされているが、それはあるものごとを対象化することである。われわれは、欲動を代理する表象代表をとおして、欲動をそれとして気づく。ところが、フロイトは論文「抑圧」のなかで、表象代表は、そもそも意識に近づくのを拒まれると述べている。彼は、それを原抑圧と言い、なかにはそれとして気づかれる表象代表もあって、そこから意識と無意識の分化がはじまるとしている。さらに、それとして気づかれる表象は、事物表象と言語表象の二つのタイプに分かれ、意識的表象は事物表象と言語表象を含んでいるが、無意識的表象は事物表象だけであると述べている。それでは、それとして気づかれない事物表象を、なぜ欲動の量的な身体的現象から切り離して、表象として取り上げたのだろう。それは、記憶という現象に関係がある。

　われわれの記憶は、経験的には明らかであるが、その現象は、コンピューターの「記憶装置」などと、科学的機械について比喩的な表現をとることがあっても、自然のメカニズムは分かっていない。しかし、フロイトはひとについて、記憶を刺激から生まれる対象の記載や刻印と結んで、そこから記憶の痕跡という観念を創出した。二つのタイプの表象は、どちらもこの痕跡から生まれるのであるが、とくにいつまでも意識に近づくのを拒まれた表象は、ずっと無意識のまま、事物表象としてとどまると考えた。また、言語表象については、われわれはそれと結ばれた事物表象だけを、言葉によって意識できるはずなのだが、じっさいはそう簡単でない。フロイトは、とくに思考表現の場合でないかぎり、言語表象もまた事物表象のように扱われると述べている（「夢理論のメタ心理的補遺」、1916年）。このことは、無意識を理解するうえに大きな意味をもっている。

　結局、二つのタイプの表象のなかで、言語表象もまたひとの心的現象において、事物表象と同じように働いている。すなわち、それもまた刺激によって刻印され、記載されたまま、表象代表としていつまでも意識されないことがある。表象が刻印されるというのは、それが書き込まれることである。そして、書き込まれたものが無意識のまま、記憶の痕跡として残る

第一章　欲動と表象　　81

のである。その場合、刻印された表象は、意識的表象としては欲動を代表していない。それは書き込まれたまま、意識の対象になっていないのである。フロイトは、表象代表を Vorstellungs‐repräsentanz と、意味のまったく違う2語によって表現した。それを仏語訳では、représentant‐représentation あるいは représentant‐représentative と、同じ意味の2語を並べて通用させていた。ラカンは、その訳語を représentant de la représentation と訳し直したが、それによって表象の二面性を明記しようとしたのである。

　すなわち、表象には、欲動を代表するものとそうでないものがあり、彼の訳語は前者を表わしている。これは、抑圧によって、欲動の心的代表が意識のなかに入り込むのを拒否されるという、フロイトの言葉に対応する。欲動は、身体的なものであるから、それ自体が抑圧されることはなく、その心的代表である表象代表が抑圧されるのである。つまり、欲動から委託された表象代表として働きをするのは、表象のすべてではない。言いかえると、欲動は、その動きのすべてを表象に委託するわけではない。フロイトが言うように、欲動は、表象と情動の二つの領域で表現される。情動には、もともと表象代表としての面はなく、それがやがて表象につながったとしても、あくまで量的な面を失わない。表象には、それとは別の一面があり、それが欲動の委託を担うものとして心的代表の働きをする。ラカンは、表象のなかのそうした働きを、表象作用（représentance）と呼んでいる。彼が表象代表について与えた訳語は、とくに表象のなかのそういう面を強調している。それは、いわば表象代表の代表である。

　すべての表象代表が、そのまま意識化に向かう言語表象としての表象作用をもつわけではない。事物表象は、そもそも無意識的であるから、そういう表象作用から除かれるが、言語表象も、フロイトが強調しているように、それがとくに事物表象として扱われるときには無意識的であって、意識に向けられる表象作用からは遠ざかっている。言語表象は、たしかに表象の言語化と意識化をつなぐ概念ではあるが、すべての言語表象が意識化されるわけではなく、そうなるためには、少なくとも表象が記号化された言語となり、その言語に記号を象徴化する働きが加わらなくてはならない。

記号は、広義には何かの代わりをするあらゆるものを指しているが、象徴化には、そこに必ず心的な、想像する働きが加わる。象徴とは、別々の二つの存在を想像によって一つに結びつけるものである。記号には、その過程で、われわれが意味と呼んでいるものが生まれるが、意味は、もともと記号に属しているのではない。意味が生まれるのは、もっぱらひとが想像するという心的な能力によっている。

　そこで、見える姿として現われる表象にも、そもそも意味があったわけではない。意味は、表象が言葉となって現われ、そこに想像的なものが働きかけて、それが象徴化されるなかで生まれるのである。この過程には、たんなる意味（sens）ではなく、意味形成作用（signifiance）が働いている。われわれは、そこに表象代表の概念をはさんで、表象作用から意味形成作用への移行を認めることができる。ただし、精神分析にとって、この過程には話す存在であるひとの言語活動と、その材料となる言葉の構成要素について、新たに省みるべき領野がある。フロイトにとって、表象は、精神分析の基本概念である欲動を支える中心的な柱であり、言語表象という一面からは、広くひとの言語活動への展望が開かれていた。ラカンは、そこから言語記号そのものの特徴に目を向ける。

　記号には、言葉以外の記号を扱う分野もあるので、その定義は一様でないが、言葉と記号の概念のあいだに矛盾はない。むしろ、「記号とは、感覚によって受け取られた形質のほかに、別の何ものかをおのずから思考へと誘うものである」（アウグスティヌス）。最古とされるこの定義から、言葉はその中心にあって、現代でもひとが考えるいかなる記号の体系にも、必ず言葉がかかわっている。その意味では、ロラン・バルトが言うように、「意味を伝達するいろいろのメディアの広い世界の研究」において、「現代のわれわれの社会生活のなかに、人間の言葉以外に、ある程度以上の広がりをもった記号の体系があるかどうかははなはだ疑わしい」（「記号学の原理」）とされるだろう。

　西欧思想の主潮は、ギリシア時代では言葉についての哲学であったが、デカルト以後の近代では、ひとの意識についての哲学になった。そういう通説がある。ギリシア以後の古典時代には、すでに言語記号の構成要素に

ついての分析が始まっている。よく伝えられるのは、ストア派による三つの要素の区別であるが、それによると言語記号は、音声（フォネー）である意味するもの（セマイオン）、概念である意味されるもの（セマイオメノン）、それに基体（ヒュポケイメノン）と訳されている材料を示す実在する事物（トゥンカノン）、これらの要素によって構成されている。一方、今日の常識として知られているのは、ソシュールによる意味するもの（シニフィアン）と意味されるもの（シニフィエ）の二分法であり、これが言語記号の概念に革新をもたらしたとされている。ラカンは、少なくとも今日まで西欧の大陸系の言語学に大きな影響を与えているソシュールの二分法を受け入れ、それらを用語としてそのまま使っている。

　表象の二つのタイプは、どちらも心のなかに描かれる像（イメージ）である。とくに事物表象は、何かを目に見えるようにすることで、同時に、それは記憶の痕跡として書き込まれているものであった。だが、言語表象も、やはり痕跡として書き込まれて、無意識であり続けることができる。それが意識的になるのは、欲動の委託を受けて表象代理となり、言語化されたときである。そして、そのときから言葉を言葉として通用させる意味の問題が登場する。意味は、ひとがそれによって社会的関係を結んでいるコミュニケーションの領域に必須のもので、ひとの言葉だけに、意味がつきまとうのである。表象は、言語活動に対して開かれてはいても、それ自体は心的現象としてとどまり、いわば沈黙している。したがって、音声という現実的な一面をもつ言語記号の二つの要素が、精神分析理論の基本的な単位として登場する理由がある。そして実践的にも、精神分析は、言語活動に対する反省からいっときも離れられないのである。

　ところで、ラカンが、現代の言語学から言語記号を構成する二つの要素の名を借りたからといって、フロイト以来の表象が無視されるわけではない。そもそも、精神分析で使われるシニフィアンとシニフィエの意味は、言語学の常識とは異なるのを注意しなくてはならない。はじめに目立つのは、精神分析で、あるシニフィアンのシニフィエとされるものは、言語学で言葉の内容、意味、概念などとされるものとは、お互いに重ならず、大いにずれていることである。精神分析におけるシニフィエは、フロイトの

表象と同じではないが、欲動が事物表象に代理される一方で、言語表象となった表象代理がじっさいの言語活動と結ばれて生まれる「欲望」に近く、個々の言葉に留めおかれているものではない。精神分析は、言語記号を構成するシニフィエを無視しているわけではないが、シニフィエとシニフィアンが紙の表裏のような関係で結ばれているとしたり、言語記号に「価値」の観念を介入させたりすることはない。シニフィエは、ラカンが強調しているように、音声から直接に喚起されるものでも、ひとが分かった気になるものでもなく、むしろシニフィアンとは無関係でありながら、シニフィアンの効果として出現してくるものである。

　精神分析は、こうして、心的現象の始まりとなる表象から離れずに、言葉を構成する要素に目を向けて、実践における言語活動の反省に新たな局面を開いた。そのさい、ラカンは、二つの要素を独自にとらえ、シニフィアンを、生き物としてのひとを主体（sujet）にする主役に仕立てた。いわば、表象は、欲動を代理表象するというフロイトのテーゼから、シニフィアンは、他のシニフィアンに対して主体を代理表象するというテーゼに歩を進めたのである。シニフィアンは、このときシニフィエからは完全に独立している。それは別のシニフィアンに、代理表象として主体を差し出すだけで、何かを意味するという原語の能動形から即断して誤解されるようなところはまったくない。もっぱら、代理として差し出す動きだけが能動的なのである。意味は、そもそもシニフィアンに結ばれているわけではなく、それが別のシニフィアンに移動する過程から、その結果として生まれるのである。言いかえると、意味（sens）は、意味作用（signification）の効果として生まれるのである。そこにおいて、シニフィアンとシニフィエは、ある言語記号のなかで同じ支配力をもつわけではなく、シニフィアンの優位が唱えられるのである。

第一章　　欲動と表象　　85

第二章　表象からシニフィアンへ

　ラカンは、『精神分析の四基本概念』の講義（1964年6月3日）のなか
で、「情動（affect）は、行けるところはどこへでも出かけていきますが、
抑圧されているもの、それは欲望の表象されたものや意味作用ではなく、
『代理』、つまり『表象』の『代理』なのです」と述べている。情動は、欲
動の量的な一面があらゆる感情となって体験される状態で、それ自体は表
象と結ばれていない。フロイトにとって、それは抑圧されないという一面
をもち、無意識に閉じ込められることはなく、抑圧されるのは欲動のなか
の表象的な面であると考えた。そしてこちらにはイメージ（Bild）、思考、
記憶などが含まれている。しかし、ラカンがここで注意しているのは、そ
れらの抑圧される表象的な一面が、意味作用とは関係がないこと、つまり
そこには意味がないことである。意味があるのは、そこに欲望がかかわる
からであり、言いかえると、その表象が欲望を荷なっているからである。
欲望や、それと欲動の違いについてはあとでふれるが、欲望は、ここで意
味と切り離せないとされている。表象の代理は、そのような意味を生む過
程、すなわち意味作用にはかかわりなく、たんに抑圧される。そこで、抑
圧は、表象の領域にある欲動の代理にかかわっているにしても、その代理
は意味にかかわりがないのである。
　シニフィアンは、以上のような「表象の代理」に近い。ラカンは、シニ
フィアンを初期のフロイトの知覚記号（wahrnehmungszeichen）に当たる
と言っているが、この記号にも意味はなく、いわば、それ自体として感覚
に受け止められる。では、フロイトの表象とラカンのシニフィアンはどこ
が違うのか。フロイトの表象は、とくに抑圧によって、心のなかにそれぞ
れの表象として書き込まれる。ラカンは、シニフィアンによって知覚記号
が心的な運動の単位となり、それが個々のシニフィアンとしてではなく、
別のシニフィアンとのつながりによって主体を代理表象するとして、それ
が連鎖（chaîne）をなし、系（série）となるのを強調している。つまり、
シニフィアンは、そのつながりによって言語活動（ランガージュ）の素材

となり、ひとを主体として生んでいく。ランガージュは、ひとの話す行為をいちばん広く指す用語だが、シニフィアンの連鎖によって実現する言語活動は、とくにディスクールと呼ばれている。

シニフィアンは、こうして、ディスクールを実現する成分としての面がとくに注目される。ラカンは、「四つのディスクール」（1969〜70）のセミネール以降、シニフィアンとディスクールの関係を強調して、「シニフィアンは、もっぱらディスクールにかかわる概念である」（『アンコール』）と言っている。シニフィアンは、ディスクールにおいてたんに主体を代理表象するだけでなく、そのつながりによって主体を拘束し、ある何らかの意味の方へと導くのである。それは、ディスクールにおける意味作用の担い手であり、意味はシニフィアンの効果として生まれる。その過程で、シニフィアンは、ときに命令し、禁止し、また主体を意識から遠ざけ、あるいは意識に近づける。精神分析において、そのようなシニフィアンは、シニフィエとひとつになって同じ差異の次元にあるような、言語記号の要素ではない。また、シニフィエも、たんに差異や交換のような価値としての面によって、言語学的に受け取られる要素ではない。たしかに、あるシニフィアンは他のシニフィアンとの差異によってのみ区別されるのだが、シニフィエは、それと同じような差異の次元にはない。シニフィエは、あとでふれるように、欲望というもっと根本的で、言語学上の差異の観念にはなじまない経験につながるのである。

フロイトは、抑圧によって心のなかに無意識の表象が書き込まれ、それが痕跡として残ると言った。すなわち、抑圧によって心のなかに書き込まれるものが表象である。この表象は、抑圧されたまま、目に見えるものに姿を変える。それは抑圧されているので、意味は謎であるが、抑圧されたものの代わりとして記号になる。それが表象の記号化された一面としてのシニフィアンに他ならない。したがって、シニフィアンは、主体そのものではなく、主体ではないものとして、その代わりに主体の前に現われるものである。主体は、自分ではない、目の前に現われた記号に同一化するが、そのとき、主体が見たり聞いたりするシニフィアンには、それが自分のそとにあって、自分自身ではないという、主体に対する否定性が刻印される

第二章　表象からシニファンへ　87

のである。

　ソシュールの講義では、シニフィエは「概念」、シニフィアンは「聴覚映像」である。概念はもちろん、聴覚映像も、心のなかに生まれる表象であって、そとにあるものからは切り離されている。記号は主体そのものではないが、その否定性は、心のなかに生まれる表象からやってくる。こうして、言語記号の要素は、どちらもそれが指そうとしているものから区別される。すなわち、言語活動は、実在物から独立して、言葉は、もっぱらひとの心的現実に結ばれることになった。精神分析は、そのようなソシュールによる言葉の新しい展望から出発して、さらに、言葉を構成する二要素の結びつきを揺るがそうとする。その結果、シニフィエとシニフィアンの共時性を否定して、シニフィアンがそれだけで主体を構成し、無意識を生みだす次元を開くことになった。通常の記号の見方からすると、なじみにくいかもしれないが、それによって、記号には必ずひとの世界で通用する意味があるという先入見から離れたのである。記号を構成する二要素を認めるなら、シニフィアンは、シニフィエと最後まで無関係ではありえない。けれども、いちど両者を切り離せば、かえって、ひとは意味とは別の次元に生きているという一面が浮き彫りされ、それが現実界へと道を開くのである。

　シニフィエとシニフィアンは、同時にあるわけではない。シニフィアンは、たんに時間的に先立つだけでなく、言語記号は、まずシニフィアンとしてある。つまり、シニフィエなきシニフィアンとして与えられる。しかるのちに、シニフィエは、シニフィアンの効果として生まれるのである。その過程は意味作用と呼ばれ、はじめのシニフィアンに続くシニフィアンの連鎖によって進行する。そのあいだに、シニフィアンはずっとシニフィエに対して優位を保ち、支配的な役目をはたす。しかし、そのことによって共時的なシニフィエに行き着くことはない。言いかえると、はじめに意味と離れているシニフィアンは、最後までそれと一つになる意味に行き着くことはない。ラカンは、ある論文（「無意識における文字の審級」、1957年）で、シニフィアンの優位性を示す例として、「尾籠な」と断りながら、かなり知られたエピソードを語っている。

一台の列車が駅の構内に入ってくる。「（なかの座席に）ある少年と少女の兄妹が向かい合って座っています。外に面した窓ガラスが、列車の止まるプラットホームに沿って並んでいる建物を次々に見せてくれます。『ほら、女だよ。』、兄がこう言うと、妹はすかさず答えます『ばかね、男よ、見えないの。』」（邦訳、『エクリ』Ⅱ、247頁）。トイレの入り口には、男性用（HOMMES）と女性用（DAMES）の文字が見える。兄妹は、そこから男女が別々に用を足す場所というシニフィエを読まずに、シニフィアンに飛びついた。そして、兄（男性）は女性に、妹（女性）は男性に対応するシニフィアンを選んだ。それぞれの性ではない、自分には欠けている、別の性である。兄妹は、そのとき出し抜けに、それぞれが自分ではないシニフィアンに出会ったのである。

　シニフィアンには、そのように、自分がそれではないのに自分でそれを選んでしまうような一面がある。同じことが、ある表象代理に同一化するときにも起こる。表象代理では、自が姿を見せて、自分は自分でないものと無意識に同一化するのである。それが言語活動と緊密に結ばれたシニフィアンになると、自分がそれではないあらゆる言葉に対して開かれている。ラカンは、その開かれた場所を大他者と名づけ、そこをシニフィアンの宝庫あるいは貯蔵所と呼んだ。そこは、たしかに開かれた場所であるが、自分がそうでないようなシニフィアンにも開かれていて、自分が最終的にそうであるような、たった一つのシニフィアンがないところでもある。そこで、自分がその場所で選ぶシニフィアンは、いつも自分がそうでないようなシニフィアンで、大他者には自分がそうであるようなシニフィアンはない。つまり、自分が選ぶシニフィアンは、大他者にはそれがないのを知らせるシニフィアンである。それゆえ、シニフィアンは自分にとって、そもそも大他者のところにはない、欠如のシニフィアンだと言える。いまのエピソードは、そのことを伝えようとしている。

　シニフィアンは、ディスクールの成分である。だが、シニフィアンは、じっさいにディスクールのなかでどのような働きをしているか。ディスクールを生んでいるのは、シニフィアンの連鎖であり、そのつながりはいちどきに実現するわけではない。当然、そこには時間の経過が予想されて

第二章　表象からシニファンへ　89

いる。シニフィアンのあいだには、お互いの差異だけがあるとするなら、それらを区別するのは、時間の経過だということになる。ところが、いまの兄妹が列車のなかからとっさに選んだ「女」と「男」からは、時間の経過を問題にすることはできない。その差異は、言語学で共時的差異と呼ばれる、どの国語にもある、同時的な差異である。一方、シニフィアンが時間の経過のなかで生みだしていくお互いの差異は、言語学で通時的と呼ばれる差異である。ソシュールは、国語を価値の体系と見なして、そこに二つの差異を認めたのである。しかし、ディスクールにおけるシニフィアンの優位を説く精神分析は、それらを同じ次元の差異とは見なさない。

　むろん「女」と「男」には、どの国語にも言葉の同時的な差異があるのは、だれもが認めるだろう。列車のなかの兄妹には、その差異が大きな意味作用の効果を与えていた。しかし、シニフィアンのつながりから生まれる、いわば無意識の効果から見ると、その差異はすでに国語の共同体から広く承認されていると同時に、あくまで個人の特殊な場所に拠るという面で、むしろ意識的である。つまり、シニフィアンどうしの共時的差異は、その普遍性と必然性において、通時的差異と同じ次元にはない。ラカンは、シニフィアンの共時的差異から恣意的で、かつ詭弁的な意味作用の効果が生まれるのを、やはりよく引かれる例で語っている（「フロイトの無意識における主体の壊乱と欲望の弁証法」、1960年）。

　それは、幼い子が「犬はニャーニャー鳴く、猫はワンワン鳴く」、平気でそう言い張るとき、この言い方によって、「幼児は、いっきょに、ものごとをその叫び声から切り離して、記号をシニフィアンの機能にまで高めるとともに、現実らしさを意味作用の詭弁術に高め、うわべの本当らしさ無視して、これから確証されるはずの同じものごとに対する客観化にともなう多様性に道を開くのである」（邦訳、『エクリ』Ⅲ、314頁）。犬と猫の擬声語には、各国語にそれぞれの表現法がある。幼い子は、それを無視して、人々が共有する国語の慣習を飛び越える。シニフィアンの共時的差異には、そのように、あるひとが国語における差異を揺さぶり、独自の表現を広げ、そこから新しい意味に向かう自由が開かれている。それは特殊な場所からの、個人による意味作用の刷新であるが、ディスクールにおける

シニフィアンの通時的差異の行程と無関係ではない。二つの差異は、ディスクールにおける役割の次元が区別されるからといって、一方の差異を無視することはできない。

　ところで、「シニフィアンは、差異だけによって他のシニフィアンと区別される」「シニフィアンは、他のシニフィアンに向けて、主体を代理表象する」、これらのラカンの言葉は、シニフィアンを十分に定義しているだろうか。とくに後者をみると、それは説明のなかに説明されるべき用語を使っている堂々めぐりの、古代からのいわゆる循環論法（cercle vicieux）に陥っていないだろうか。例えば、われわれが「シマ馬は、別のシマ馬に向けて、馬を代理表象している」と言えば、「では、シマ馬とは何ですか」という問いが返ってくるだろう。いまの説明は、シマ馬そのものを説明（定義）していないからである。しかし、ラカンは、その堂々めぐりに対して、そのとおりと答えている。彼は、ある講義（『アンコール』）のなかで、「シニフィアンは、それ自体によってある」と言い、さらに「無からは何も生じないが、シニフィアンからはすべてが生じる」と言っている。あるものが、それ自体によってあるとき、そのあるものはすべてであり、他の何かによって説明されないし、される必要もないからである。そういうシニフィアンの見方からは、ヘーゲル論理学の、とくに彼が師と仰ぐコジェーヴのヘーゲル講義の核心がはっきり見てとれる。

　コジェーヴは、ヘーゲルの思想を、パルメニデスに始まる西欧哲学の終着点として述べたとき、思想の始まりとなるキーワードとして、ヘーゲルの『大論理学』の第一巻、第一篇、第一章の冒頭にある「存在」「無」「生成」の三つの用語をあげた。ヘーゲルの原文には複数の邦訳があるが、コジェーヴの仏語訳に従うと、存在（Être）は、自己とのみ等しいが、それ自体の内部にも、外部に対しても、何の差異ももたない。しかし、そのような純粋に無規定的なものは、空虚なのであって、無規定的に無媒介的なもの、すなわち存在は、じつは無であって、存在は無に他ならない。無（Néant）は、自己自身との単純な同等性で、完全な空虚性、規定と内容の不在であって、それ自体における無区別である。そこで、無と存在は同一の規定であり、むしろ、同一の規定の不在である。したがって、一般的に

第二章　表象からシニファンへ　　91

無は、純粋な存在があるところのものと同一のものである。そして、生成（Devenir）が、存在と無の一体性として登場する。その説明の一部をコジェーヴの邦訳書から引いてみよう。

「純粋な〈存在〉と純粋な〈無〉とは、したがって同一のものである。〔〈ディスクール〉によって『開示された』〈存在〉である〕〈真理〉であるもの、それは〈存在〉でも〈無〉でもない。〈真理〉とは、〈存在〉が移行する（自らを－選ぶ）のではなく、〔すでにして〕〈無〉へ移行しているということ〔という事実〕である。しかしまったく同じく、〈真理〉は、〈存在〉と〈無〉との〈無〉－〈差別〉ではまったくない。そうではなく〈真理〉は、存在と無が同一のものでなく、存在と無は完全に区別されているということ〔という事実〕である。しかし、〔〈真理〉は〕同じく〔存在と無が〕分離されず、分離可能－でない〔という事実〕であり、無媒介的な－仕方－で〔二者の〕おのおのがその対極のうちへ消失すること〔という事実〕である〕（『概念・時間・言説』、邦訳、296頁）。すなわち、存在も無も生成も、すべてがディスクールのなかに現われる。そして、真理が問題になるのは、ディスクールのなかだけである。

ヘーゲルの時代、デリダが「ヘーゲルの記号論」で批判した、その時代には、古代からの記号の要素、シニフィエ、シニフィアンは復活していなかった。しかし、ヘーゲルが「生成だけが本質である」と言うとき、ラカンの精神分析は、そこに二つの要素を、とくにシニフィアンを導入した。シニフィアンは、ヘーゲルにおける「存在」と「無」と同じように、定義できないのである。ただし、この「存在」は、純粋な存在、たんなる存在と断わる必要がある。というのも、「存在」は、一般に、そのつど定義できる何かのようにして現われるからである。しかし、それは感覚に与えられた仮象（Schein）、見かけ（semblant）である。われわれは、その現われた何かをとおして仮象の変化を追っていかざるをえない。その成り行きが「生成」である。シニフィアンとは、その変化のなかでシニフィアンとして現われた何かを指しているがゆえに、その本質をそれとして定義することができないのである。むしろ、つねに定義を逃れる生成が、その本質と言うべきだろう。

シニフィアンは、連鎖をなして、系（série）を作る。ディスクールが時間にそって移動するとき、シニフィアンを素材とする言葉の象徴表現からは、意味が生まれる。これは言語活動に共通する現象で、その過程では、シニフィアンがつねに感覚に与えられたものに縛られているとはかぎらない。むしろ、シニフィアンには象徴表現の過程で、感覚的な所与から遠ざかろうとするひとの思考を支えているような、言語活動の一面がある。しかし、シニフィアンは、それ自体としてあり、定義できないからには、それが最終的に感覚的な所与を離れることはできない。そして、象徴表現の過程を追うことは、ふたたびシニフィアンの見かけに戻ることになる。つまり、シニフィアンの自己同一性から出発して、それを別のシニフィアンによって定義しようとする言語表現には必ず不完全が生じ、そのことがディスクールのなかに現われて、むしろディスクールを進行させる原動力になっている。

コジェーヴは、ディスクールにおける言語表現の不完全性を、次のような三つのタイプで示している。それらを簡略化してみると、①「猫は猫である」。この同語反復には、ときに意味が生まれ、意味作用がないとは言えないが、ディスクールを一つのタイプに還元してしまうので、不可能である。②「猫は猫でない」。これは理解できる意味の次元で、矛盾している。③「猫は神である」。コジェーヴは、このタイプの表現を魔術的、あるいは呪術的と呼んでいる。ディスクールにおける言語表現の不完全性は、つまるところ、以上のタイプに煎じ詰めることができる。①と②は、ふつうの表現に照らして、その欠陥を見抜くことはできるが、③は、①と②とは違うあらゆる表現に行き渡っていて、その不完全性を見抜くのが難しい。というのも、猫を定義する言葉は、むろん神だけではなく、それには限りがないからである。どれほど科学的な用語を並べても、その表現は見かけのディスクールに行きつく。科学が呪術から変化して、今日の世界を支配する力があるとしても、ディスクールにおけるそのタイプに変わりはない。猫を、それによって定義しつくすことはできないのである。

ラカンは、以上のような言語表現の不完全性を、ディスクールにおけるシニフィアンの堂々めぐりのありさまによって示した。シニフィアンは、

それ自体は定義できないままで変わらないが、主体を代理表象する働き方に応じて、その姿を変える。次章のC「四つのディスクール」で詳しくふれるが、それらはS、$\mathcal{S}$、S_1、S_2と記される。ディスクールは、この他にもう一つのaと記される要素（対象a）からできているが、Sは言語活動のそとにあって、ディスクールには登場しない。それらの要素が、動因（見かけ）、大他者（享楽）、産出物（剰余享楽）、真理と名づけられた四つの場所を移動して、堂々めぐりをくり返すのである。

　シニフィアンについてみると、Sは、いわば言葉をあやつる以前のひとを表わすシニフィアンであり、このひとの前では大他者に欠如はない。すなわち、完全無欠な大他者に対応するシニフィアンである。$\mathcal{S}$は、言語活動によって自分でないものに代理されているシニフィアンであり、ひとは大他者の欠如となったシニフィアンによって裂かれている。それによって、ひとを言語世界の主体にするシニフィアンである。S_1は、シニフィエから離れて、大他者の欠如を埋めようとするシニフィアンである。言語世界で最初に現われる創設的なシニフィアンで、ときに主－シニフィアン、純粋シニフィアンと呼ばれるものに近い。S_2は、大他者の欠如を埋めるものとして現われる、S_1に続くシニフィアンである。このつながりには、もっとも直接的に感知されるシニフィアンの姿から離れ、ひとの精神活動において、具体的で感覚的なものを抽象的で概念的なものと一致させるような、思考の過程がともなっている。その結果としてのS_2は、ディスクールにおいて、知（savoir）と呼ばれる。aは、ただひとつ、ディスクールのなかでシニフィアンとは区別されるものである。それはのちにみるように、欲望の原因となる対象とされる。それとして言語世界に現われるものではないが、ひとがシニフィアンによって裂かれた、その裂け目として、シニフィアンのあいだを堂々めぐりしながら、そこで主体としてあるための前提的な条件である。

　シニフィアンは、以上のように、感知され、心に刻まれる姿としての表象と切っても切れない関係にありながら、そのつながりと場所の移動によってディスクールのなかで働きを変える、実体なき実体を指す用語であると言える。

第三章　四つのマテーム

　ラカンは、精神分析理論を展開するあいだに、その内容を形式化して伝えている。そのために、いくつかの記号を組み合わせて式を作り、その表現をマテームと呼んだ。マテーム（mathème）は、数学（mathématique）の前半と、音素、意味素など、最小単位を表わす「素（-me）」を合わせた造語で、数学素、分析素などと訳されている。

　ソシュールは、言語記号の二要素を示すとき、概念（シニフィエ）と聴覚映像（シニフィアン）のあいだに横棒を引き、シニフィエを上に、シニフィアンを下においた。ラカン流の式で記せば、$\frac{s}{s}$ となろう。彼は、その上下を入れかえて、$\frac{S}{s}$ とし、シニフィアンの優位を示した。この式は、彼の理論の基礎を伝えるとともに、最初のマテームと言ってよいだろう。その後、ラカンは、記号のあいだの関係を表わすいくつかのマテームを提出し、それらはディスクールの実態と、そこにおける問題のありかを示す指標となっている。ここでは、最初の $\frac{S}{s}$ を除いて、他の四つのマテームに、すなわち「シェーマL」「欲望のグラフ」「四つのディスクール」「性別化の論理式」と通称されるマテームに、ざっとふれて、ディスクールの理解を広げることにしたい。

A. シェーマL

　この図は、今日、邦訳書では『エクリ』に収録されている「《盗まれた手紙についてのゼミナール》」（1957年）と、ミレール版セミネールの『フロイト理論と精神分析技法における自我』（1955年5月25日の講義）のなかに見ることができる。

　S、(a)'、a、(A) の四項からなる次頁の図で、S には〈フロイトの〉Es（エス）と、a には moi（自我）と付記されている。四項のうち、S は、(a)'、a、(A) のつくる三角関係から排除されている（点線でそれを示している）。それは、ディスクールにとって根本なことである。四項は、全体としてシ

第三章　四つのマテーム　A. シェーマL　95

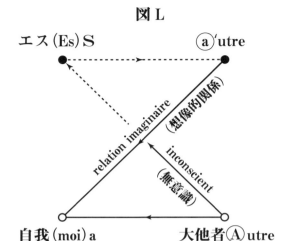

ニフィアンの行程を示しているが、ラカンは、セミネールのなかで、「S、それは主体（Sujet）でもあります」と言っている。ただし、それは「分析における主体であって、自己の全体性を示す主体ではなく、開けとしての主体です」と断っている。自己の開け（son ouverture）は、ここでは、とくに（A）（大他者）に向かって開いていることで、「それ（S）は図の右下（(A) のところ）にいます」と言う。つまり、それはまだ何も言わないか、言ったとしても「自分が何を言っているのか、まったく知らない」主体であって、そのような主体を代理表象しているはずのシニフィアンである。もしそういう主体がひとの世界にありうるならば、それを代理表象するシニフィアンと大他者のあいだには切れ目がなく、主体にとって大他者には欠如がなく、完全無欠であるだろう。

　（A）（大他者）は、シニフィアンの宝庫、その貯蔵所であって、ひとが世界に参入するやいなや、そこで出会うシニフィアンの開かれた場所である。そして、じっさいには『アンコール』で言うように、そこでひとが言葉（parole）を口にする言語活動の場所である。また、すぐあとで見るように、それは象徴界の支えとなるP（Père、父）でもある。ラカンは、この図が「相互主観性の弁証法」を表わしていると言い、そのわけは、ひと

が言葉によって生きている世界では、「もっぱら鏡の関係が、主体（Sujet）のこちらと大他者（Autre）のあちらのあいだに割って入る」（『エクリ』邦訳Ⅰ、65頁）からである。鏡の関係とは、彼が「胸像段階」（1936年）の説で明らかにした「相互的な想像的対象化の組を表わしている」（同書、同頁）。図Lでは、それは（a）′―aの線で示されている。

　（a）′は、ひとが直接に知覚する他者で、自分と同じ姿をした生きもの、自分の似姿（semblable）であり、ラカンは、これを「鏡像」と名づけた。ひとがこの他者である鏡像を自分だと思い込むことが、ひとの心的現実の根底であり、それによって作り上げた心的形成物が「自我」と呼ばれる。それがaの場所に据えられる。

　以上のような「自我」は、「社会」というひとの世界に適応することを心的現実の基本と見なす、精神分析のいわゆる自我心理学的な理論とはかけ離れているが、ラカンは講義のなかで、その想像的な本質を「自我は想像的な構成物であると仮定しなければ、どんなものであれ分析的な弁証法をとらえることはできません。自我が想像的なものであると言ったところで、この哀れな自我から何も奪いはしません。むしろそのことが自我の備えている良い点だとすら言えるでしょう。もし自我が想像的なものでなかったとしたら、われわれは人間ではなく、（たんに現実的な）月になってしまいます」と言い、「われわれが自我の似姿と呼んでいるひとを、自我が見ることになるのは、鏡像的な他者の形においてです。他者のこの形は自我ともっとも重要な関係をもっている」（上掲、ミレール版セミネール、邦訳、下巻、119頁）としている。

　主体は鏡像から自我を作りあげると、ディスクールにおいて、大他者に話しかける。ヘーゲルの弁証法では、ひとの会話は「お前は私の奴だ」「あなたは私の主人です」によって始まるが、日常的な会話で、あるひとが「君は私の妻だ」と話しかける場面を想像してみよう。このひとは想像界の産物である自我から目の前の他人に直接話しかけていると感じているかもしれないが、その相手は想像界の住人ではなく、社会関係を生きている現実的な存在者である。したがって、その相手が「あなたは私の夫よ」と言えば、その返事は想像的関係から発せられたのではない。目の前の相

第三章　四つのマテーム　A.シェーマL　97

手である他人を越えた大他者から発せられたのである。ラカンは、そのことを「私が真の言葉（parole）を口にするたびに目指しているのは、基本的にこの大他者（A）なのです」と言っている。

　つまり、私が本当の他者である大他者から返事を受け取るときにも、目の前の他人との想像的関係は切れない。それは他でもなく、その他人から発せられる「あなたは私の夫よ」という返事のせいである。ラカンは、それをひとの言語活動のせいとして、「ランガージュの壁（mur du langage）」と呼んでいる。ひとはどうしても目の前の他人を、心のなかで作りあげる想像的関係のなかに引きずり込んでしまう。それは他人とやり取りする言葉が、大他者との関係を妨げる壁を作るからである。その結果、ひとは他人を対象化（objectivé）してしまう。対象化とは、ふつうは意識のもっとも基本的な働きとされているが、その本質は心のなかに何かのイメージを作ることである。彼は、次のように述べている、「パロールが大他者Aの、つまり真の他者の実在に基礎をおいているとしても、ランガージュはわれわれを対象化された他者、つまりわれわれがどんなものにでもしてしまえる他者、一つの対象、自分が何を言っているのか知らない者にさえしてしまえる他者です。われわれがランガージュを使うとき、われわれと他者の関係はつねにこの曖昧さにおいて機能しています。言葉を換えればランガージュはわれわれを他者のなかに基礎づけると同時にわれわれがこの大他者Aを理解することを根底から妨げるようにできています」（上掲書、121頁）。つまり、ひとが自分の思いを言葉（パロール）にして、真の他者（A）に訴えようとしても、ひとの言語活動（ランガージュ）そのものが邪魔をして、心のなかだけで目の前の他人と勝手な関係を結んでしまう。図LのS−(a)′−a−Aの行程では、SからAへの道は、想像的関係にぶつかり、大他者への方向は、つねに言語活動の壁によって妨げられている。無意識は、そこから生まれる現象であって、精神分析の実践では、いつもそのことが問題になるのである。

　エス（Es、S）の場所にいる主体（ひと）は、ランガージュの世界で文字どおりの主体になる、そのとき、主体は大他者（A）の場所にいる。その意味で、ランガージュの世界における真の主体とは大他者である。主体

は、そこからメッセージを受け取る。ところが、主体が話すと、その言葉（パロール）は言語活動（ランガージュ）の壁にぶつかる。したがって、エスの場所にいて、そこからディスクールに参加するひとは、言葉によってはけっして真の主体に到達できない。言葉は (a)′－a の線、想像的関係の軸にぶつかり、それが言語活動の壁になるのである。ひとは、(a)′－a に沿って自我になる。そこで、大他者からのメッセージを受け取るのである。

「君は私の妻だ」、こう言ったひとは、ある具体的な他人に話していると思うかもしれない。しかし、言語活動の世界では、その言葉が目の前の他人を越えて向こうにいる大他者に訴えているのである。そのひとが「あなたは、私の夫よ」と、待っていた返事を受け取ったら、それは大他者からの返答である。しかし、その夫と妻のやり取りが、言語活動の壁を具体化している。お互いの想像的関係が、言葉の意味をふさいでしまうからである。じっさい、だれでもお互いの言葉の意味をまったく知らないままに、話している。「お前は私の奴だ」と「あなたは私の主人です」の場合も、まったく同じである。「奴」も「主人」も、お互いに、その言葉の意味は分からない。そこには、それらの言葉の計り知れない多義性を生む想像的関係の軸が立ちはだかっているのである。ひとは自我という想像的関係の行き着いた場所から、大他者とやり取りをしている。

ラカンは、『自我』のセミネールから半年後の『精神病』の講義（1955年、11月16日）で、「自我の想像的機能と無意識のディスクール」と銘うって、ふたたび図Lを板書し、こう述べている。精神病では、主体は「それとともにしゃべっている自我に完全に同一化していて、自我はまるで完全な道具のようになっています」「そのとき、主体は文字どおり、その自我によって話し、それはちょうど、第三者とか代役とかが語り、行動を注釈しているかのようになります」（邦訳、上巻、27頁）。彼は、そういう精神病の状態を考えて、2年後に書いた論文「精神病のあらゆる可能な治療に対する前提的問題について」のなかで、図Lを敷衍し、新たに図Rを提示しながら、次のように説明している。

「象徴界（S）の三角形のそれぞれの頂点を、Iは、自我理想（Idéal du moi）として、Mは、本源的対象（Mère、母）」のシニフィアンとして、P

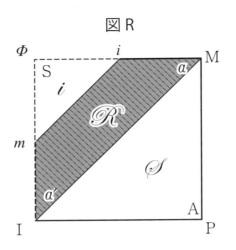

は、〈父の名〉（Nom-du-Père）のAにおける位置として、それぞれ考えると、どのようにしてファルス（φ）のシニフィアンのもとにある主体Sの意味作用に相応した位置決定が、四角形MimIによって限定される現実らしさ（réalité）の領野の支持部分のうえに影響を及ぼしているかが分かる。四角形の他の二つの頂点iとmは、自己愛的関係の二つの想像界の項を表わしていて、それらは自我と鏡像である」（『エクリ』II、邦訳、317頁）。この図は、「精神病の問題」への前置きとして準備されたものだが、神経症や精神病のみならず、図Lをより一般化して、主体のあり方を示している。

　図Rの四つの頂点のなかで、とくにφを頂点としたφ、i、mの三角形と、Pを頂点としたP、I、Mの三角形とは、斜線を引かれたRの帯によって分離されている。ここでは、前者を想像界の三角形、後者を象徴界の三角形と呼ぼう。二つの三角形のあいだは、上の文の説明では現実らしさ（réalité）とあるが、ここでは現実界の帯としておこう。すると、主体はディスクールにおいて、想像界と象徴界が現実界によって裂かれた状態でしゃべっているのが分かる。現実らしさと現実界（le réel）が密接な関係にあるのは明らかである。現実らしさは、現実界と想像界の出会いの効果

として生まれる。二つの三角形のうち、想像界の三角形は、点線で囲まれ、いわば主体の心的な領域を表わし、ディスクールの現場からは遮断されている。一方、象徴界の三角形は、P（父）、M（母）、I（自我理想）を頂点とした実線で囲まれ、ここがひとの住んでいるランガージュ（言語活動）の現実世界である。同時に、ここは頂点のP、M、Iの文字で明らかなように、いわゆるエディプスの三角関係の領域である。

　図Rでは、図Lの（A）（大他者）は、Pとなり、〈父の名〉とされている。同時に、それはシニフィアンの宝庫であり、象徴界にあって、主体における絶対的な他者である。フロイトのエディプス・コンプレックスや去勢コンプレックスから早合点して、ここを家族のなかで〈父〉と呼ばれる具体的な他人のいるところと思う必要はない。ここは象徴界の出発点であり、同時に、ひとの欲望が、ランガージュの現実世界に生まれる場所である。〈名〉とは、あるものがひとの心に生じる隠喩的な働きによってシニフィアンに変わり、その結果として記号となった言葉である。これが、最終的にひとの世界の秩序を支えていて、ラカンは、そこを大文字の〈法〉（la Loi）とつないでいる。したがって、そこはひとの欲望が生まれるとともに、世界のあらゆる法が集められている場所でもある。その対極にあって、しかも、シニフィアンがそこに向けられるところが、φ（ファルス）である。

　ファルスは、男根像、陰茎などの邦訳語があるように、ひとの性につながる言葉である。それはシニフィアンであるが、つねにその働きと効果だけがあって、この世にはその最終的な姿（像）はない。主体（S）は、そもそも、そのファルスと場所を一つにしている。そこは完全無欠な大他者が、主体をそれとして実現するはずの場所であるが、ひとの世界には、そういう主体の居場所はない。主体に最初に与えられるのは、自分の似姿としてのi（鏡像）（image spéculaire）である。それが、やがて主体と同一化した〈母〉の姿になったとき、そこに与えられるのはファルスに支えられた母（ヘ）の欲望である。このとき、ファルスというシニフィアンは、母（ヘ）の欲望を支えるシニフィエとなり、主体ヘ（にとって）のシニフィエは、いつまでも〈母〉から離れることはなく、欲望の原因（対象）は、そ

第三章　四つのマテーム　A. シェーマL　　101

の末裔である。むろん、〈母〉は〈父〉と同じように、自分を生んだ具体的な女性ではなく、その姿は鏡像の影を引きずった幻である。それゆえ、猫も月も、そのシニフィエは同じだと言うのである。それらの言葉の違いは、すべて大他者からやってくるのであり、主体（S）は、象徴界の三角形から排除されている。

精神分析は、たしかに猫と月の意味の違いからは遠ざかる。しかし、その意味は辞書にあるような、既存の知によって説明される意味である。かといって、精神分析は、シニフィアンのつながりを追いながら、そこで生まれる意味作用の効果として産出される意味に無関心ではない。それどころか、その効果をどこまでも追って行くのが関心の中心だと言ってよい。ただし、そこで生まれる知は、主体（S）についてのいわゆる客観的で、実証的な知ではない。どこまでたどっても、主体からは分離したままの知であって、精神分析の実践は、主体と知の隔たりを体験できるまでの過程である。主体は、ひとが話している世界と溶け合うことはない。それと一つにならないまま、想像界の三角形に、その頂点として残されている。

一方、欲望は大他者からやってくるにしても、想像界と象徴界のどちらかの三角形に閉じ込められることはない。どちらも現実らしさ（réalité）の領域をはさんで、その両側で三角形となり、全体の四角形を構成している。想像界と現実らしさの境界は鏡像（i）から自我（m）までの線となり、象徴界との境界は〈母〉（M）から自我理想（I）である。現実らしさは、あいだにあって、欲望は、図Lが示しているように、それを越えてまっすぐ主体（S）には行けないが、ともかくも二つの三角形の頂点をつないでいる。それが図Rでは、父の名（P）は、そのままファルス（ϕ）のシニフィアンにはとどかないことを示している。言いかえると、父の名には、主体と一つになるような最終的な姿はないのである。

けれども、父の名は、ファルスの働きによって、欲望する何かの〈名〉になる。欲望の原因はそこで対象となり、それが言葉（〈名〉）になる。同時に、そこで主体と欲望の原因を名指す言葉との分離が明らかになる。去勢は、そのような事態を指す用語である。それゆえ、ファルスの働きは、去勢を実現させることであり、ファルスというシニフィアンは、すなわち

去勢のシニフィアンである。ひとの世界において、そのことが去勢とファルスという用語につながる性に対して特徴的な性格を与える。ひとの性において、そこでは主体（S）と大他者との分離がはっきりと現われるのである。図Lから図Rへの移行によって、それがはっきり示されている。そこで、図Rから、二つの三角形を以下のように切り離してみよう。

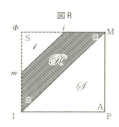

現実界は象徴界SとＩ想像界のあいだに裂け目をつくる。SとIはともに現実界に接してAがSにとどくことはない

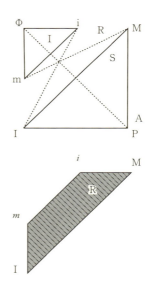

　実線が切れている二つの三角形のあいだの部分は「現実らしさ」の領域である。そこは「現実的なもの（現実界）」と重なるが、二つの三角形は、ともにその領域と接触している。あいだの領域は二つの三角形を分離しながら、四つの頂点をもつ四角形のなかでつながり、ともに全体を構成している。主体は、表象によって見える姿を描く心の働きと、言語活動とによって「現実らしさ」を体験するのである。

　上図で、想像界の三角形（ϕ、i、m）と象徴界の三角形（P、M、I）と呼んだ二つの三角形は、理論的にも、まず分離されなくてはならない。しかし、象徴界の三角形は、またエディプスの三角形と呼んでもよいが、そこにも想像界の三角形のなかに映る姿が、当然ながら色濃く投影されて

第三章　四つのマテーム　A. シェーマL　103

いる。主体は、ファルスとして鏡像（i）と想像的に同一化し、そのシニフィアンが〈母〉として象徴化されるからである。ここでファルスの働きによって象徴化されるシニフィアンは、母の欲望であり、それは大他者からの欲望としては、とうてい象徴界の言語につなげることはできないが、主体は、上辺のiからMへと、この想像界と象徴界のあいだを行き来しながら、ずっとそこにいることもありうる。もう一つ、左辺のmとIのあいだは、自我と理想自我の切れ目である。主体は、やはりここを行き来しながら、ある特別なシニフィアンに代理表象され、そのつながりによって確信する（conviction）主体であることもできる。しかし、それはあくまでも個々の主体において、特殊的に起こることである。

さて、以上のような図Rから、フロイトのエディプス関係については、とくにエディプス・コンプレックスについては、どう考えられるだろう。ラカンは、フロイトが1895年にフリースに送った「科学的心理学草稿」のなかで使用している「知覚記号（Wahrnehmungszeichen）」について、それはソシュールに先立って、言語記号の二要素におけるシニフィアンの優位を見抜いたものだと言っている。むろん、フロイトにはラカンにおけるシニフィアンはない。だが、シニフィアンの概念は、エディプスにおける欲望と、その対象との関係に深くかかわっている。一方、ラカンはディスクールについてのセミネール（1970年）で、エディプス・コンプレックスは神話であり、母・父・子の三角関係についての分析は「フロイトの夢である」と言っている。そのわけを端的に言えば、欲望の対象が存在し、それをほしいままにできないのは、それが禁止されているからであるという思い込み、そこから神話が始まるからである。

欲望は、大他者からやってくるが、厳密には大他者の欠如から生まれる。シニフィアンは、まず何よりも、この欠如のシニフィアンである。このシニフィアンを存在する対象に仕立てるのが、想像界で育まれる幻想である。フロイトでは、象徴界と想像界の分離が不徹底で、二つの領域に癒着がある。エディプス関係の中核である去勢コンプレックスについてみると、フロイトにとって、去勢とは男子がペニスを切り取られ、それを失うことである。しかし、そのペニスとは、どんなペニスか。フロイトにおいても、

それは男子のペニスが、現実に切断されることではない。去勢の対象は、現実的なペニスではなく、想像的なそれである。しかし、理論上、二つの領域を分離させようとするなら、もう一歩進めて、去勢をはっきりと象徴界において起こるできごとと考えなくてはならない。このことは、欲望が象徴界にある大他者からやってくることから、たやすく分かる。去勢は、主体の言語活動の現実において起こることである。

とはいえ、主体の心的な現実においては、去勢は、i、m、M、Ｉの台形に縁どられた、二つの領域のあいだの場所と接触している。そこから想像界と象徴界が、お互いに反映しあうのである。主体は、ファルス（ϕ）の場所から鏡像（i）を通って象徴化された母（M）に至り、想像によって母を実在させ、母を現実のある他人の姿に重ねるのである。象徴化された母は、やがて理想自我（Ｉ）に至り、そこは図Ｌに見るように、父（P）としての大他者（A）からメッセージが届くところである。主体は、象徴化された父の理想によって自己同一的な自我を形成する。けれども、その理想自我は、台形によって縁どられた想像界と接触している。そこで心的な現実においては、父としての大他者が、やはり実在する他人の姿となって現われ、その他人から欲望が禁止されているという思いが、現実らしさを帯びて、それがペニスを切り取られるのではないかという、想像的な去勢につながるのである。

しかし、象徴的な去勢は、以上のような現実的な去勢や想像的な去勢とは異なる。欲望の対象をほしいままにすることは禁止されている。その禁止は、威嚇をともなうにせよ、語る主体の世界においては、根本的に言葉からやってくる。それは定言命法として結晶化されるような法として働くのである。たしかに、禁止される欲望は言語的な現実からやってくる欲望であるが、シニフィアンによって代理表象される主体の欲望は、言語的な現実に収まるものではない。それは表象を生むという、ひとの心の働きから生まれるのである。同じように、シニフィアンも言葉が法として働く言語的な世界には拘束されない。禁止は言葉からやってくるのであって、シニフィアンからではない。図Ｒによって、主体が母を欲望し、父が禁止するというエディプス関係は、再考されなくてはならない。欲望が、その

第三章　四つのマテーム　A.シェーマL　　105

対象をほしいままにできないのは、禁止のせいであり、それは父からやってくるのだとすると、主体はすっかり象徴界に属していることになる。そうではなく、シニフィアンによって代理表象されるそもそもの主体は、象徴界から排除されているのである。

シニフィアンは、主体を代理表象する。それは主体を主体でないものに変えること、主体が主体であるのを否定することである。主体は、シニフィアンに代理表象されることによってみずからを否定する。しかし、主体の欲望が禁止されるのは、禁止する何かによって、禁止されるのではない。禁止するものと、禁止されるものとの関係は、主体のなかで生まれる。これがシニフィアンの論理の出発点である。かりに、フロイトのエディプス関係を普遍的であるとすると、主体は、つねに禁止する父と対面し、そこから母を所有している同一化のモデルとしての父と、自分に悪意をもって敵対する父という、矛盾した父の姿が描かれることになる。これは、主体が父によって禁止された欲望のもとにとどまろうとすることで、主体は、それによって去勢を拒もうとしている。しかし、それはあくまでも想像界のなかで起こることの一面である。そのようにして去勢を遠ざけるのは、去勢を抑圧することであり、禁止によって去勢を抑圧しているのである。だが、それは去勢の普遍的な側面ではない。

母を欲望の対象とし、父を敵対者とするフロイトのエディプスが、あらゆる主体の心的な現実を指しているわけではなく、神経症をはじめとする心的な症状の一面を指しているのは、今日では常識となっている。図Rは、想像界と象徴界をはっきりと分離し、主体が象徴界から排除されているのを示したことによって、その一面性を払拭したと言えるだろう。とはいえ、象徴界で生まれるフロイトの発見した無意識が、精神分析の中心問題であることには何の変りもない。無意識は、主体が象徴界においてシニフィアンの支配に服することから生まれる。しかし、図Lに戻ると、そこでは大他者から発したシニフィアンが、想像的関係の線に突き当たり、象徴界からのメッセージは、そのまま主体に届かないのが示されている。言いかえると、象徴界に生きる主体は、お互いのコミュニケーションにおいて言語活動の壁にぶつかり、言葉では真の主体に到達できない。図R

では、同じことが大他者の場所である象徴界と、主体の場所である想像界のあいだに現実界が割って入り、そのあいだのあいまいな領域に現実らしさの生じるのが示されている。

　無意識は、つねに言語活動（ランガージュ）から生まれるが、そのことをディスクールにおける主体とシニフィアンの関係に照らしてみよう。主体は、ラカンにとって、シニフィアンの主体であって、シニフィエの主体ではない。シニフィエの主体は存在せず、それはつねにシニフィアンの主体に変化した主体である。その最初の変化は、存在しないシニフィエの主体がシニフィアンの支配する世界で「母の欲望」になったことで、それが「父の名」のシニフィエとなって、シニフィアンを素材とする名（言葉）になるのである。ラカンは、この過程を「父性の隠喩」として、論文「精神病のあらゆる可能な治療に対する前提的問題について」（邦訳『エクリ』Ⅱ、322頁）のなかで、次のように定式化している。隠喩とは、ここでは、たんに文字記号の移り変わりで、そこからどのような意味をとるかは、読むひとに任されている。

「父の隠喩」の式

$$\frac{\text{父の名}}{\text{母（へ）の欲望}} \cdot \frac{\text{母の欲望}}{\text{主体（へ）のシニフィエ}} \longrightarrow \text{父の名}\left(\frac{\text{A}}{\text{ファルス}}\right)$$

　上の式で、「父の名」は、言葉として口にされ、または書き記されるが、実在するものとしての対象をもたない。それがファルスという、目に見える姿をもたないシニフィアンの働きによって、象徴的な効果を発揮し、この世のあらゆる掟や戒律となって、言語活動の世界を支配する。つまり、それはファルスの働きによって大他者（A）の欠如を埋めようとするシニフィアンであり、それが象徴界から選びとられて言葉となった「名」である。そこで、語る主体と言葉とのあいだに無意識が生まれるが、象徴界におけるディスクールは、主体自身のディスクールにはならない。といっても、他のところにディスクールはないのだが、無意識の主体は、そこにお

第三章　四つのマテーム　A.シェーマL　107

いて自分自身と離れ、他のところにいる。

　それゆえ、主体は言葉を使いながら、自分が何を言っているのか知らないのである。主体は、お互いのコミュニケーションにおいて、自分が何を言っているのか知らないままに言葉を交わす。それをとくに奇異と感じないまま、目の前の他人との鏡像的な同一化や、攻撃性の見え隠れする対立関係によって話をすすめる。そのように、言葉を想像界と現実界の境界線上で使うのが、通常の言語活動において現実らしさを感じさせるからである。

　図Lでは、以上のように、ディスクールは言語活動（ランガージュ）を背景として、言葉（パロール）は大他者から出て、それが主体に向かっている。言葉は、主体から発せられるのではなく、ディスクールは、大他者のディスクールであるのが示されている。それによって、無意識が生まれ、無意識は大他者のディスクールである。そのため、主体が語る言葉は方向を変えて、主体は自分の言葉を、大他者のメッセージとして受けとるのである。鏡像は、知覚によって受け取る自分の似姿としての他人（a)'であり、そこから想像的な自己像である自我（a)が生まれる。a' からaまでの想像的関係は、いわば心のなかに表象過程を生みだす、ひとに特有な心的活動を表わしている。ひとは、この心的な活動能力と言語活動によって、ひとの現実世界を生みだしている。しかし、図Lにおける主体は、象徴界から離れ、そこから排除されている。それは現実界が、ひとの住む地上の現実世界から遠ざかり、その背後に隠れたことを意味する。けれども、現実界は、想像界と投影し合い、ひとが話す世界に関与するのをやめない。こうして図Lと図Rは、三つの領域が、お互いに他の領域に解消されることのないまま、一つの構造をなしているのを示しているのである。

108

B. 欲望のグラフ

　「欲望のグラフ」と呼ばれる図表は、ミレール版セミネールの第5巻『無意識の形成物』（1957－58、邦訳、上．下、岩波書店）と、第6巻『欲望とその解釈』（1958―1959）において提出され、とくに第5巻では、その年度がグラフの作成と説明にあてられている。また、『エクリ』では、「無意識における文字の審級、あるいはフロイト以後の理性」（1957年、邦訳、『エクリ』Ⅱ、弘文堂）で、グラフを準備、予告し、「フロイトの無意識における主体の壊乱と欲望の弁証法」（1960年、邦訳、同書Ⅲ）において、全体的に説明されている。

　ラカンは、『無意識の形成物』の補遺で、「今年度のシェーマは、まさしく、シニフィアンをシニフィエに結びつけるさまざまなクッションの綴じ目（points de capiton）に対応するものである」と述べている。すなわち、その年度の講義は、クッションの綴じ目と呼ばれるグラフの形成を、はじめから完成図に至るまでくわしく紹介し、端的には、それによって主体が欲望の対象に向かう道筋と、ディスクールにおける意味の産出との関係を明らかにしようとしている。そのグラフは、3年後の1960年の「国際哲学シンポジウム」の報告で再び紹介され、上記の表題の下に『エクリ』に収められた。この論文では、完成図までの過程が四つの図にまとめられ、説明もコンパクトになっている。ここでは、その論文からはじめに完成図を掲げ、そこに至るまでの道筋にざっとふれておこう。

　その前に、この論文の表題「フロイトの無意識における主体の壊乱と欲望の弁証法」にあらかじめ目を向けたい。そこでは「主体」と「欲望」もそうではあるが、とくに「弁証法（dialectique）」という用語が、哲学との近さを感じさせる。「壊乱（subversion）」も、ラカンは、「カントとサド」（邦訳、『エクリ』、Ⅲ）の冒頭で使っているが、やはりカントの哲学（『実践理性批判』）に関連させている。それまでの哲学は、「人間は、善によって幸せである」という格率のもとにあったが、カントが両者を切り離し、サドは、「悪による幸せ」を唱えた。この方向転換（virage）は哲学におい

ても行われ、そこには人間の概念に対する壊乱があった。同じように、フロイトによって、ギリシア以来の主体（sujet、hupokeimenon、subjectum）の西欧的概念は、転換を余儀無くされている。

「弁証法」は、とくにソクラテスの対話術とヘーゲルの論理学を指す訳語として知られているが、精神分析では、それがどういう意味をもつだろうか。ラカンは、論文の冒頭でヘーゲルの『精神現象学』にふれて、知と無知の問題を提起している。弁証法を骨子とするヘーゲルの論理学は、思考と存在の一致に向かう対象理解の道筋を、正（テーゼ）、反（アンチテーゼ）、合（ジンテーゼ）の生成過程として示した。絶対知は、個々の対象の異質性と特殊性のかなたにある存在を概念によって把握したときに実現する知であり、そこではあらゆる対象を越えて思考が存在と合致し、真理が実現する。言いかえると、ヘーゲルにおける人間の精神は、あらゆる対象を捨象したのちに、主体をそのまま認める大他者の存在を求めている。

しかし、精神分析においては、欲望は最後まで対象にかかわり、じっさいには分析主体のパロール（言うこと）があるのみである。すなわち、同一化においても、転移においても、要求としてのパロールの変化があるだけで、言葉と存在がひとつになることはない。それゆえ、精神分析家は、その実践において真理をそれとして知ることができないのを受け入れなくてはならない。ラカンは、そのように、ヘーゲルの弁証法を「論理主義（logicisme）」として退けながら、その用語をなぜ表題のかなめとして使ったのか。それは、シニフィアンとシニフィエのあいだに生まれる意味の生成過程を、心理学の発達論的な記述とはっきり区別して、あくまでも論理的な道筋によって理論的に明らかにすべきであるのを伝えるためだと思われる。そのことを念頭において、グラフを見てゆこう。

次頁の図は、「クッションの綴じ目」と名づけられた「基本的な細胞」で、「鉤に引っ掛けられた魚」を見ていただいてもよいとしている。SからS'へのベクトルは、シニフィアン連鎖を表わし、△から$\mathcal{S}$までのベクトルが主体の意図（intention）の方向を表わしている。△は意図の出発点であるが、あとで見るように、それはディスクールのなかですでに大他者の支配に服した主体の欲望の出発点であると言ってもよい。Sは、シニフィアン

110

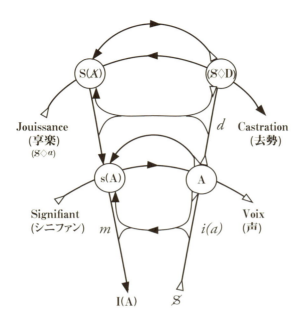

完成図

『エクリ』（邦訳、Ⅲ、p 328）

上記の論文では、完成図に至るまでの最初の図として、次のような図1を書いている。

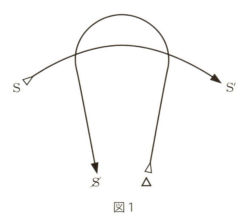

図1

（同上書、p313）

連鎖の始まるところで、そのベクトルがS'に至るまでに、逆方向からの、主体の意図のベクトルと二度交わっている。この二度の交わりから、意図のベクトルは、𝑆に到着する。ここは、大他者の支配する象徴的世界に組み込まれた主体が分裂したところで、ランガージュによって分割された主体が到達するところである。

　ラカンは、この図の二度の交わりから、「文は、その最後の語によって、はじめて意味作用を締めくくる」と言い、それが文の通時的な機能を表わしていると言う。つまり、ある語の意味は、その語が出会う他の語の遡及的な効果によって閉じられるのである。一方、文の共時的な構造は、いっそう分かりにくく、最初の帰属関係（AはBである）が生まれるとき、それは当然ながら、何らかの意味作用を生む隠喩となる。この構造は、シニフィアンの貯蔵所としての大他者によって、そのつど無時間的に支えられているが、それを伝えるエピソードとして、子どもが「犬は、ニャー、ニャー。猫は、ワン、ワン」と言い出す、すでに紹介した面白い例をあげている。そして、「この隠喩によって、子どもは、いっきょに、事物を、その叫び声から断ち切って、記号をシニフィアンの機能に、現実らしさを意味作用の詭弁術に高め、本当らしさを無視することによって、同一物に対する、やがて確証されるべき客観化の多様性に道を開くのである」と述べている。

　子どもにおいて、△からのベクトルが、Sからの逆方向のそれと最初に交わる点が「ニャー、ニャー」である。それが上の線を通ってふたたび交わるところに「犬」の語がくる。そこに子どもにとっての何らかのシニフィエがあり、それが「犬」の語によって意味が閉じられたのである、「ニャー、ニャーは、犬」。ここでは、「子どもにとって」が肝心なことで、その上方の線の動きから子どもの言葉が生まれるのである。そして、子どもが、そう断言して𝑆に至ったとき、子どもは、ランガージュによって分割された主体の場所にいるわけである。

　この図は、ディスクールのなかに意味が生まれるための最小限の単位、つまり「細胞」であるが、上の引用文では、そこにおける方法を古典的な修辞学（レトリック）の用語を使って、「隠喩」と呼んでいる。これは「換

喩」とともに、言葉のあや（文彩、figure）による代表的な表現方法であるが、ラカンは、それらをフロイトが無意識過程における表象の変化を指して使った「圧縮」と「移動」に対応させている。修辞学では、両者とも言葉を言いかえる技法である。そのさい、隠喩は、「人間は、一本の葦である」のように、ある言葉を別の言葉に言いかえて、そこに何らかの意味を生もうとしているのに対して、換喩は、「毛皮を着る」、「一杯飲む」「霧に消えゆく一本刀」のように、材料で製品を表わしたり、容器で中身を表わしたり、所有物で人物を表わしたりしても、それは言葉をかえてある対象を指そうとしているが、意味にはかかわらない。子どもが「犬は、ニャー、ニャー」と言ったのは、犬の吠え声の現実らしさを無視して、その子にとっての何らかの意味を生もうとしているのかもしれない。だから、その言いかえは、隠喩である。吠え声の現実らしさにそって、その子が「犬は、ワン、ワン」と言ったとすれば、それは隠喩ではなく、あまり意味の産出にはかかわりのない換喩になるだろう。

　ラカンは、「クッションの綴じ目」より10年以上前に発表した論文「無意識における文字の審級、あるいはフロイト以後の理性」のなかで、換喩と隠喩の表現方法を次のような式によって示し、それぞれ以下のように述べている。

$$f (S \cdots\cdots S') \, S \simeq S(-)s$$

換喩の式

『エクリ』Ⅱ、265頁

　「これは換喩の構造であり、シニフィアンとシニフィアンの連結を示しています。この連結によって、シニフィアンは存在の欠如を対象関係のなかに据えつけ、そのさい、シニフィアンが受けている対象の不在に狙いをつけている欲望、これを伝えるために意味作用を利用するのです」。

$$f\left(\frac{S'}{S}\right)S\simeq S(+)\boldsymbol{S}$$

隠喩の式
同書、同頁

　「これは、隠喩の構造であり、意味作用の出現の効果が生じてくるのは、シニフィアンとシニフィアンの置き換えの効果によっているのを示しています」。

　隠喩と換喩の区別は、シニフィアンの「連結（connexion）」と「置き換え（substitution）」の違いによる。換喩の式において、（S………S'）は、シニフィアンが次々と変わって、それらが連結していることを、式の右側の（—）は、シニフィエ（小文字のs）とシニフィアン（S）が分離していることを示している。すなわち、シニフィアンは次々と入れ代わっても、シニフィエとは分離し続けている。隠喩の式では、左のカッコ内のS分のS'は、シニフィアンSが他のシニフィアンS'のシニフィエとなり、シニフィアンの入れ代えは、前のシニフィアンが、次のシニフィアンのシニフィエになることによって行われるのを示している。右側の（+）は、通常のプラス記号ではなく、シニフィエとシニフィアンを分離していた横の棒（—）が、あるシニフィアンが次のシニフィアンと入れ代わって、このシニフィアンのシニフィエになるとき、その横の棒が飛び越されるのを縦の棒（｜）によって示している。

　そこで、二つの式をごく簡略化して記せば、次のようになろう。

換喩　　$$\frac{S-S_1-S_2-S^n}{s}$$

隠喩　　$$\frac{S}{s}\searrow\frac{S_1}{S}\searrow\frac{S_2}{S_1}\searrow\frac{S_{n+1}}{S_n}$$

　精神分析と修辞学は、どちらもひとの言葉遣いにおもな関心を向けているところが共通している。換喩と隠喩は、修辞学における技法であるが、欲望

のグラフのなかで、とくにシニフィエとシニフィアンの関係が問題になるところでは、二つの技法は、精神分析の実践的な面に近づけられる。それは1957年から行われた講義（邦訳、『無意識の形成物』上、下）のなかで、グラフを説明するのに、たびたびじっさいの臨床例を紹介して、それと照らし合わせながらすすめていることにも現われている。換喩と隠喩による言いかえは、一般に「機知」と呼ばれる技法をもとにして、分析主体の言葉遣いに通じているのである。以下の図2では、そのことをより詳しく伝えている。

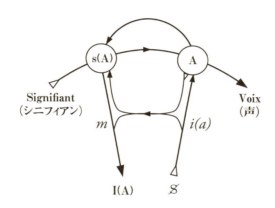

図2（同上、317頁）

この図でも、二本の線が反対方向をとって二か所で交わっているが、それらは図1と同じように、シニフィアン連鎖のベクトルと主体の意図のベクトルである。しかし、この図では、それらの交点が、それぞれA、s(A)と記されている。欲望とシニフィアンが最初に出会うAは、大他者（Autre）の場所で、ここは1957年度の最初の講義で、コード（Code）とされている（A = C）。大他者は、シニフィアンの貯蔵所であるが、あるラング（国語）はシニフィアンを材料とする言葉によって、語彙的（共時的）にも文法的（通時的）にも、それぞれの規則を作っている。その規則の集成しているところが、コードである。s(A)は、同じ講義で、上方の

ベクトルを表わすループが完成し、「ディスクールと、意味を創造する支えとしてのシニフィアンとの結合の結果として生まれる」とされ、メッセージ（Message）と呼ばれている（s(A) = M）。小文字の s は、シニフィエであるが、そこではシニフィアンに代理表象される主体の欲望が、大他者の前で釘付けされる。大他者としての「母」の欲望を前にした主体のシニフィエと言ってもよい。

　しかし、大他者からのループは、メッセージにおいて意味を生むはずだが、つねにそうとは限らない。ディスクールは、しばしば意味を欠いており、壊れたレコードが同じ音声をくり返しているような「他愛の無い日常のおしゃべり（disqu'ourcourant）」（『アンコール』）になっている。なぜなら、われわれは、しばしば $i(a)$ から m に向かう線上に留まっているからである。$i(a)$ は、鏡に映った他者のイメージ、すなわち鏡像で、m は自我である。ディスクールにおいて、話すひとは $i(a)$ の場所にいる。そこから想像的自己像（自我）を通ってシニフィアンに向かいながら、ひとは、やがて換喩的な表現をとる言葉に出会うのである。自我は、そこに安住の場所を見つける。なぜなら、$i(a)$ という鏡像の場所は、他者の見かけをとった自分の姿だからである。$i(a)$ から m への行程は、いわば、いつまでも「おしゃべり」をくり返させる、シニフィアンとシニフィエを結ぶ短絡路であり、想像的な領域の基底であり続ける。

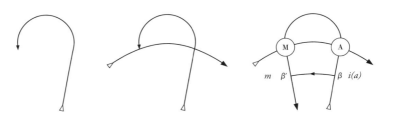

『無意識の形成物』、邦訳、下巻、391 頁

　ラカンは、いまの最初の講義のなかで、「換喩的でないような対象は存在しません」と言い、「同様に、隠喩的でないような意味は存在しません」と言っている。しかし、欲望の対象に向かう短絡路を通って出会った換喩

的な表現から、いつも意味が生まれないとはかぎらない。彼が言うように、
「意味は、象徴的な連鎖において、一つのシニフィアンをもう一つのシニ
フィアンに置き換えることによってのみ生まれる」としても、換喩も、一
つだけのシニフィアンに止まることはできず、当然、言いかえによる表現
法である。言語学や修辞学で両者を分けるとき、換喩は、連辞、組み合わ
せ、隣接性、通時態などを特徴とし、隠喩は、範列、選択、語彙、代理、
共時態などを特徴とするとされているが、じっさいの言語表現において、
両者を截然と区別するのは非常に難しく、その境界はあいまいである。ラ
カンは、4回目の講義のなかで、「換喩とは、そのなかで隠喩という新し
く創造的な何かが生じることのできるような、根本的な構造で、隠喩とは
別のものですが、要するに、換喩がなかったらば隠喩もなかったでしょ
う」と言っている。つまり、換喩は、つねに隠喩的な意味の創造に変わり
うるのであり、その例として、A・ジャリの喜劇「ユビュ王」のよく知ら
れたセリフをあげている。

　「ポーランド万歳、なぜって、ポーランドがなかったら、ポーランド人
もいないのだから」、このセリフに機知があり、おかしいのは、例えば日
本語の落語で、「『その帽子、どいつのだ』『おらんだ』」と言うような、
たんに国名の音声を利用した換喩的な駄洒落とはまったく違う。それは
「日本万歳、だってきみ、日本がなかったら、日本人もいませんからね」
と言っても、おかしいことに変わりがない。このおかしさは、もっぱら隠
喩的な「意味」にかかわっているが、その表現の効果は、換喩的な言いか
えに拠っているのである。ただし、その意味は、たんにポーランド人や日
本人が歴史的に受けた災難や、そこで演じた役割を指しているわけではな
く、そういう断定をすれば、そこでセリフは意味を閉ざしてしまい、おか
しさは消えてしまう。意味は言語表現をとおして、主体が失ったものと大
他者の欠如から、想像的に生まれるもので、その換喩的な対象を名指すこ
とはできない。そこで、精神分析の実践においても、分析主体に対象を名
指してはならないのである。

　ラカンは、セミネールのなかで、フロイトの著作や精神分析の実践経験
から、換喩と隠喩のあいだの揺れ動きが伝わる言い回しを数多くあげてい

第三章　　四つのマテーム　B.欲望のグラフ　　117

るが、そこには、いつも欲望の対象と言葉の意味の問題が据えられている。ここで身近な一例をあげてみると、「お座敷小唄」という日本語の歌は、こう始まっている、「富士の高嶺に降る雪も、京都先斗町に降る雪も、雪に変わりがあるじゃなし、融けて流れりゃみな同じ」。この文句には、それほどのおかしさはなく、機知もないが、すぐに隠喩的な意味を感じとることはできる。しかし、それを雪になぞらえて、人間は、その生まれや身分、社会的地位などに関係なく、みんな同等であって、そのことは死によって証明されると、こう意味づけたらどうだろうか。そのとき、歌の文句は閉ざされてしまい、隠喩は意味の産出力を失って、凍結してしまう。ちょうど、ある精神分析家が、「あなたは、本当は友人の奥さんを愛しているのですね」と念を押して、断定しているようなものである。すると、分析主体の欲望はどこかへ飛んで、消えてしまい、談話療法は、それ以上進まない。分析家が想像的に作り上げた欲望の対象は、名指してはならないのである。隠喩は、ある表現がいつも意味の多義性に向かって開かれているところに、その効果を認めなくてはならない。

　換喩と隠喩のあいだには、隠喩から換喩への移動も起こる。ラカンによると、その例は、やはりフロイトが「機知」のなかであげている、H・ハイネと詩人のF・スーリエの会話に見ることができる。ある晩、パリのサロンで二人が話していると、そこにパリの大金持ちがやってきて、大勢の人々からこのうえなく丁重な扱いを受けた。それを見たスーリエは、ハイネに言う、「まあご覧なさい。あそこで19世紀の金の子牛が崇拝されていますよ」、すると、ハイネはすぐに言葉を返し、それを訂正した、「いやあ、あれはもっと歳をとっていますよ」。フロイトは、この会話では、金の牛（das goldene Kalb）と、あれ（der）とは、つまり同じ言葉が別の文脈のなかで使われているが、「『金の子牛』は比喩的にとるのではなく、個人のことと解し、その大金持ち自身に関係づけたということが残る」と書いている。子牛、すなわち大金持ちである。しかし、フロイトが言うように、この比喩を「うなるほど金を持っているが、大した尊敬にも値しない人間」と受けとってしまえば、それほどの意味もなくなる。にもかかわらず、「いやあ、あれはもう子牛ではない。（大人の）雄牛ですな」という、

118

同じ言葉の言い回しに、やはり機知があるのはなぜか。

　フロイトは、この機知には複雑な技法的条件が含まれていて、それがなぜ意味の効果を生むのか、そのメカニズムはよく分からないので、「この例を解決することはできない」と述べている。ラカンもまた、「大金持ちであり、それが理由で世間から称賛の対象となっている人物が、金の子牛と呼ばれる、そこには曖昧なところはありません」（『無意識の形成物』、邦訳、上巻、115頁）と言う。つまり、それは使い古された決まり文句で、そこから隠喩が生まれるにしても、新たな意味の創造は、ほとんど期待できない。けれども、ラカンは「（われわれは）金の子牛によって（グラフの）A（大他者）の場所に戻ってきました」と言う。そこは換喩の場所である。というのも、「確かなのは、金の子牛が登場するさいの最初の所与なかに、素材の概念が含意されている」からである。素材（matière）とは、物質、材料のことで、見たり、触ったりできる実物のことである。そして、それが（偶像）崇拝されるということは、その礼賛を拒むということばかりではなく、「さらに踏み込んで、イメージ化されたあらゆる実体をそもそも命名すること、すなわち、シニフィアンの起源そのものとして措定されるものを拒むということを要請します。そして、こうした要請は、その本質的な彼方を拒否するということが、まさしく、金の子牛にその価値を与えているのです」（同上、99頁）と言う。そこで、換喩とは、「厳密には、われわれがそこに人間の言語における原初的かつ本質的な次元、意味の次元に対置される次元、すなわち価値の次元を位置づけなければならないような場所なのです」と結論する。

　価値（valeur）の次元は、意味（sens）のそれとは異なる。ここが換喩と隠喩の分水嶺である。ラカンは、講義の最後に、マルクスの『資本論』の第一巻、第一篇、第一章の「商品の価値」の驚くべき部分を読めば、彼が「鏡像段階」の先駆者であることが分かる、と言っている。マルクスは、一般的な等価性があらかじめ立てられることがなければ、価値の量的な関係も立てられることはないと言っている。そこで、問題なのは、あれこれの長さの布地が互いに等しいということではなく、構造化されなくてはならないのは、布地と服との等価性であり、服が布地の価値を表わすことが

できると言うことである。そして、最後に「もはや、みなさんが身にまとうことのできる服が問題となっているのではなく、服が布地の価値のシニフィアンになることができる、ということが問題になっているわけです。別の言い方をすれば、分析の最初に必要とされており、価値と呼ばれているものの拠り所となっている等価性は、それにかかわっている二つの項の側で、それらの意味のたいへん多くの部分が放棄されることを前提にしているのです。そして、この次元にこそ、換喩的連なりの意味の効果が位置づけられます」（同上、116頁）と言っている。また、「それゆえに、金の子牛には、象徴的な機能と想像的なものとのあらゆる錯綜、もつれが満載されており」（同上、99頁）、それが一般に、換喩と隠喩の揺れ動きを複雑にしているのである。

　「鏡像段階」では、口もよくきけない子どもが、鏡に映る姿を自分の全体像として、想像的に先取りすることができた。ちょうど、それまでの前鏡像段階では、あれこれの長さの布地としてバラバラであったのが、身体にぴったり合う服になったようなものである。心的には、そのようにバラバラであった感覚的現実が統一されて、目の前に映った自分の全体的な姿に同一化できるようになった。しかし、やがてそこから、自分を自分の姿と混同し、鏡像との関係のなかで、自分の似姿によって想像的にだまされてしまう。その結果、自己像に対する誤認と、言語活動における換喩的な表現が生まれ、同時に、象徴界における意味の脱落が始まる。

　しかし、その換喩的な表現に、一方では言語活動に対する拒否が含まれている。これは驚くべきことで、それが言葉の材料となるシニフィアンの根源そのものに対する拒否に通じている。そのとき、主体は、象徴界への道しるべとなるシニフィアンを拒んで、現実界の近くにいるのである。換喩的な表現の効果は、そこから生まれる。それは言葉を加工する意味の次元から離れて、マルクスが価値の根源と呼んだ、その一般的等価性の次元に戻ることである。いまの「お座敷小唄」では、一般的等価性は、雪という具体的な物質として唄われている。それを媒介として、富士の高嶺と京都先斗町が平等化されているのである。だからと言って、それはたんに人間はみな同じという意味を伝えているのではない。人間のあいだには、そ

の生まれや境遇に大きな違いがあるのは明らかだが、自分は、その疑うべくもない社会的現実を認めたくないなど、その他にもさまざまな意味が思いあたるだろうが、最終的に確かな意味はない。そこから、換喩的な表現の効果が（いわば、隠喩的に）生まれてくるのである。

　金の子牛については、ラカンは、「機知は、ハイネが言い返した言葉のなかにあります」と言う。つまり「そうだね、でも、あれは歳を取りすぎているようだがね」という言葉である。そして、「この言葉はまさしく、この金の子牛の隠喩を支えるあらゆる参照関係を、少なくとも壊乱し、それによって、その金の子牛のうちに、もはやグラムいくらの子牛にすぎないという資格へと引き戻された子牛を指し示すことから成り立っています」と言う。フロイトは、そのことを「ハイネの機知については、『金の子牛』を比喩的にとるのではなく、個人のことと解し、その大金持ち自身に関係づけたということが残る」と述べている。つまり、大金持ちと子牛は、平等化されて、量的な価値の根底をなす一般等価性のなかに還元されてしまった。そこから浮かんでくるのは、ハイネの返答のなかにある、彼自身の欲望である。そこには、隠喩的な参照関係を無視した意味の脱落はあるが、つねに、だれがそういう返答をしたかという、そのひと自身の言葉が問題なのである。

　ハイネは、金の子牛を「あれ（der）は、歳を取り過ぎているようだ」と言って、大金持ちとの同等性のなかに引きずり込んだ。それは大他者への彼自身の訴えであり、そこに彼の欲望が潜んでいる。これを図2に照らしてみると、i（a）のところには、ハイネ自身である鏡像があり、mの想像的自己像としての自我のところには、換喩的な対象としての金の子牛がある。i（a）からmへのベクトルは、上方のs（A）からAへのベクトルとともに、四角形のなかの領域を作っているが、ハイネは、大他者Aのところから鏡像i（a）のところへ引き返し、自我mに向かった後にs（A）、すなわち母の欲望をシニフィアンとする主体にとってのシニフィエに向かい、ふたたび$ \mathcal{S} $、すなわちランガージュによって裂かれた主体からのベクトルとは逆方向をとって、Aの大他者に向かう。そして、また鏡像に向かうのである。この四角形は、いわば想像的な領域を囲んだ四角形で、ハイ

第三章　四つのマテーム　B.欲望のグラフ　121

ネの換喩的な機知は、欲望がそのなかを巡回しているのを伝える表現である。そこには、彼自身が金の子牛と同一化した想像的自己像を拒んでいながら、その欲望はもっと先へと進めない、想像界の堂々めぐりが表現されている。それゆえに、そこからはフロイトも見抜いていたような、一般に換喩的な表現にともなうごまかし、いかさま、思考の錯誤など、総じてシニフィアンのつながりを無視して意味をはぐらかす表現が、ときとして生まれるのである。ラカンは、「そこでは、一つの言葉が、それが用いられた意味とは別の意味で受けとられてしまう」ことが起こり、それが機知の全体に共通する特徴の一つだと言っている。

　けれども、欲望のベクトルは、想像的な領域の四角形を巡回したままではいない。子どもの最初の大他者は、母である。子どもは、母に向けた最初の訴えから、母は「いない」と「いた」をくり返す対象として、その存在を象徴化した。それによって、母は、子どもと区別のない、たんなる双数的な対象ではなくなる。子どもと母のあいだには、ファルスと呼ばれる象徴的な第三項が介入して、それは母の欲望とかかわりをもつのである。そこで、子どもにとって、母は、すべての要求に応えてくれる存在ではなくなる。母の欲望は、ファルスを介して、父に向けられる。すなわち、父は、ファルスをもった第四項として、子どもと母のあいだを裂き、近親相姦を禁止する法を与えるのである。そこで、主体の欲望は、ファルスをとおして、必然的に法とかかわりをもつことになる。

　ラカンは、その第四項が西欧語で父と呼ばれるのは、たまたま西欧が一神教の社会であり、家庭のなかでそう呼ばれる男性に割り当てられた役割によると言っている。理論的には、「何かが法に権威を与えます。すなわち、法をシニフィアンの法として発布する大他者（L'Autre）」のなかに、ある大他者（un Autre）がいるのです」と言ったほうがよい。ある大他者が、西欧語では具体的な男性の表象となって、父と呼ばれているのである。しかし、ある大他者に法を発布させる大他者は、むろん一神教の神とはかぎらない。理論的には、それはいかなる神でもない。大他者の大他者はいないのである。最初の大他者は母であるが、その母は、ファルスの機能によって、父を子どもと法を与えるかなたの大他者との仲介者にする。母は、

それによって子供を「父の名（Nom-du-Père）」へと差し向けるのである。法を発布するのは、死んだ神話的な父であるが、父の名は、具体的な父を仲介者として象徴化された父の法を、すなわちシニフィアンの次元における法を与える。この法が、主体の欲望を大他者の欲望として、鏡像と自我に向かおうとするコード（C）としての大他者（A）の地点を越えて、さらに大他者への訴えを続けるように命じるのである。こうして、グラフは、図3へ移ることになる。

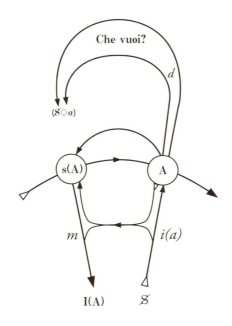

図3

ラカンは、論文「フロイトの無意識における主体の壊乱と欲望の弁証法」のなかで、こう書いている、「欲望は、要求が欲求から引き裂かれる縁（marge）のところで、その形ができあがる」（邦訳、『エクリ』Ⅲ、324頁）。文中、「要求（demande）」は言葉による表現、「欲求（besoin）」は生命維持のために、すなわち個体保存と、種の存続のために必要なものを求めることである。言葉によって生きるひとは、その要求と欲求のあいだに

溝ができる。欲求は、生存に必要なあれこれのものを求め、要求は、シニフィアンを素材とする言葉によって生まれる。それゆえ、要求は言葉によって、無条件的に、すべてを求めることができる。母は、子どもにとって最初の大他者であるが、その大他者に向かってすべてを要求するのである。われわれは大きくなっても、とくに恋愛のさいには、広く相手にすべてを求めやすい。夏目漱石の『道草』の主人公は、養父母に甘やかされた子どもの頃、「言えば通る」と思い込み、「ある時は、神社に放し飼いの鳩を何しても宅へ持って帰るのだ」と要求してやまなかった。それは「ないものねだり」であり、不可能であるが、欲望は、その要求と欲求のあいだの縁から生まれ、ひとに苦しみをもたらす。

　この縁は、ちょうど小泉八雲の「耳なし芳一」の話にあるように、大他者が、その気まぐれからひとの全身にわずかでも文字を書き忘れると、その欠如はいつまでも跡を残す。「この気まぐれが、主体からのものではなく、大他者からの全能（Toute Puissance）の幻像をもたらし、そこに、その要求が据えられ、同時に、この幻像とともに、『法』によるその拘束の必要性が据えられる」（同上、同頁）。大他者が、ひとに全能感を与え、そのために、ひとの心にはあるように見える幻像と、（無理な）要求が生まれるとともに、「法」による抑止の必要性が生まれる。「法」は、大文字（Loi）であるが、これは例えば、政治的権力者が与える法（令）や国会の議決によって発せられる具体的な法（律）ではなく、いわば、ひとが言語活動の主体として生きるための普遍的な「理法」である。

　しかし、欲望は、「法」による拘束や仲裁があっても、なお「自己を自立的なものとして示す」。その結果、要求は、「法」に服しながらも欲望の自立性によって、その無条件的な性質を失わない。その意味で、あらゆる要求は、愛の要求である。それは、あらゆる条件や動機を越えている。地位や財産や風貌は、愛の動機にならない。もし、そこに何らかの動機があれば、そのひとは愛していない。ある女性を愛する男性にとって、しばらくのあいだ、その女性は「すべて」である。しかし、愛する対象の移り変わり（transition）は、主体と対象に固有の関係であって、欲望と愛の要求のあいだの移り変わりであるから、「すべて」の対象への愛は長続きしない。

「すべて」を存在にすることはできないのである。ラカンは、こう書いている、「そのようなことから、『法』もまた、まさしく欲望に由来している」（同上、同頁）。

「表象代表は、無意識のなかにそのふさわしい場所をとり、そこにおいて幻想（$\mathcal{S} \diamond a$）の構造にしたがって、欲望をひき起こす。というのも、人間がそこにとどまっている欲望についての無知は、結局のところその範囲が定まるような、人間が要求しているものへのというより、むしろ、人間がどこで欲望しているかについての無知であることが分かるからである」（同上、325頁）。欲望は、たとえ口にされても、それが何であるか、また、それがどこから欲望されているかを言うことはできない。欲望は、要求に帰することはできないし、それを言語活動によって十分に満たすこともできない。それは、ひとがちょうど自分の死刑宣告書をもって出かける昔の奴隷の使者のように、自分の欲望がどこから出て、その中味が何であるか、無意識が何であるかを知らないからである。そこで、「われわれの公式『無意識は、大他者のディスクールである』が対応するのも、まさにそこである。しかし、同時に、人間の欲望は、大他者の欲望であるとつけ加えよう。すなわち、人間は、（自分の欲望の対象を欲望しているのが）大他者であるかぎりにおいて、欲望する（これが人間の情熱（passion）が本当に及ぶ範囲である）」（同上、同頁）。

情熱は、一方では受難（Passion）である。それは、ひとが存在ではありえないこと、ひとには、欲望を支えるような存在が欠けていることである。また、そこにはひとのあらゆる可能性に開かれている。その存在欠如（manque-à-être）が、愛と憎しみと無知の可能性を開くのである。ラカンは、「愛とは、持っていないものを与えること」と言う。すなわち、ひとが持っているものには何もなく、持っているものに何もないかぎりにおいて、愛がある。ひとの情熱を生むのは存在ではなく、存在欠如である。愛は持っていないものを与える。憎しみは、他人の存在欠如によって生まれる。この他人は、まさしく自分自身であり、鏡に映った自分の姿に他ならない。その姿と自分との隔たりが憎しみを生むのであり、自分はそれを殺そうとする。また、「知の欲望はなく、無知の情熱がある」と言うのは、

第三章　四つのマテーム　B. 欲望のグラフ　　125

精神分析が、知とは認識する主体の反省による産物であるという伝統的な見方を離れて、その産物は自我を形成し、つねに自己の鏡像に支配されたナルシシズムによる誤認がともなっていると考えるからである。ひとを言語活動によって実証する主体と見なすのは、知によって分割されたひとの姿を隠蔽することになる。そこで、知は必ず非知（non-savoir）によって挫かれ、つねに無知のままであることが、ひとの情熱を生むのである。情熱の底にあるのは、いつも「非‐存在（non-être）」である。

　ひとの欲望は、大他者の欲望である。それゆえ、私は、だれか他人が大他者の場所にいなければ、欲望することができない。欲望は、いつも具体的な何かに向けられる。自我（moi）は、私の存在ではなく、鏡に映った私の影である。ひとの欲望が、情熱によって何か具体的なものに向かおうとするとき、欲望は、鏡像と自我を底辺とする想像界の内部にとどまってはいられない。それは、ひとの欲望がたどる必然の道筋である。大他者は、その道すがら、ひとの欲望（d）に「汝、何を欲するか？（Che vuoi ?）」と尋ねる（図3）。

　この文句（Che vuoi ?）は、フランス革命時にパリへ連行され、処刑された作家、J・カゾットの幻想小説『恋する悪魔（Le Diable amoureux）』から採られている。図3では、（$ \diamondsuit a$ ）のところ、中途で閉じており、それが図3を全体として疑問符（？）に似た形にしている。ある日、悪魔を怖れない青年騎士が、ローマ時代にベスビオ火山の大噴火によってポンペイとともに埋没したヘルクラネウムの遺跡を訪れ、悪魔を呼び出す。すると、遺跡の壁から、駱駝に似た恐ろしい顔の、巨大な耳をもった悪魔が現われ、洞窟の奥から響くような陰鬱な声で「汝、何を欲するか？」と尋ねる。この質問は、大他者からのそれであると同時に、青年騎士から大他者に向かって発せられた質問である。ラカンは、こう書いている、「大他者からの質問、『Che vuoi ?』は、もし彼（青年騎士である主体）が精神分析家の名をもつ相手の技量の助けを借りて、この質問を唯一者の方向に沿って、つまり、彼は私に何を欲するのか、という方向に沿って、たとえ十分に知ることがなくとも、再び取りあげはじめるならば、その質問は、自分自身の欲望への道にもっともみごとに通じる質問である」（同上、同頁）。

彼（主体）は、大他者が唯一のシニフィアンであるというお墨付きをくれる、その場所で大他者を待っている。大他者が、そこへやって来て、主体にそのシニフィアンを授けるか、どうか。たしかに、大他者のなかで主体を表象するには、一つのシニフィアンが主体を代理すれば、それで十分である。主体が、そのようにして同一化したシニフィアンは、ディスクールのなかで、創設的なシニフィアン（S_1）として働く。しかし、シニフィアンは、次のシニフィアンに続くことによって主体を代理表象する。それは S_2 と記され、S_1 からのつながりによって、S_2 は知となる。それとともに、この知には、たとえそれが隠されていても、S_1 との断続が刻まれているのである。とはいえ、主体が、言語活動のなかで自身の欲望の正体を探る道は、大他者に向かって「汝、何を欲するか？」と尋ねることから始まる。

　この質問が、ひとの耳に響き、聞き逃せないのは、それによってひとに、大他者がだれであるかを知らせていると同時に、欲望の主体がだれであるかを知らせているからである。大他者たる悪魔は、「汝は、私がだれであって欲しいのか？」と尋ねている。青年騎士は、それにはっきりと答えることができない。すると、悪魔はスパニエル犬になり、美女ビヨンデッタに変身する。青年騎士の欲望の主体は、悪魔だったのである。しかし、悪魔の質問は、彼にとって、ちょうど分析主体が、「この分析家は、私に何を欲しているのか」「無意識は、私に何を欲しているのか」と自問するのと同じくらい、あいまいで、漠然としている。そこには、質問に答えるこれといったシニフィアンはなく、その謎を開く「万能の鍵」もない。むしろ、欲望は、分析主体が欲していないものとしてあるのを見逃すことはできない。「ひとつの構造が、主体に対してその本質によってつまずいてしまう特別待遇を残している明瞭な疎外のなかに発見されるのを注意しよう。それは、主体が、彼の欲望しているものは、彼に対して彼の欲していないものとして現われるのを無視しないこともできうるような点である。そこには知られていない彼自身についての無知がとくに挿入され、それによって主体は、その欲望の永続性を、一方では明らかに断続的な自我に移転させ、またあべこべに、それにこの断続性そのものを付与することに

よって、その欲望から身を守るのである」（同上、326 頁）。

　ひとの欲望しているところは、ひとが欲しているものと同じではない。これは分析治療のみでなく、ふつうに見られることである。ラカンは、それを「明瞭な疎外」と言い、欲望とその構造に対する無知を疎外とつないでいる。そこには二つの道があって、図３では○Aを起点とする上方と下方のベクトルに分かれている。その一方は、換喩的な表現によって鏡像から自我への道を探りながら、下方の想像的な四角の領域のなかに留まり、もう一方は、欲望をその断続性にまかせて、上方に向かうのである。欲望の断続性（intermittence）は、シニフィアンのそれに由来する。自我も、当然ながら、その言語表現によって断続的である。この断続性からは、欲望と要求の隔たりが伺える。同時に、欲望が、欲求と要求が引き裂かれた縁（marge）から生まれるのが見てとれる。そこから、「不安と呼ばれているもの」が生まれる。ラカンが、それを「呼ばれているもの」と言ったのは、「不安」について、精神分析の伝統的な概念を、少なくとも再検討しなければならないと考えていたからであろう。彼は２年後に、１年間をかけて、不安の概念を講じている（セミネールX、『不安（L'angoisse）』、ミレール版）。ここでは、その骨子を、「Che vuoi ?」の行き着いた（$\mathcal{S} \diamondsuit a$）の、a によって示されている対象 a にまつわる再検討であると言うだけにとどめておこう。

　このマテーム（$\mathcal{S} \diamondsuit a$）は、幻想の式と呼ばれる。三つの記号についてみると、$\mathcal{S}$ は、言語活動によって分割された主体で、a は、欲望の原因となる対象 a である。不安を引き起すのは、この対象 a である。精神分析では、それまで、不安は、執着していた対象との分離や、その喪失であると考えられてきた。ところが、対象 a が現われるのは、そもそも対象のないところである。つまり、それはそこに対象の欠如があることを示す対象である。それゆえ、不安は、対象との分離やその喪失ではなく、もともとないはずの対象が現われてきたときに体験する不快な情動を指す。対象 a は、象徴界から追放された現実界からやってきて、それが幻想によって主体のなかに住まうのを許されるようになった対象である。エディプスの関係では、この対象の欠如が象徴的去勢のもとになる。したがって、その対象が現われてくるのは、いわば欠如の欠如であり、逆説的ながら、それが主体

を脅かし、不安を呼び起こすのである。

　式の中央の錐（ポワンソン、poinçon）の先のような菱形◇は、いわば幻想の中味を表わしており、そこで起こるのは、幻想にかかわることである。このマテーム（$S ◇ a$）は、ヘーゲルの「自己意識」（『精神現象学』）の展開から類推することによって、さらに菱型◇を、次の四つの記号に分解し、論理的に探ることができる。

　　＞：**より大きい**（$S ＞ a$）。　　＜：**より小さい**（$S ＜ a$）。
　　∧：**結合**（$S ∧ a$）。　　　　∨：**分離**（$S ∨ a$）。
　$S ＞ a$、**対象 a への執着から、去勢に向かう。**
　$S ＜ a$、**対象 a への執着と依存にとどまる。**
　$S ∨ a$、**分割された主体か、対象 a か**（**分離的選言、排除**）。
　$S ∧ a$、**分割された主体が、同時に対象 a に執着している**（**包含的連言、結合**）。

　ヘーゲルの自己意識において、主体の自立性と非自立性は、主と奴の争いから始まった。ひとは、言語活動の世界で分割されていながら、同時に、その世界のそとにある対象 a に縛られている。しかし、奴は、主によってすっかり対象 a に帰せられているので、「同時に」ではなく、「たんに」分割されている。そこで、対象 a を実質のある材料に変え、それを労働によって具体的な品物にしなくてはならない。奴は、そのようにして、やがて主に代わって自己意識の主体になる。精神分析では、◇は、全体として主体が対象 a と切断されていることから生まれる幻想の種々相を表わしている。それぞれの分析主体の幻想内容は、むろん錯綜して、複雑である。主体は、ちょうど悪魔に問いかけた青年騎士のように、自分自身のメッセージを大他者からさかさまの形で受けとるのである。

　主体は、そのようにして大他者に問いかけ、話し続ける。そして、欲望を想像的な領域と幻想のなかに閉じ込めていたコードとしての大他者（Ⓐ）から、上段の「欲動」と呼ばれているマテーム（$S ◇ D$）に行き着く。ラカンは、その推移について次のように書いている、「主体が話していること

第三章　　四つのマテーム　B. 欲望のグラフ　　129

さえ知らないときに、それを言表の主体として、つまり口をきいているものとして、どこにも指定しないことは難しいのが分かったので、無意識の主体を支えている機能について問いを向けなくてはならなかった。そこから、欲動（pulsion）の概念が生まれる」（同上、328頁）。前半は、グラフの下段に当たる i（a）、m、 s（A）、Ⓐが作る四角形についての言及で、主体は想像的な領域を巡回している。しかし、そこでは鏡像（i（a））のナルシシズムと、自我（m）の自己誤認によって、欲望のベクトルは閉じてしまう。だが、主体は、そこから大他者に問いかけ続けることによって、コードを脱け出し、欲動の場所に向かう。ラカンは、こう続ける、「しかし、われわれの完成図が、欲動をシニフィアンの宝庫として位置づけさせてくれるにしても、その表記（$\mathcal{S}◇D$）は、これを通時態（diachronie）と結ぶことによって、その構造を維持するのである」（同上、同頁）。

　欲動は、完成図の下段から、大他者のコードが上段に移ったところに位置づけられる。そのさいにも、シニフィアンの宝庫としての位置は失われない。その場所を表記する左方の$\mathcal{S}$は、いつものように言語活動によって分割された主体である。右方の大文字のDは、要求（Demande）で、これはシニフィアンの宝庫から発して、主体の大他者に向けた要求や訴えが言葉として発せられたものである。その両者が、幻想の中味を表わす◇をはさんで結ばれている。そして、これが左側のマテーム、S（Ⱥ）と、方向を逆にした二本のベクトルによって繋がっている。その方向を示す矢印は、どちらも通時性を表わしている。すなわち、左右のマテームのあいだには、時間の経過がある。そこで、右側の欲動のマテームは、遡及的に左側のマテーム、S（Ⱥ）によって基礎づけられる。欲動の概念にとって、それは大きな意味をもっている。このSは、シニフィアンではあるが、いわば裸のシニフィアンで、それ自体で主体を代理表象しているとも言えないシニフィアンである。

　少なくとも、それは言語活動の世界に生きる主体を代理表象していない。そのシニフィアンが、大他者の欠如を前にして、それを補完しようとしている。大他者は、それを待っている。大他者も、またシニフィアンから始まるのである。しかし、裸のシニフィアンは、大他者の欠如を補完できる

だろうか。「大他者の大他者はいない」ので、それを補完できるのはもう一人の大他者ではなく、裸のシニフィアンだけである。しかし、このシニフィアンには、それによって代理表象されている他のシニフィアンは何もないから、そこにはいかなるシニフィエもない。意味という面から、そこにあるのはまったくの空虚である。それゆえ、大他者の欠如を補完できるとすれば、それはシニフィアンそのもの、シニフィエのないシニフィアン、空虚なシニフィアンである。そして、大他者の欠如を、このシニフィアンそれ自体によって埋めようとすることが、左側のマテーム（S(A)）の下方に記されている享楽（Jouissance）である。ちなみに、言語活動によって分割されていないSを、裸のシニフィアンと言ったが、裸の主体と言ってもよいだろう。ひとの世界に裸の主体は存在せず、裸のシニフィアンもない。したがって、Sはディスクールの要素にはならない。

　そうしてみると、マテームS(A)のところは、主体がその先に進もうとすれば、ふたたび逆方向に欲動の場所に戻るか、それとも幻想（$\mathcal{S} \diamondsuit a$）を通過して、下方の理想自我（I（A））の方向に進むか、どちらかの方向をとる分岐点になる。そこから、逆方向に欲動の場所に向かい、ふたたびそこへ戻るのをくり返すなら、それは上段の四角形のなかを巡回していることである。また、それは去勢（castration）と享楽を行きつ戻りつしていることである。そのさい、幻想を通過するベクトルは、下方に向かわないで、大他者の欠如（S（A））に戻ることに注意しよう。ラカンは、このところの事情を、「神経症者は、じっさい、ヒステリーであれ、強迫症者であれ、大他者の欠如をその要求（D）と同一視する者である。そこから、大他者の要求がその幻想のなかで対象の機能をとることになる。言いかえると、その幻想が欲動に帰する（$\mathcal{S} \diamondsuit D$）結果になる」（同上、337頁）と書いている。

　神経症者は、幻想を通過するさいに、その内容を大他者からの要求と見なして、ふたたびそこへ戻る。つまり、大他者の欠如は、その要求を話す主体が言葉を使って埋めることができるという幻想を抱いて逆方向のベクトルを進む。しかし、その行き着くところは欲動である。欲動は、フロイト以来、生物学的、生理学的側面と、心理学的側面との境界概念として、

第三章　　四つのマテーム　B. 欲望のグラフ　　131

すなわち生物・心理学的な概念として、彼自身が言うように、多分に神話的な観念となっている。しかし、少なくとも、それが身体のなかから生まれて、精神のなかに入る心的な代表であるとは言える。そして、それが代表するのは、表象と情動である。ラカンが、ここで象徴界を形成するコードとしての大他者 A を欲動（$\mathcal{S} \diamondsuit D$）に変えたのは、ひとが話す主体（$\mathcal{S}$）でありながら、この場所ではもっぱら、その生物学的、生理学的側面を引き受けているためだろう。その結果、言語活動となって現われるその心理学的側面の特徴を神経症と言ったのである。

　大他者の要求が、幻想のなかで大きな働きをすると、主体は、ちょうど前の『道草』の主人公のかつての子供のように「言えば通る」という思い込みから、いつまでも脱け出せなくなる。幻想の中味は、およそさまざまであるが、神経症者の欲望は、大他者の欠如と欲動のあいだを行ったり来たりする。しかし、幻想を通過する欲望には、下方に向かうもう一つの道がある。このベクトルが行き着くところ、自我理想 I（A）で、グラフは完成している。自我理想 I（Ideal du moi）とともにある（A）は、むろん大他者で、一定の姿形はないが、子どもにとっては「母」である。それが「法」を命じる「父」となり、子どもは、「父」の理想像と規範的な同一化をとげる。その理想像は、『饗宴』に登場するアルキビアデスにとってのソクラテスのような、血縁のない人物の場合もあるのは断るまでもない。

　矢印は、そこで終わっているが、その弁証法は閉じることがない。ラカンは、同じ論文をこう結んでいる。「去勢が意味するところはこうである。享楽は、それが欲望の『法』の逆さにされた段階において達せられるために、拒まれていなくてはならないのである」（同上、342 頁）。大他者の「法」は、「享楽せよ！」と命じる。しかし、話す主体の欲望は、ふたたび欲動に向かい、そこでふたたび去勢に直面するか、それとも享楽を断念し、分割された主体として、言語活動における意味の方向に進むか、どちらにしても、それは心的なエネルギーを見えるものに変えた表象によって主体を支えている想像界の関与なしにはありえない。それゆえ、ベクトルは行き来と反復をくり返し、症状も、神経症だけに特有なものではない。理想自我も、また想像的な領域から生まれる形成物として、症状の一つである。

C. 四つのディスクール

　四つのディスクールのマテームは、欲望のグラフが講じられてから 11 年後（1969 - 70）に提出された。この年の講義記録は、ミレール版セミネールの第 17 巻に『精神分析の裏側（l'envers de la psychanalyse）』と題されて公刊されている。前のマテームからかなり時間は経っているが、シニフィアンのつながりや、対象 a の働きなどから、その関連を探ることができる。

　このマテームは、四つの固定された場所（位置名、places）とその場所を移動する四つの要素（項、termes）から成っている。ラカンは、四つの場所に以下の二通りの名を与えている。

$$\frac{動因}{真理} \quad \frac{他者}{産出物} \qquad\qquad \frac{見かけ}{真理} \quad \frac{享楽}{剰余享楽}$$

（1970年）　　　　　　　　　　（1972年）

　場所の呼び名は、ディスクールの説明に「見かけ」と「享楽」の概念が大きな位置を占めることによって変わったと言えるが、それは理論を敷衍するための操作で、根幹に変わりはない。ベルギーのある研究者（Ch. Fierens）は、ディスクールを全体的に説明するために、呼び名を次のように統一している。これには以下に述べるような理由があるので、それを採用したい。

$$\frac{見かけ}{真理} \quad \frac{大他者}{産出物}$$

　不動の場所を移動するのは、S_1、S_2、a、$\mathcal{S}$ の可動的な要素である。四つのディスクールとは、それらの要素が次々と場所を移動することによっ

て出現するディスクールの四つのタイプを指しており、それぞれ「主人のディスクール」「大学人のディスクール」「ヒステリー者のディスクール」「分析者のディスクール」と名づけられている。それらのタイプにおいて、移動する要素は、それぞれ次のように場所をとる。

主人のディスクール
$$\frac{S_1}{\mathcal{S}} \to \frac{S_2}{a}$$

大学人のディスクール
$$\frac{S_2}{S_1} \to \frac{a}{\mathcal{S}}$$

ヒステリー者のディスクール
$$\frac{\mathcal{S}}{a} \to \frac{S_1}{S_2}$$

分析者のディスクール
$$\frac{a}{S_2} \to \frac{\mathcal{S}}{S_1}$$

それぞれの要素が場所を移動するときのあり方は、可能、不可能、必然、偶然という様相論理の用語によって、次のように示される。

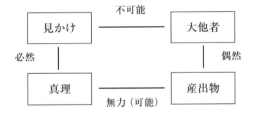

ところで、ディスクールとは、ひとの言語活動の一面である。フランス語には、言語活動をめぐるいくつもの言葉はあるが、このマテームの講義では、ランガージュ（langage）、ラング（langue）、パロール（parole）が、ディスクール（discours）と区別されている。そのなかで、ランガージュは、ひとが言葉を使うことをもっとも広く指していて、この小論で「言語活動」と書くとき、その用語を念頭においている。それに対して、ラングは特定の言語を指しており、「国語」ととることができよう。またパロールは、言葉を使うことの一面で、国語のある言葉を使って話すことではあるが、その活動は個人的なものとされ、精神分析では特別な意味を与えて

いることもあって、ディスクールと同じように適当な訳語が見つからない。ここでは、音訳を使用する。

　ラカンの精神分析では、「無意識は、一つのランガージュのように構造化されている」というキャッチフレーズがあるように、言語活動は、まさに精神分析の中心概念である無意識の条件そのものである。引用で「一つの」と断わっているのは、ランガージュのなかのラングの意味ではなく、むしろ個人のランガージュとしてのパロールに近い。精神分析の理論と実践が発展する可能性は、精神分析が言語活動への考察をどこまで深めることができるかにかかっている。分析主体も分析家も、話す存在であるひとが、総じて精神分析の実践に求めているのは、自分が知らぬ間に支配されてきた、それぞれのひとの「ものの言い方」を、それまでとは違った仕方に変えることである。そのことは、欲望のグラフにおける文彩（figure）（＝ものの言い方）の転義法（trope）にも通じている。精神分析の転義法では、あるひとがそれまでの言葉を他の言葉に言い換えると、そこから新しい意味作用が生まれる。ひとは、そうして欲望と大他者の「法」の関係に新たな局面を開き、それによってこれまでの生（運命）を変えるのである。

　四つのディスクールでは、欲望のグラフとの関連を、とくにディスクールにおけるシニフィアンのつながりの面から見ていかなくてはならない。二つのマテームから、そこで、次の五つの記号、S、$\mathcal{S}$、S_1、S_2、a を取りだしてみよう。$\mathcal{S}$ と a は、両者に共通し、S は、欲望のグラフだけに、S_1、S_2 は、四つのディスクールだけに見られる。対象 a は、シニフィアンと切っても切れないものであるが、むしろシニフィアンの欠如を示しているので、シニフィアンそのものとは区別されるが、その他はどれも主体を代理表象するはずのシニフィアンである。ただし、S が四つのディスクールにないのは、その性質のためである。S は、欲望のグラフでは、裸のシニフィアンと言ったが、S（A）と表記されていて、大他者の欠如に対面したシニフィアンである。しかし、大他者の欠如を埋める大他者はないから、その欠如は、文字通りの空虚である。そこで、裸のシニフィアン S が、その欠如を埋めたところで、そのシニフィアンもたんなる空虚である。言いかえると、そのシニフィアンは、いかなるシニフィエともつながること

はない。しかし、欲望のグラフでは、Ｓは欲望の起源にあって、その欲望は享楽を実現させないまでも、享楽の近くにある。

　だが、そのようなＳは、ディスクールの要素にはならない。言うまでもなく、それは四つのディスクールが、ランガージュを背景にしたマテームだからである。ひとは、生まれた場所で話されている言語すなわちラングに、いわば裸のまま浚われてしまってから、やっとランガージュの世界において主体となる。ただし、それは空虚なシニフィアンＳとランガージュとによって分割された、主体 $\mathcal{S}$ である。裸の主体とは、いわば現実的な主体であり、そのままランガージュの世界に登場することはできない。だから、そもそも記号化することができない。それゆえ、すでに記号化されているＳは、あくまでシニフィアンと読むべきである。そこで、ディスクールの要素になるのは、それぞれ $\mathcal{S}$、S_1、S_2 のシニフィアンに代理表象された主体であり、$\mathcal{S}$ は、ランガージュによって裸の主体から遮断された（barré）主体である。

　ディスクールは、時間の経過とともに進行する。それと同じことが、Ｓと $\mathcal{S}$ のあいだに考えられるだろうか。ひとは、まだ口のきけない子供から、言葉を使う主体に移る。それは確かであるが、Ｓと $\mathcal{S}$ の関係は、たんに時間的な面だけからは説明できない。子どもが話す存在となった後も、Ｓは、ひとがけっして離れることのない一面であり続けるからである。それゆえ、両者の関係は、他の面からもより詳しく考察されなくてはならない。そのために、ラカンは欲望のグラフを講じながら、Ｓと $\mathcal{S}$ とを、ファルスと父の名の概念によってつないでいる。ファルスは、姿がなく働きだけのあるシニフィアンで、父の名も、名ではあるが、やはり決まった言葉にはならない、働きだけのある名である。ラカンは、二つの用語に特定の意味を与えて、Ｓと $\mathcal{S}$ の関係を探っている。

　ランガージュは、ひとと他の生きものを分ける活動のすべてにわたっているが、精神分析は、ファルスという用語によって、ひとの性活動がランガージュと切り離せないのを強調している。とくに、ひとがランガージュのために性活動の面において失ったこと、すなわち話す存在としての喪失と、そこから生まれる欠如がもたらすさまざまな結果を指している。ラカ

ンは、1958年にドイツ語で報告され、後に『エクリ』に収められた論文「ファルスの意味作用」のなかで、こう書いている、「ファルスが一つのシニフィアンであるとすると、当然、主体は大他者の場所で、それに近づくことになる。しかし、このシニフィアンは隠されているものでしかなく、また、それが大他者の欲望の根拠として存在するからには、主体にどうしてもそれを認めさせるようにするのは、そのようなものとしての大他者の欲望であり、言いかえると、それ自身がシニフィアンの分裂（Spaltung）によって分割された主体であるかぎりでの主体、すなわち、他者（autre）としての主体である」（邦訳、『エクリ』Ⅲ、157頁）。

　子どもにとって、最初の大他者は、母親であった。子どもは、その大他者の欲望を、自分を代理表象するシニフィアンによって埋めようとする。ファルスも一つのシニフィアンであるからには、子どもは大他者の欠如の場所で、そのシニフィアンに出会い、それによって大他者の欲望に応えようとする。しかし、そのシニフィアンには姿がなく、いつも隠れている。言いかえると、それはシニフィアンとして、主体を象徴界に向ける働きをするが、中味は空虚で、これといった、いかなるシニフィエもない。しかし、それゆえに、あらゆるシニフィエのシニフィアンとして働く。主体は、そのシニフィアンに代理表象されることによって、一方では、中味のない主体となり、他方では、象徴界において言葉の材料となるシニフィアンに代理表象されて、言語活動に従う主体になる。これが、そのシニフィアンの働きであり、結果が、主体の分裂である。

　こうしてみると、ひとは、はじめに裸の主体としてシニフィエのないシニフィアンによって代理表象され、ファルスがそれを大他者の欠如につないで、そこから言葉の材料となるシニフィアンによって代理表象される象徴界に編入される。そこで、ファルスの働きは、欲望のグラフにおいてSとδとをつなぐところにある。さらに、主体が言語活動の世界で、次つぎとシニフィアンに代理表象されてからも、ファルスは、あらゆるシニフィエを取り集める隠されたシニフィアンとして、あるシニフィアンを他のシニフィアンにつなぐ働きをするのである。ここで、姿のないファルスの働きに、象徴的去勢を命じる「法」の「名」によって姿形を与え、欲望

第三章　　四つのマテーム　C.四つのディスクール　　137

と、その原因である対象 a との関係を整序する働きをするのが「父の名」である。といっても、その名は、ある決まった言葉や文字になるわけではない。さらに、それはどんな個別言語（＝国語）にも拘束されない。ひとが話す存在として、群のなかで生きているかぎり、どこにおいても見ることのできる名である。

「父の名」の父は、ひとの世界に「法の父」として登場する。それは、象徴的父と同じ意味であり、ひとの世界の創設者であるが、現実には世界のどこにもいない父である。ラカンは、そのような「父の名」を、1959 年の論文「精神病のあらゆる可能な治療に対する前提的問題について」の末尾で、こう定義している、「父の名は、シニフィアンの場所としての大他者のなかで、法の場所としての大他者のシニフィアンであるようなシニフィアンである」（邦訳、『エクリ』Ⅱ、352 頁）。すなわち、それは欲望することにともなう去勢を通告するシニフィアンではあるが、このシニフィアンのある場所からは、法は、ある支配者や権力から告げられるような、いかなる具体的な命令も発しない。去勢を行おうとするのは、現実に生きていて去勢されるべしと命じる父である。しかし、それによって実現するのは、象徴的去勢ではない。父の名が通告する去勢を受け入れるのは、話す存在としての主体自身である。

ディスクールのマテームには、大他者の欠如（S $(\cancel{A})$）に対面したシニフィアン（S）は登場しない。ディスクールには、ランガージュの一面であり、そこに登場する主体は、すでに分割されている（$\cancel{S}$）。ラカンは、ランガージュを背景としたディスクールについて、それによってひとが他人と「社会的絆（lien social）」を結ぶランガージュの一面であるのをたびたび強調している。言いかえると、それによって人びとの具体的、日常的、社会的なコミュニケーションを実現するランガージュの一面である。そして、じっさいには人びとの非常に複雑で、多様な話し方をとことんまで煎じ詰め、記号化して表現したのが、四つのディスクールのマテームである。前述したように、それは四つの固定された場所（位置）と、そこを移動する四つの要素（項）で構成されている。固定された場所については、はじめに移動する要素が、初発に「見かけ」から出て、「真理」に向かうという

順序を一応想定してもよいが、四つの要素については、$\mathcal{S} \to S_1 \to S_2 \to a$ という順序があるだけで、どのシニフィアンが初発の場所をとるかは、それらが次々と移動するからには、当然、決まっていない。その意味で、四つの要素は、いわばまったく同等である。ディスクールの進行には時間の経過が予想されるが、四つの要素には、それぞれのあいだの順序だけがある。

主人のディスクール

欲望のグラフでは、想像的な領域を徘徊する主体に向かって、大他者が欲望について問いかけていた（「汝、何を欲するか (Che vuoi?)」）。だが、それは主体の大他者に対する問いかけでもあった。ディスクールは、双方の問いかけに対する応答の仕方であると言えるだろう。それは、どのように応答しても、四つの場所とそこを移動する四つの要素から成る四つのタイプに分類される一つの言い方になる。固定した場所に、どの移動する要素がくるかによって、ディスクールは変化する。ひとは、「見かけ」から他人との社会関係に入るので、その場所から出発するが、そこには四つの要素が同等の資格でやってくるから、ディスクールのなかには支配的な、あるいは中心的、基本的なタイプというものはない。「見かけ」は、もとは「動因、あるいは能動者（agent）」と呼ばれたが、それは欲望の問いかけに対する応答の始まりということで、そこからディスクールにおいて意味作用が生まれるので、両者は同じ意味である。

以上をお断りして、主人のディスクールから始めてみよう。ここで見かけの場所をとる S_1 は、ちょうど、欲望のグラフの裸の主体 S から、ランガージュによって分割された主体 $\mathcal{S}$ に続くシニフィアンである。そこで、S_1 は、ランガージュにおける最初の、創設的（fondateur）シニフィアン、ときには主（maître）シニフィアンとも呼ばれる。しかし、むろんどのディスクールもそこから出るわけではない。S_1 が能動的な場所をとるディスクールは、ヘーゲルが主と奴の弁証法によって、みごとにその経過を叙述していると言えよう。

あるシニフィアンは他のシニフィアンに向けて、主体を代理表象する。もし、シニフィアンのあいだにこのつながりがなければ、大他者の欲望に

応えようとする主体にとって、一つのシニフィアンがあれば十分だろう。そのシニフィアンは、主体と一つになった表象として、大他者の欠如を埋めるはずである。ラカンは、そのようなシニフィアンを S₁ とする。

このシニフィアンは、例えばあるひとの名前でもよいし、少し極端には何でもよい。しかし、ヨーロッパ語圏の文化では、広くこのシニフィアンに主導的な役目が想像されてきた。そこには、背景にプラトンのイデアから、デカルトのコギト、ヘーゲルの精神、カントの理性、現代ではマルクスの商品や、フロイトの無意識など、それらのシニフィアンが、続くすべてのシニフィアンを含みこんで大他者の欲望に応え、その享楽を完全に実現するという思い込みがある。ラカンは、そうした S₁ としての用語がはたした歴史上の役目を事実として認めながらも、それらのシニフィアンを完全に相対化する。彼は S₁ を、フランス語の発音をもじって、それは es-saim(エサン)であると言ったが、その意味はハエや蜂など、昆虫の群れのことである。S₁ はディスクールのなかに、ちょうど蜜蜂の群れのように、いつもぶんぶんうなってやってくる。その例として、私は前に俳句の歳時記を思い出したことがある。その巻末には、たいてい用語の総索引が載っている。あるひとがなかの一語をとり、それを主語として一句を詠めば、そこから生まれる意味作用をわきにおくと、その一語は、まさにディスクールにおける S₁ である。その意味で、カントの理性と芭蕉の古池は等しい。

一方、主体はシニフィアンによって代理表象される、この表象は、フロイトにとっても、最初に抑圧されたある表象の代理である。つまり、どの表象も他の表象の代わりであり、あるシニフィアンによって代理された表象は、他のシニフィアンに代わったそのシニフィアンによって代理されている表象である。このことは、シニフィアンがつねに表象代理との関係にあって、前のシニフィアンから次のシニフィアンに続くことによって主体を代理するのを意味している。それゆえ、創設的と呼ばれても、そのシニフィアン S₁ に、次のシニフィアン S₂ が続くのは必然的である。S₁ が昆虫の群れに喩えられたように、S₂ もどのようなシニフィアンにも差し向けられることができる。ヘーゲルは、前の弁証法において、それを主(S₁)

が大他者に差し向ける奴（S_2）と呼んだのである。一方、ラカンは、S_2を「知（savoir）」と呼ぶ。ここでも、ヘーゲルの弁証法は、なぜディスクールにおいて創設的なシニフィアン（S_1）が、そのまま知（S_2）につながらないかを語っている。

　ラカンは、ラジオ放送のなかで、主人のディスクールは幻想に執着していると言ったが、主体がそれによって満足を得ようとしても、そこから生まれるのは、剰余享楽だけとしている。ここで剰余享楽の場所をとるのは、対象aである。そうしてみると、このディスクールは、むしろ広く、ありふれているようにみえる。主は、奴によって大他者の享楽を実現しようとするが、奴は、いちど主との闘争において、生命を守るために享楽のための身体を失い、そこで初めて自己の規定を受け入れる。奴は、やがて主の欲望の道具として、労働に従うことになるが、一方では、その失われた身体によって大他者の享楽が不可能であるのを、身をもって知る者（S_2）になる。ところが、享楽を諦めずに自分の生命を賭け、闘いに勝った主は、享楽への幻想を抱き続け、その不可能を知った奴の労働に、こんどは自分の生命をすっかり依存することになって、自分の身体までも失う。その結果、このディスクールでは、大他者の欠如は埋まらず、「もっと享楽する」（剰余享楽）という主の幻想が生む対象aだけが残ることになる。だが、この対象aは、ディスクールの「産出物」として、「真理」の場所につながるだろうか。

　134頁の図にあるように、様相論理上の対応からは、二つの場所をつなぐのは「可能」であるが、じっさいのディスクールは、それには無力（im-puissance）で、十全につなぐことはできない。つまり、昔からの「真理」の定義は、「言葉と事象の合致」であるが、精神分析の経験は、ランガージュがそれを完全に実現することはできないのを明らかにしている。ところが、主人のディスクールは、主体を全体的に代表する最初のシニフィアン（S_1）が、その産出物（対象a）によって真理につながるとしている。しかし、そもそも、それは最初のシニフィアン（S_1）と、その帰結とされる知（S_2）によって、「見かけ」と「大他者」の場所が十全につながるという幻想に拠っている。つまり、ディスクールによって、S_1とS_2を直接つ

なぐことができるという幻想が生まれ、それを生むべき対象 a が産出されるのである。しかし、シニフィアンは、それぞれが分節されてランガージュの材料になるのだから、ディスクールにおける言葉と言葉は、いかなる論理的な操作によっても完全につながることはない。ランガージュを支えているのは、個々に自立した材料としてのシニフィアンであり、それらのあいだには間隙がある。それらはファルスの働きによってはじめてつながり、シニフィアン連鎖として主体を代理表象するのである。

　ところが、ファルスには姿がない。主体にとっては、たんに象徴界において喪失したものがあるのを、そのつど通告するシニフィアンである。しかし、主人のディスクールは、ファルスの働きを隠蔽する。なぜなら、それは「見かけ」の場所に創設的シニフィアン（S_1）を据え、それが知（S_2）の全体を支配して、大他者の享楽を実現しようとしているからである。すなわち、主体はすでに喪失したものによって分割され、S_1 と S_2 のあいだには断裂と空隙があるにもかかわらず、それを幻想によって直接つないで、その結果、対象 a を産む。しかし、その産出物、対象 a は、主人のディスクールでは、分割された主体、$\mathcal{S}$ に届くことはない。そこでは、分割された主体は、「真理」の場所にある。

　精神分析では、その場所を名指す「真理」は、「知（S_2）」と同じように、ふつうの意味ではつかみにくいところがある。どちらも、そこでは日常の社会的な現実とか、自然科学によって発見された現実などと区別しにくい「現実的なもの（le réel）」、「現実界」という用語が、ランガージュを土台とする象徴界から締め出された、言葉の届かない領域を指していることに関係がある。「真理」は、たんに言葉と事象の合致ではなく、「知（S_2）」も、いわゆる実証的、論証的な結果が言述となったものではない。ラカンは、ディスクールにおける「真理」の場所を、言語活動におけるパロールと結んでいる。「真理」は、パロール以外に基盤をもたないが、ただし、いつもそれが真理をはずすという条件がついている。彼は、通称「ローマ講演」のなかで、こう述べている「パロールが、真のパロールとして現われるのは、真理が事象との合致と呼ばれているものに基づかないという条件があるかぎりのことである」。すなわち、いわゆる事象との合致がありう

るとすれば、それはひとの言語活動のそとであって、パロールは、その意味の真理とはかかわりのない言語活動の一面を指している。

　ランガージュは、言語活動を広く一般的に指す用語だとすると、パロールは、それとは別の一面を指している。ランガージュが、欲望のグラフにおいて、コード（C）と記されたような、いわば大他者からの「法」であるとすれば、パロールは、欲望と去勢にまつわる主体の言葉による「訴え」であり、「真理」は、それだけを基盤としている。主人のディスクールが隠蔽しているのは、主体がその場所で、すでにランガージュによって分割されていることである。そのディスクールは、パロールによる訴えが、見かけ（S_1）と大他者（S_2）の場所を隙間なくつなぐことができるという幻想に支えられている。ファルスは、ランガージュがひとの性活動と密接であるのを示す用語である。ファルスには、実質がなく、そのことによって性関係の不在を示す機能(関数、fonction)として登録されている。主人のディスクールは、この面からみると、あたかも性関係があるかのような幻想によって支えられている。すなわち、S_1 と S_2 のつながりは、ある言葉によって最終的に書き込むことが可能で、しかもそれ自体によって真理が実現するという幻想である。しかし、性関係は書き込めない。言葉では、日常的なひとの性行為を、食事や排泄と同じように際限なく、くり返し叙述できるだけである。

　一方、主人のディスクールにおいて、創設的シニフィアン（S_1）は、自我理想に対応する同一化（identification）のモデルからやってくるのではなく、いわば、理想自我に対応する主観化（主体化、subjectivation）からやってくる。同一化は、他者（l'autre）を受け入れ、知らぬ間に他者を模倣するが、そこに他者はいない。S_1 の場所には他者が不在で、そこでは、想像的に他者を知（S_2）に仕立て、それを支配しようとしている。だが、主人が主観化しているシニフィアン（S_1）は、それ自体がランガージュの支配下にある。それゆえ、そのシニフィアンに代理表象された主体は、すでに分割され、主人は象徴的去勢を受けている。しかるに主人は、去勢の「法」に服しながら、その結果を他者との関係のなかに生かすことがない。主人が、それにもかかわらず、性関係は書き込めるという幻想を育んでい

るかぎり、それは主体を、フロイトが欲動の昇華として述べた方へ向ける妨げになるだろう。また、主人は、ラカンが一方で自分の似姿に向ける感情（憎しみ）と、他方で他者の訴えに応じる感情（愛）として語った、どちらの感情に対しても、つねに警戒怠りなく、自分を護っていかなくてはならない。

大学人のディスクール

　大学人のディスクールは、「知（S₂）」を「見かけ」の場所に据え、それによって「真理」に至ろうとするディスクールである。しかし、他の三つのディスクールと同じように、そこには到達できない。「真理」の場所には、S₁ がやってくるが、このディスクールは、そこへ行くのに、無力である。

　このディスクールは、知っているふりをして、それが目指すのは全知でなくてはならないが、それが向かう大他者の場所に対象 a が据えられることで、その挫折が明らかになる。「知」について、ラカンは、「それはあります。ふんだんに、どこから手をつけてよいか分からないほど沢山、引き出しというという引き出し一杯にあるのです」と言う。彼は、四つのディスクールを講義していた同じ年（1970 年）、ベルギー放送協会の第三ラジオ放送の提案に、質問に答えるという形式で応じ、同じ年にフランスでも質問をつけ加えて放送されている。そして、彼が主宰していた雑誌『シリセット』（1970 年、2、3 合併号）にテキストとして発表され、1985 年には『ディスクール』（弘文堂）という表題で、邦訳、刊行されている。彼はそこで分析者のディスクールを一般の人々に知らせようとして語っているが、四つを対比しながら、ディスクール全体を簡潔に紹介している。

　そのさい、ラカンは大学人のディスクールについて、こう言っている、「大学人のディスクールでは、主体を呑み込んでしまう空虚な穴（béance）に、そのディスクールの不能が示されています。このディスクールは、知（S₂）に関して、それは自分が創設者だとする主体（S₁）からやってくるからです。そこには、なるほど部分的な真理はあります（Ce sont là vérités）。しかし、さらにそこに読み取りうるのは、それらの部分的真理は罠

であるということ、現実界が事実に達する途上で、あなたの足を止めてしまう罠だということです」（邦訳、上掲書、172頁）。大学人のディスクールが向かうのは、大他者の享楽を実現するはずの対象aであるが、それはこの世のどこにもない、空虚な穴である。主導者であるはずの「知」も、じつは大学人から出たのではない。邦訳で注記されているように、「大学人は、知の創始者・作者なのではない。すでにだれかによって語られ、書かれ、蓄積された知を改めてくり返し、伝えているに過ぎない」。このディスクールが伝える「知」は、たしかに部分的な真理である。それは、フロイトにおける欲動の対象が、すべて部分的であるのとまったく同じように、精神分析にとって真理はあるが、それはつねに部分的で、そのことが真理の定義ともなっている。それゆえ、引用文では、複数形の「真理（vérités）」を「部分的な真理」と邦訳している。

　また、あまるほど沢山あるという「知」についても、さらに問う必要がある。知は、文の形式をもって伝えられるが、一語では成立しない。たった一つの言葉では、たんなる訴えか、ときには叫び声と区別がつかない。また、文であっても疑問文は、知を伝えない。知は、少なくとも二語の言葉と、それらの関係を示す記号からできている。すなわち、その文は、ふつうに主語と述語と呼ばれる二つの成分からできている。そこで、知については、文のなかで主語と述語が完全につながっているかどうかが問われる。言いかえると、述語が主語をもれなく規定しているか、あるいは、主語が述語を完全に支配しているか、と言ってもよい。ある語を主語として、知を伝えようとしても、それと全く同じ内容をもった述語を別の言葉で表現することはできない。それはだれにも分かる、明らかなことである。それを言葉の材料であるシニフィアンの連鎖についてみると、あるシニフィアンが、次のシニフィアンに向けて主体を完全に代理表象することはないということである。

　主体は、そもそもシニフィアンが言葉となることによって、現実的なものから隔てられるのだから、いかなるシニフィアンも、主体を完全に代理表象することはないのである。主・シニフィアンとされるS_1にとっても、その通りである。主人のディスクールは、主・シニフィアンによって知

（S₂）を支配しようとする。しかし、あるシニフィアンは、必然的に他の
シニフィアンに向かい、主体は、たった一つのシニフィアンでは代理でき
ないという、シニフィアンの本質によって、それは全体的な知と一つにな
ることはできなかった。大学人のディスクールは、そのような主人のディ
スクールの挫折から、知（S₂）が時計の針とは逆方向に、場所を一つ移動
して、ディスクールを揺動させたのである。そのディスクールは、見かけ
の場所をとった知（S₂）によって、主人のそれと同じように、ディスクー
ルの支配を目ざしている。ただし、主・シニフィアンによる支配ではなく、
対象 a と一つになって、大他者の享楽を実現するはずの、見かけとなった
「知（S₂）」の支配である。

　「主」と「奴」の闘いに始まるヘーゲルの弁証法では、「主」の支配が現
実性を失い、「奴」が世界で自立する過程は、ストア主義の勝利として述
べられている。それは、自己意識による思考と真理の勝利である。思考に
よって生み出される知は、当然、「真」と「善」につながる。「この意識は、
支配と隷属の関係にかかずらうことがなく、支配の位置にあって奴隷に行
為の実質を担わせることもなければ、奴隷となって主人の意志こそが真理
だと考え、それに服従することもない」（『精神現象学』、邦訳、作品社、
141 頁、）。それは、たしかに精神史上に初めて登場した、明確な理念とし
ての意識の自由である。しかし、「この自由にとって意味があるのは思考
だけ——独立したものの世界をぬけだして自分のうちへと還っていく、形
式としての——思考だけである」（同上、同頁）。

　さらに、「ストア主義の意識に映しだされるものとしては、思考の骨組
みをなす概念のほかにはまったくなにもない。その概念は物の世界の多様
性からまったく切り離された抽象概念なのだから、内容となるべきものは
なにもない」（同上、142 頁）。ここの「概念」は、コジェーヴの言うよう
に、個々の事物から引き離された全体的な「知」である。そして、結局、
「ストア主義の概念には、その内容が欠けているから、真理の『基準』とは
なにかが、つまり、思考の内容そのものが問われるとき、かれらは困って
しまう。なにが善であり真であるか、という内容を問う問いに、ストア主
義は内容なき思考をもって答えるよりない。そして、ストア主義がたえず

146

口にする真と善、知恵と徳、といった一般的なことばは、実のところ、そこから内容が展開できるようなものではないのである」（同上、同頁）。たしかに、大学人のディスクールは、ストア派のように、その知の出所について答えることができない。しかし、大学人はたんに困惑しているのではなく、その出所である主・シニフィアン（S_1）に準拠しながら、それが真理の場所に隠れているために、知をたえず口にしても、そのシニフィアン（S_1）について何も知らず、無意識からは遠いところにいるのである。

　ヘーゲルによると、ストア主義の自由は、「意識の思考」に拠っている。「ストア主義の原理は、意識とは思考する働きであって、なにかが意識にとって本質的な意味で真であり善であるのは、そこに意識の思考が働いている場合に限られる」（同上、140頁）。ここで、「思考する意識」とは、「ロゴス」と言いかえてもよいだろうが、それは「あらゆるものを拾い集め（legein）」て、宇宙と自然の秩序を実現している原理であり、真と善は、当然その結果として与えられる。ロゴスは、ちょうど主人のディスクールにおける主・シニフィアン（S_1）のように、いわば全体的な「知」を所有するシニフィアンであって、自己意識の自由は、そのシニフィアンに依存している。ストア主義の知も、たしかに自然と人間の世界に真と善をもたらす根拠であるが、それは生死を賭けた闘いの勝利者である主人と代わったロゴスの配下となった知である。

　こうしてみると、大学人のディスクールの特徴は、主人に支配されながら他者を支配しようとすることである。この他者は対象 a であり、そこでは、文字どおり小文字の他者（@utre）としての対象であるが、そのディスクールにとっては、欲望の幻想から生まれた想像的対象としての、すなわち現実にない対象としての学生たちということになろう。ラカンがラジオ放送で質問に答えた頃は、ちょうどパリの学生たちによる5月革命が起こった直後で、政治の季節であったから、質問者もそれについての意見を聞こうとしていたのだろう。彼は、こう言っている、「現在の大学の危機のあとでは、すべての成り行きは私が大学人のディスクールとして定義したものの進行（procession）を示しています。つまり、私がここでお話している罠と見なすべき大学人のディスクールの外観に対して、（検閲は）

国家管理（régie）の強化に変えられるのです（大学人のディスクールは、次第に専売（régie）になっていく）」（『ディスクール』、邦訳、弘文堂、143頁）。

　大学人のディスクールは、見かけでは主人から解放されて、社会的にも時代の権力にいつも従うとは限らない。しかし、支配されながら支配するという、このディスクールの本質からくる罠が、そこに隠されている。それが権力に逆らうふりをしても、やがて次の主人に支配されて、他者を支配しようとするのである。しかし、やがて、それは失敗する。なぜなら、対象aとしての他者は、それ自身、この世のどこにもいない対象であり、大学人にとっては、たんにその主体がランガージュによって分割された主体（S）であるのを知らせるだけであるから。そのディスクールは、さらに進行すると、大学人は、前の主人に代わった新しい主人と同一化して、その実在を想像し続け、ますます現実から遠ざかるのである。ラカンは、共産党員の精神分析家たちが、政治の季節に大学人のディスクールに支配されて、意識と無意識、論理と非論理、現実と非現実がますます裂け目を大きくしているのに、それを縫合（suture）する必要を認めない時代の現状について、次のように言っている。

　「共産主義者たちは、ブルジョア的秩序において、反ブルジョア的社会を構築しているのですが、かれらはたんにブルジョア的秩序が栄誉を与えたものすべてを偽造しているにすぎません。すなわち、労働、家族、祖国は、彼らが秘かに再び手に入れているのですし、彼らは労組にこれをたたき込んでいるのであり、かれらのディスクールにパラドックスを刻み込んでいるのです」（同上、152頁）。共産党員の大学人たちは、スターリンや毛沢東の次にやってくる新しい独裁者に服従して、他者の支配を続けようとする。彼らは、いつも新しい主人の名をくり返し口にしているが、それがだれであるかは知らないだろう。精神分析家にとって、それがフロイトの名であろうと、ユングの名であろうと、ディスクールの本質に変わりはない。大学人のディスクールは、そこで、あらゆる社会制度の番人になるが、ラカンは、そのディスクールに取り込まれた精神分析家たちが、そのために現実的なものに近づくのを妨げられていると、くり返し指摘している。

大学人のディスクールが、既存の知によってつなごうとしているのは対象aであるが、ラカンがこの用語を使い始めたのは、この年の講義の10年前からである。その間に、用語の使用法は広がっている。四つのディスクールに登場する対象aは、ランガージュにおける人びとの社会関係のなかに位置づけされ、その場所によって四つのタイプがそれぞれに実現しているのを忘れてはならない。対象aは、フロイトが欲動の対象として、それによって欲動がその目標に到達すると述べたものを受け継いでいるが、ラカンは、生物学的な欲求の対象とはっきり区別されるフロイトの対象の複雑な動きと、多様な姿をランガージュによって掬いとり、そこでいつも口にされる決まり文句や、執拗に反復される表現に結びつけた。両者に共通するのは、対象がそのものとして知覚されることはなく、欲動はいつも対象からそれて、目標に到達することはないということである。

　ラカンは、そのような対象を理論的にさらに仕上げているが、それは言葉に翻訳されない欲動の成分と、言葉に翻訳されて口にされる要求とのあいだにできる、裂け目としての対象である。ひとは、いったんランガージュの世界に登録されると、対象との直接的な接触は断たれる。何かを要求する言葉と、対象のあいだには断裂が生じ、そのすき間に対象aが現われて、そこにないものから欲望が生まれる。それゆえ、対象aは、欲望を生む原因となる。対象aは、この世にないものだから、欲望の原因は、むろん実在する対象ではない。そして、その対象を想像的なシナリオのなかに描く働きが幻想（fantasme）であり、対象aは幻想によって、はじめて実在する、現実の対象になる。大学人のディスクールにおける知は、そのような対象aとのつながりを求めている。しかし、知（S₂）には、すでにそれが準拠している主・シニフィアン（S₁）とのあいだに切れ目がある。だから、それによって対象をつかもうとしても、切れ目の欠如はとうていふさがらない。対象aは、そのような欠如を指し示す理論的な構成物である。

　大学人のディスクールが、大他者（l'Autre）の欠如を埋める他者（l'autre）としての対象aを支配しようとするかぎり、既存の知（S₂）をどれほどうまく並べて、操作しても、ディスクールのなかから産みだされるのは、ランガージュの世界で分割された主体（$\mathcal{S}$）より他にないのである。

　　　　　　　　第三章　　四つのマテーム　C.四つのディスクール　149

ヒステリー者のディスクール

　ヒステリーは、広く知られるように、ギリシアの昔からある精神疾患の名で、精神分析でも、強迫神経症、恐怖症とともに神経症の三つの形態の一つとしている。ラカンは、それをひとがランガージュの世界において、お互いの社会関係を実現させているディスクールの一つのタイプの名として使っている。そこで、当然、ヒステリー者は、精神医学的に解釈された疾病に罹った個人のことではない。フロイトのいわゆる「アンナ・Oの症例」「ドラの症例」からはじまって、ヒステリーの症状と概念は、ずっと精神分析の歩みとともにあった。ラカンは、それらの個人的な症状から出発して、それを人々のあいだに絆を生むディスクールのタイプの一つとして、通常の社会関係にまで広げたのである。

　このディスクールの特徴は、はじめに、主人のディスクールが主観化した主・シニフィアン（S_1）に対する態度のうちに認められるだろう。すでにランガージュによって分割されている主体は、その見かけの場所から、大他者（l'Autre）のなかに支配すべき他者（l'autre）を見つけることができない。大他者の場所にいて、その享楽を実現するはずなのは、主・シニフィアン（S_1）である。ヒステリー者は、まず何よりも、そのシニフィアンに向けて抗議し、問いかける。「あなたは、本当に父なのか？」「本当に全能で、享楽を実現できるのか？」。ラカンは、「ラジオフォニー」のなかで、パリの学生革命当時の授業のエピソードを紹介している、「それゆえ、ヒステリー者のディスクールは、先生に問いかけるのです、『先生、あなたが男かどうか、見せて下さいよ！』と」（『ディスクール』、邦訳、弘文堂、149頁）。訳者の市村卓彦氏によると、この問いは、1968年、パリ大学ナンテール校で、性科学の教授にじっさいに発せられ、その回答は、「授業中止！」であったらしい。「しかし、そのモノの表象は、フロイトの言うように、ここでは欠如の表象でしかありません。全能（toute-puissance）というものはないのです。精神分析家が、愚かしくもこだわり続けているように、全能がないからといって非難する理由などありません」（同上、同頁）。男かどうか、見せるモノなどはない。モノがペニスであるなら、それはファルスが代理表象したとたんに、欠如の（代理）表象にな

る。しかし、ヒステリー者は、それが「ある」ことにいつまでもこだわる。

　症例ドラの父は、不能であったが、K夫人を愛していた。ラカンがヒステリー者のディスクールを、一つのタイプとして一般化したのは、父とK夫人の関係に対するドラの態度からであったと言っても言いすぎではないだろう。つまり、ドラはK夫人に同一化し、面接の直前まで二人の関係を支持していたが、ラカンが目を向けたのは、ドラがK夫人に対する同一化と、同じく不能の父に対する強い愛情によって、二人の関係の共犯者になったことである。ドラは、K夫人に「女性とは何か」という問いを向け、その答えを待っていた。彼女は、K夫人との同一化によって、その答えがあると思い続けていたのである。それは、男性と女性が互いに補い合って、一つの関係を実現するという観念である。それも一つの「知」ではありうるが、彼女の父は不能である。ラカンは、その不能を、理論を構成するうえから必然的な、父の不能として一般化したのである。

　フロイトの「父」は、もともと原始ホルドの父の末裔である。父は全能で、群の女性を独占しているので、すべての女性とつながり、女性というものと関係をもつことができるだろう。しかし、男女は、それぞれが一人ひとりとしてあり、二人で一つになったり、全体を構成したりすることはできない。それもまた、もう一つの「知」である。ドラは、ふたつの「知」のあいだにあって、女性というもの（la femme）があるという観念（普遍命題）を手放すことができなかった。そこで、彼女は、不能の父を助け、K夫人との性関係の実現に手を貸そうとした。しかし、そのためにはもう一つの「知」を隠し続けなくてはならない。それは主体がランガージュによって分割され、去勢を受けているという、主人のディスクールにおける知られざる知、すなわち、そこで真理の場所にある無意識の知である。そのために、身体のうえで去勢された不能の父からは、その残余としての去勢の傷跡（S_2）が生まれるだけである。ラカンは、そこからヒステリー者のディスクールにおける身体の享楽の不可能性と、一般に、主・シニフィアン（S_1）は、すでに去勢を受けているという結論を引き出す。

　さて、ヒステリー者のディスクールにおいては、ふつうには力の衰えた主・シニフィアンへの抗議と異議申し立てが目立つ。このシニフィアン

（S_1）は、フロイトでは原始ホルドの父、エディプス神話のライオス王、預言者モーゼによって表象されているが、総じて「父」と呼んでおこう。それらの「父」と、主・シニフィアン（S_1）としての「主」の関係を見ると、ヒステリー者には、両者を同一視する傾きがある。しかし、主・シニフィアンの「主」は、歴史的に形成されてきた人物像や、近くにいる現実の主人、親方、家族の父など、あらゆる具体的な権力者とは区別されなくてはならない。たしかに、主人と大学人のディスクールは、他者を支配して、権力者のディスクールの実現しようとしているが、ヒステリー者のディスクールでは、はじめに分割されている主体は、他者を支配しようとはしていない。だが、ヒステリー者は、一方において主人を求めている。それは支配されるためではなく、いわば、近くにいる主人や父を、すべてに行き渡る普遍命題の実現者にするためである。

　ドラは、こうして、不能の父から離れず、父に同一化して、彼の能力を回復させようとした。それは、父と彼女の偶像であるK夫人との関係から、「女性とは何か」という問いの答えを引き出すためである。K夫人の「うっとりさせるほどの白い姿態」は、父に同一化したドラにとって、欲望される対象が与える満足に最も近かったであろう。K夫人の夫は、湖畔の別荘でドラに近づき、「私の妻は、私にとって何の価値もない」と言った。そのとき、ドラは激怒して、彼を平手打ちした。もし、自分を魅惑しているK夫人が、K氏にとって何の価値もないなら、彼女にとって、K氏はいったい何でありうるだろう。彼女は、女性についての問いに答えはあるという思いから、K氏に反撥したのである。しかし、ヒステリー者は、女性であれ、男性であれ、すでに分割された主体（$\$$）である。さらに、ヒステリー者は、主人のディスクールが見かけの場所に主・シニフィアン（S_1）を据えたことによって、分割された主体（$\$$）を S_1 につなぐ過程（$\$ \rightarrow S_1$）で抑圧してしまったものを、そのまま受け継いでいる。フロイトによれば、その抑圧されたものの回帰が、ヒステリーの症状である。フロイトは、それが昔から知られる身体への転換（転換ヒステリー）とは別に、夢、失錯行為、言い間違い、機知など、ランガージュにおける現象として回帰するのを発見した。ラカンは、その一面をヒステリー者のディス

クールとして一般化したのである。

　ところで、ドラの欲望に対するフロイトの答えはどうだったか。その欲望は、端的に、主人としての父をあらしめたいということである。ところが、フロイトは、どうしてこれほど印象的で、大きな問題を投げ続けている症例の治療に失敗したか。それは、今日では広く、フロイトの答えがまさにヒステリー者の与える答えだったからだと考えられている。ラカンは、セミネールⅩⅦ（『精神分析の裏側』）の第7講（1970年3月11日）で、最後にこう述べている。「今日、結論として、われわれに課されている問題は、フロイトの夢としてのエディプス・コンプレックスの分析であると言えます」。この意味は、フロイトの与える答えが、ヒステリー者のディスクールにとどまっており、それは別のタイプに、とくに分析者のディスクールに移動させなくてはならないということである。フロイトは、つねに強い父を求めていた。彼は、ドラといっしょに、その父が主人でもあり、主人と父が一つになった理想像がありうると考え、それを求めていた。そこで、ドラのパロールと、自分のいるべき場所の区別に踏ん切りがつかなかったのである。

　主体を代理表象する「主」（シニフィアン S_1）と、歴史から生まれた想像上の産物である「父」とのあいだには違いがある。シニフィアンの論理によって明らかにされた主体の構造から、「主」を「父」に仕立てようとするディスクールは、ヒステリー者のディスクールとして一般化された。「主」と「父」の関係は、必ずしも緊密ではなく、必然的でもない。ラカンが、「主」と「父」を根本的に区別した背景には、彼が現実界、想像界、象徴界として区別した三領域の機能と、それらの相互関係の理論がある。フロイトのドラの分析では、とくに想像界と象徴界の二つの領域が、どうお互いに関与し合っているかがはっきりしなかったと言えよう。それゆえに、象徴界が主体に与える効果としての主・シニフィアン（S_1）からは、享楽が実現せずに、症状だけが残ることになったのである。

　ヒステリー者の症状を、去勢の痕跡と言ったが、そのディスクールによって産出される項は、「知（S_2）」と呼ばれる。その場合、ヒステリー者の知は、むしろ症状を隠すのだと言うべきだろう。ラカンは、ラジオ放送

第三章　　四つのマテーム　C.四つのディスクール　　153

で、「こう断言するのは逆説的かも知れませんが、科学はヒステリー者のディスクールによって飛躍をとげます」（邦訳、前掲書、143頁）と言っている。このときの知は、ディスクールによって産出される剰余享楽が、人びとに日常の快楽や幸福をもたらす通常の知として理解され、広く受け入れられている知であろう。しかし、この知は、それによって享楽が実現するという思い込みに支えられて、象徴的去勢から逃れ続けている知である。むろん、すべての科学者がヒステリー者であるわけではない。なかには、知はすでにあり、享楽の実現にはそれを案配しさえすればよいという、大学人のディスクールに従っている科学者もいるだろう。しかし、近代のガリレオや、現代のカントールやゲーデルなどの数学者は、たしかに時代の衰えた「父」に逆らって、新たな「知」を産みだした。

　精神分析家には、プラトンがソクラテスを最初のヒステリー者として、その姿を伝えていると見るむきがある。その後、近代のヘーゲルや現代のマルクスやフロイトまで、不能の「父」に代わって、新たな「知」を求めるヒステリー者のディスクールは、途絶えることがない。病んで、不能になった「父」に代わって、ヒステリー者は、これから産出される「知」によって、新しく普遍的な行動の基準を与えようとする。しかし、分析者にとっては、主・シニフィアン（S_1）と知（S_2）の構造的な分離のなかに主体（$\mathcal{S}$）がいて、知の欲望の原因である対象 a が、その真理を支えているのを見逃すことはできない。ラカンは、『アンコール』のなかで、「知の欲望は存在しない」と明言し、その理由は、「ひとは、すでに知るべきことをすべて知っており、ただし、その知には、享楽が話すことによっては十分に実現できないという制限がついているから」で、「それが無意識の意味である」（第9講）と述べている。フロイトは、「知の欲望」を Wissentrieb（知の欲動）と名づけて、この点で勘違いし、欲望することと知ることとのあいだの断絶を見逃していた。しかし、この断絶は、まったく根幹的なことで、それを避けながら集積されてきたのが、科学と呼ばれている分野の知である。精神分析家は、欲望する主体にとっての絶対的条件である対象 a に目を向けないわけにはいかない。そこで、ヒステリー者のディスクールは、当然ながら揺さぶられ、やがて別のタイプのディスクールへ

と向かうのである。

分析者のディスクール

　最後に、分析者のディスクールであるが、この分析者を、ただちに精神分析家とすることには慎重でありたい。分析者（l'analyste）は、必ずしも職業的な精神分析家（le psychanalyste）ではない。それ以上に、このディスクールは、精神分析家が治療の実践において行っている、さらに、行うべきと命じられるようなディスクールではない。それは他のどのディスクールについても同じことであるが、ディスクールは、もともと人びとがそれによって社会関係の絆を維持している話し方のタイプである。それはあるものの言い方を、一人ひとりに命じるような性質のものではない。したがって、分析者のディスクールとは、たとえ彼が精神分析家であったとしても、あくまで個々の分析者にかかわるディスクールである。

　このディスクールが表向き、見かけの場所に据えるのは対象aであるが、他のディスクールと同じように、それは隠れた真理によって支えられている。その真理は、ヒステリー者のディスクールが産出する知（S_2）であるが、分析者のディスクールは、みずからそれを手に入れることはできない。知は、つねに無意識にとどまっている。対象aは、欲望の原因であるが、それ自体としては表象できない。このディスクールでは、それがランガージュによって分割された主体（$\mathcal{S}$）に出会う（a → $\mathcal{S}$）ことはありえない。しかし、それは対象aと主体の断裂にもかかわらず、両者をつなぐことによって、ディスクールを実現している。端的には、幻想と言葉をつなごうとするディスクールの一タイプである。しかし、ディスクールとして、むろんそれ自体が幻想のマテーム（$\mathcal{S} \diamondsuit a$）に還元されることはない。

　知（S_2）は、主・シニフィアン（S_1）から出て、その後シニフィアンのつながりを生む。一般に、シニフィアンのつながりについては、そこにおける意味（sens）と意味作用（signification）について考えなくてはならない。意味作用は、S_1とS_2のつながりから、そして、その後のシニフィアンのつながりから生まれ、意味は、その効果として、最終的に記号として書き込まれる。例えば、子どもにとっての大他者である母親は、子どもの

第三章　四つのマテーム　C.四つのディスクール　155

泣き声を空腹の記号として受けとり、それによってミルクを与えられた子どもは、母親とミルクを象徴化する。こうして、「母親とは、ミルクをくれるものである」というつながりから、意味が生まれる。それは、やがて主体の要求による訴えと、それに対する大他者の答えになるが、要求と答えからいつも同じ効果が生まれるなら、意味は最終的にそれとして書き込まれて、真理になる。しかし、だれの経験からも、それが不可能なことは明らかである。

ランガージュは、全体として意味を作りだす工場と言えるが、精神分析は、そのなかのディスクールにおける S_1 から S_2 へのつながりについて、その必然性、不可能性、偶然性、可能性（無力性）を描き出した。とくに、精神分析は、主体の訴えと大他者の答えのあいだの隙間から生まれる対象 a から出発して、S_1 と S_2 のつながりを最終的に保証する仲立ちはないと考えている。すなわち、ランガージュの工場には、言葉と言葉の切れ目をつなぎ、そのつながりを確定してくれるような仲介者はいないのである。といって、言葉のつながりから、意味の効果をしめ出して、すべての言葉に意味がないと見ることはできない。意味は、象徴界と想像界の交わりから、絶え間なく生みだされ、それはディスクールのなかで維持されなくてはならない。またそのために意味作用は、そのなかで多かれ少なかれ安定していなくてはならない。分析者のディスクールは、その面において特殊な面をもっている。

どのディスクールでも、シニフィアンのつながりから生まれる意味作用によって、意味が最終的に確定されることはない。しかし、それぞれのディスクールが、意味に向かうのをやめさせることはできない。とくに、分析者のそれとは区別される三つのディスクールでは、意味作用を不動なものにして、意味を固定させ、それによってディスクールを維持しようとする。しかし、見かけの場所に対象 a を据える分析者のディスクールでは、主体は、はじめから欠如を足場にして、知への道はふさがれている。それでも、ディスクールを維持するためには、意味作用と意味をまったく切り離すことはできず、意味作用の効果を何らかの意味として探さなくてはならない。そこで、S_1 と S_2 の切れ目をつなぐことのできない分析者は、意

味を探して、みずからそのディスクールを他のタイプに移動させる。それとともに、他の三つのディスクールを、どれも別のタイプに移動させようとするのである。分析者のディスクールの特殊な面は、みずからの無能のゆえに他のディスクールを動かし、それぞれを相対化することである。

　精神分析は、ひとの性欲が、男性にとっても女性にとっても、生殖の目標から遠ざかり、もっぱらランガージュのなかに活動の場所を見いだしているとみなす。ディスクールのなかの S_2 は、次の S_3 から無限定の Sn まで、知を全体として示すシニフィアンである（$S_2 \rightarrow Sn$）。そのつながりには、どこまで行ってもそのつど切れ目があり、知の切れ目を縫合することはできない。言いかえると、シニフィアン連鎖は、知によって意味を確定することはできない。けれども、精神分析は、主体にとっての母親の欲望を象徴化したファルスが、シニフィアンをつなぎ、そこから生まれる意味作用から、意味を追い求めるとしている。つまり、ファルスは、その働きによって意味（シニフィエ）を生もうとする、特殊なシニフィアンである。しかし、そのシニフィアンは、つねに姿を隠しており、それによって象徴界に欠如が刻み込まれるのである。

　フロイトにおいて、ファルスは、その語（「男根」と訳される）が示すとおり、むろん男性の身体の見える部分とつながり、ひとの性欲が最終的にそれを拠りどころにする現実的なものと見られていた。しかし、それは乳房、糞便などの、いわゆる部分対象とは区別されている。彼は、はじめから、その象徴的な意味を強調しており、また、たんに生殖能力を象徴するというせまい意味を越えて、その意味作用から生まれる表象は、心的現象の隅ずみにわたるほど多様であるのを認めている（『夢の解釈』1900 年）。ラカンは、そこから、フロイトのファルスが、現実界、象徴界、想像界をはっきり区別する端緒を示していて、しかもそれら三領域のすべてにかかわりをもつシニフィアンであるとした。それは、フロイトの性欲という現実的な一面をもちながら、想像界を覆うほどの多様な表象を生みだし、しかも特殊なシニフィアンとして、象徴的な機能をはたしているのである。

　ファルスは、そのように、ひとの生命の再生産と、ひとが主体として象徴界でこうむる犠牲を、すなわち言葉を使うことによってこうむる分割を、

第三章　　四つのマテーム　C. 四つのディスクール　　157

同時に実現させる。犠牲とは、ここで、ひとが象徴界に入るために失ったものと、同時にその欠如を埋めようとすることを指している。ファルスは、シニフィアンとしての特殊性によって、一方で、その欠如を告げ知らせながら、他方でそれを補填させようとしている。精神分析では、ひとが象徴界に入るために支払う象徴的負債と呼び、その結果としての事態を去勢と呼んでいる。ファルスは、そこで、主体に象徴的負債としての去勢を受け入れながら、同時に何らかの方法で、その負債額を支払わせようとしている。しかし、言葉を使いはじめた主体にとって、その方法は限られている。そのなかに、負債を認めようとしないか、返済の義務を負う前の状態を諦めずにいるか、あるいは、その返済はすでに終わったという証拠を持ちつづけている状態があり、それらは総じて神経症や倒錯の用語で呼ばれている。

　それでは、ディスクールのなかで、そうしたファルスはどういう働きをするだろうか。ファルスは、そのなかで、まず主体（$\mathcal{S}$）、主・シニフィアン（S_1）、知（S_2）とではなく、対象aと結ばれる。ただし、それはあくまで想像的で、両者はシニフィアン連鎖の意味作用が意味を生む過程で、姿のないファルスが対象aを、ファルスの姿として想像的に出現させるのである。しかし、シニフィアン連鎖におけるS_1とS_2のつながりは、想像的ではない。それらは象徴的なものとして切れている。ファルスの働きは、ここでも矛盾しているようにみえる。それはS_1とS_2をつないで、想像的に意味を生む一方で、両者をあいだに欠如を生んで、分割された主体$\mathcal{S}$をもたらすのである。すなわち、象徴界には、欠如を埋めるような、姿形のあるシニフィアンは見当たらず、意味を最終的に確定するような第三項はないのを知らせるのである。

　ところで、ランガージュは、精神分析にとってひとの性欲をすっかり巻き添えにする場所であるが、そこにおいてひとの性欲が目指しているのは、シニフィアン連鎖から生まれる何らかの意味である。ランガージュは、根本的にその意味によって、人びとのあいだの社会的絆を安定させる法を維持しようとしている。ところが、ディスクールには、それを進めるのに、意味の切れ目を生む対象aが欠かせない要素として働いている。もしディスクールのなかで、その切れ目がつながるとすれば、ランガージュによっ

て求められる意味は、すっかり安定するだろうし、ひとの性関係を（言葉という）記号によって書き込むこともできて、その意味も確定するだろう。しかし、ディスクールでは、話す主体の欠如を示す対象 a によって、それは不可能であるのが知られる。フロイトによれば、ファルスが象徴するひとの性欲の最終的な表象には、意味がないのである。

ラカンは、そのような意味のない性欲と性関係の不在を前提として、ディスクールの進行を考える。意味のかなたには、象徴界から締め出された現実界がある。現実界には、意味がない。しかし、話すひとは、そこへ近づくのを禁止されている。一方で、ひとは社会的絆を失わないために、意味とかかわり続けなくてはならない。そこで、二つの道が考えられる。一つは、象徴界にある材料を使いながら、意味を求めて、それをいっそう現実界に近づこうとする道、もう一つは、想像界の力によって意味を安定させ、いっそう強固なものにする道である。精神分析は、いずれの試みも十分には実現しないと考えている。それは、シニフィアンの切れ目を示す対象 a が、話す存在の絶対条件であるとみなし、分析者のディスクールは、そこから出発するからである。それゆえ、このディスクールは、性関係と意味の不在を前提にしながら、伝統的な社会では、それ自体が独自に、不動のまま立っていることはできないだろう。このディスクールの特徴は、みずからのタイプを変えながら、ディスクール全体を揺り動かすこと、またそれとともに他のタイプを移動させようとすることである。そこで、このディスクールにとっては他のディスクールを動かし、みずからを相対化して、下の図のように、その「輪舞」を実現するのが要請されている。

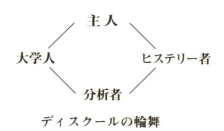

ディスクールの輪舞

第三章　四つのマテーム　C.四つのディスクール　159

四つのディスクールは、ざっと次のようにまとめることができよう。

　　主人のディスクール：主人であるディスクール。
　　大学人のディスクール：主人であろうとするディスクール。
　　ヒステリー者のディスクール：主人を求めるディスクール。
　　分析者のディスクール：語るのをよぎなくされるディスクール。その
　　結果、他のディスクールのなかに取り込まれる。

「主人」について見た以上のディスクールから、「知」に目を移してみる
と、主人のディスクールは、知と一つになって、幻想を固持しているもの、
大学人のディスクールは、知を見かけにして、知っているふりをするもの、
ヒステリー者のディスクールは知を求め、知ろうとするものであり、分析
者のディスクールは、知を相対化しようとして、いつも三つのどれかに取
り込まれているディスクールであろう。
　以上のようにまとめてみると、ラカンのディスクール論と、彼が師と呼
ぶアレクサンドル・コジェーヴの教説との関連が浮かんでくる。コジェー
ヴにとって、「哲学は定義上ランガージュについてのランガージュ（言語活
動）」であり、S_1 と S_2 の同一性として、時間のなかに歴史となって現れる。
「時間は、異なるものの同一性である」（『概念・時間・言説』邦訳、318 頁）。
　一方、精神分析にとって、歴史とはディスクールの歴史である。歴史に
は始まりもなければ、終わりもなく、また時間の経過による進歩もない。
したがって、歴史が概念によって語りつくされたあとの「ポスト・歴史時
代」というものはない。しかし、コジェーヴは、ヘーゲル以後の「歴史の
終焉」を語りながら、哲学における真理は、語る人が語っていることを忘
れながら語られているのを、つねに示唆していた。ラカンは、そこで語る
存在がランガージュによって引き裂かれた主体として生み出され、そこか
ら対象 a が要請され、分析者のディスクールにおいて、そのことと真理の
問題が生じると見なしている。

D. 性別化の論理式

　ラカンは、1972年12月から翌年6月まで、今日『アンコール』の表題で出版されているセミネール（ミレール版、第20巻）を行っている。このマテームは、その7回目の講義（73年3月13日）で、以下のように板書された。

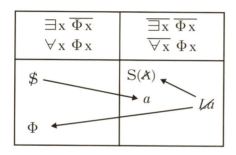

　四つの式は、それぞれ古典論理学の全称（普遍）命題、特称（存在）命題と、その肯定、否定（上方の直線で示す）を表わしている。同時に、数学の y＝f（x）の表記法を借りて、式の関数関係を表わしている。f（x）の f（fonction、関数）代わりに、φx としているのは、ギリシア語のファルスの頭文字をとって、各命題がファルスの関数であるのを示している。
　ところで、関数は、どの辞書も同じような説明をしているが、『数学入門辞典』（岩波書店）では、「ある変数 x の値に応じて変数 y の値が定まるとき、y は x の関数であるといい、x を独立変数または単に変数、y を従属変数という。関数は、一般に y＝f（x）のように表わす」としている。性別化の式には、変数 x だけがあって、y はない。関数という用語は、数学を離れると、日本語ではあまり使われないが、仏、独、英の西欧語では、「働き、機能、作用」などの意味がある。性別化のマテームは、四つのディスクールと密接な関係がある。ここでは、ファルスがひとに及ぼす働きによって、ひとの話し方が変わってくるとされるのである。
　ラカンは、いまの講義のはじめに、性別化のマテームを提出するのは、

第三章　四つのマテーム　D. 性別化の論理式　161

ディスクールにおける「知」（S₂）について話すためであると断っている。「知」は、それによってすべてが理解できるなどと軽薄に思い込むべきではなく、同時に、それは主・シニフィアン（S₁）に対して二次的なものでもない。象徴界は、S₁とS₂のつながりによって生まれる知によって構成されている。ただし、S₁とS₂は互いに切れており、つながることはない。彼は、そのようにけっして重ならないものを一つにしようとするのは、ランガージュに特有の「ベティーズ（愚かさ）」と呼び、同時に、それを系（série）として、真面目に（sérieux）につないでいくことが、言葉を論理的に使おうとする営みであると言う。そして、通常、「知」は言葉を真面目につないだ「言述」が、現実的なものと一致すると思われて、その結果から生まれた観念である。言述（sentence）は、通常「文」と訳されているが、知は「AはBである」というように、主語と述語のある記述でなくてはならない。感嘆文や疑問文は、言述ではなく、知を表していない。しかし、精神分析は、主語と述語のあいだには切れ目があり、ひとは、そのあいだに主体として生きていると考えている。

　性別化のマテームも、その切れ目とかかわりがある。ただし、それは男女の性別を背景にして、言葉を真面目に使い、それを現実的なものにつなげるはずの論理に投げかけられた切れ目である。それだけに、このマテームと、ちょうど3年前に提出された四つのディスクールのマテームとのつながりが気になる。ラカンは、3年前、知が普遍的なものにつながるのをはっきり説明していない。知の欲望は斥けられているが、それが男性の側の普遍命題（∀x φ x）につながることはわきに置かれていた。知の欲望にとって、普遍命題は、真理を表わしている。たしかに、フロイトは、最晩年の論文でこう書いている、「分析治療という人間関係は、真理に対する愛、すなわち現実をあるがままに認める勇気を基礎とするものであって、あらゆる仮象と欺瞞を排斥するものである」（「終わりある分析と終わりなき分析」）。しかし、彼の後継者たちには、それがどういう現実なのか、またどういう真理なのかという問いが残されていた。ラカンは、それらがたんに日常的、社会的、あるいは地上の現実ではなく、また、実験や観察の結果から言葉を事実として述べる真理ではないとくり返している。現実は、ひ

とがこの世でそのまま出会うことはなく、もっぱら想像力のおかげでその実在が感じとられるのであり、真理は、物理・数学的記号による象徴的な記述に還元されるものではない。それらは、あくまでもランガージュとパロールの領域にあって、ひとと言葉の切れ目から現われてくるのである。

こうして、性別化のマテームは、四つのディスクールにおける知（S_2）の本性と、どのディスクールにも隠されている真理について、ひとの性別と論理（学）の面から考察した結果の記号式である。ここで、性別化がふくむ性（sexe）について、少しふれておこう。それは、たんに生殖上の役割における男女の区別という意味の他に、さまざまなニュアンスがあるのはだれでも知っている。が、ここでは男性と女性のあいだには、ものの言い方に違いがあるという、人々に昔からはっきり気づかれていたことが思い起こされる。もちろん、それは身体上の違いによって動かしがたく決定されているということではなく、それぞれの文化のなかで、生物学的な性を離れて、多様な表現形態を見せている。にもかかわらず、ひとの話し方には、論理的な面からみると二つの型があって、ひとの性をランガージュの場所にあるとみる精神分析の見地に立てば、それらは男女の性別に基づくのである。

ローマ時代（紀元2世紀）の哲学者アプレイウスは、アリストテレス論理学を分かりやすく解説した。性別化のマテームは、そのなかでもっとも基本的な定言命題間の関係表、いわゆるアプレイウスの対当関係表に基づいている。

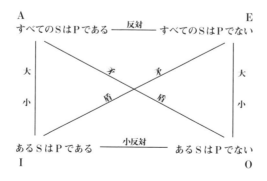

上の古典的な表を、性別化の論理式につなぐために、分かりやすく示すと以下のようになる。

A（全称肯定） $\forall x\, Fx$	E（全称否定） $\forall x\, \overline{Fx}$
I（特称肯定） $\exists x\, Fx$	O（特称否定） $\exists x\, \overline{Fx}$

　この表からも分かるように、性別化の論理式は、古典的な定言命題の全称否定を「$\overline{\forall x\ Fx}$」に、特称肯定を「$\exists x\ \overline{Fx}$」に変え、それらを以下のように女性の側においた。

男性	女性
$\exists x\, \overline{\Phi x}$	$\overline{\exists x}\ \overline{\Phi x}$
$\forall x\, \Phi x$	$\overline{\forall x}\ \Phi x$

　前に述べたように、関数をしめすF（fonction）は、φに代わっているので、ファルス関数と呼ばれるが、それはxが、ファルスの働き次第で、ときには普遍判断の、ときには存在判断の、それぞれ肯定、否定に変わるということである。

　ところで、ファルスの働きであるが、これも前に述べたように、ファルスは姿のない欠如のシニフィアンで、主体と主・シニフィアン（S₁）の切れ目、S₁と知（S₂）の切れ目、そしてS₂に続く、その後のシニフィアンの切れ目を示すシニフィアンである。また、切れ目を示すと同時に、心的

エネルギーは性欲動となり、その性欲動を象徴するシニフィアンとして、それをつなぐ働きもする特別なシニフィアンである。性別化の論理式では、xがファルスの働きに従っているか、いないかの場合があり、前者は肯定（φx）で、後者は否定（$\overline{\phi x}$）で示されている。そして、前者では、xは去勢され、後者では去勢されていないとされる。言いかえると、主体がファルスの機能に服していれば、その主体は去勢されており、そうでなければ去勢されていない。ファルスの働きは、そのように、去勢の観念と切り離すことができない。

　ラカンは、以上のようなファルスの機能から、上の論理式にあるように、古典的な全称否定と特称肯定の命題表現を改変して、それらを女性の側においた。一方、男性の側は、古典的な定言命題を残している。男性と女性の区別は、ここでは生殖行動の役割の違いによるのではなく、ものの言い方の違いによる。男性に古典的な命題がそのまま残され、女性の側でその半分を改変せざるを得ないのは、伝統的な論理学が男女の違いについて抱き続けてきた知の特徴を知らせている。今日でも、記号論理学において、全称の量化子を否定したり（$\overline{\forall}$x）、存在と関数関係をともに否定したり（$\overline{\exists x\ \ \phi x}$）することはとうてい認められないだろう。ともあれ、伝統的な命題を守る男性の側は、「去勢されていないxが、少なくとも一つは存在する（∃x $\overline{\phi x}$）」という特称否定から出発し、同時に、「すべてのxは、去勢されている（∀x φx）」という言い方をする。二つの表現は、矛盾しているようにみえるが、そこには「すべて」と言ったとき、そう言ったひとは、その「すべて」のなかに含まれているのかどうかという問題がある。

　ここで、「すべてのxは、〜である」と「言うこと」と、すべてのxは〜として「存在する」とは、分けて考えなくてはならない。すべてのxをある存在者にする者（そのように言う者）は、そのような存在者（そう言われた者）のなかの一つではありえず、そとにいる。例えば、「すべての者は平等である」という法を告げる者は、平等であると告げられたすべての者のそとにいて、その法を告げている。さもなければ、その法を告げるという行いをすることはできない。すなわち、すべての者を平等な存在者

として告げる者は、その存在においてすべての平等な存在者とは区別される。例外が規則を作るという主張は、数学的論理学では認められないとしても、いくつかの要素が集まってある全体をなすためには、その全体から一つの要素をそとに出さなくてはならないという、集合論の基本的な考えに通じている。「すべての x は、去勢されている」と告げる x は、自分はすべてのそとにいて、去勢されている x の例外としての存在者であるという前提に立っているのである。

　男性の側の例外は、群のすべての女性たちを独占した原始ホルドの父の末裔だろう。つまり、その父は想像的な父であって、実在を確証できない存在者である。男性は、そのような想像上の存在者の立場から、普遍的な去勢の法を書き込み、布告する。その普遍的な法は、想像界に属するのではなく、言葉や文字として象徴界の領域にあり、それを告げる主体は、すでに去勢されている。つまり、男性は、例外としての存在者に同一化しながら、普遍を象徴化しようとしている。そこで、男性の側の性的同一性は、想像的なものとしてしか語れないのである。一方、女性は、はじめから去勢の体験を男性とともにしていない。女性は、その現実的な身体的条件から、去勢されていない全能の父と想像的に同一化する理由がない。また、ファルスの働きによって、普遍を象徴化することもない。

　そこで、女性の側では、去勢されている x は、すべての x ではなく、それによって男性の全称肯定命題を否定している。けれども、女性は、普遍的な法としての去勢を否定していながら、他方で、去勢そのものは否定していない。それは、去勢されていない x は存在しないという、特称肯定命題に表われている。つまり、女性は、その現実的な存在者として、ファルスの働きによる象徴的去勢に服しているのを受け入れる。ここの現実存在者とは、ランガージュによって分割されている主体であり、地上で生きる話す存在である。精神分析家も、歴史家と同じように、女性は自分から話さないと言う。はじめに話すのは、象徴的次元の普遍を言い出す男性であり、女性は、それに応じて男性の普遍を否定する。それによって、女性には普遍はなく、その全体を示すような女性というもの（la femme）はないと告げる。

ラカンは、『アンコール』の８回目の講義を「女性は、真理です」と言って終えた。それはニーチェやデリダを思い起こせば、必ずしも珍しい言葉ではないが、翌年の『テレヴィジオン』では、視聴者の意表をつくように、「私は、つねに真理を言う」と言ってはじめた。ただし、「すべてではありません。ひとには、真理をすべて言うことはできません」と続けている。女性については、真理と同じように、すべて（の女性）と言うことはできない。ちょうど、それはひとと真理の関係である。男性はみずからを例外者にして、つまり無意識に、すべてを言うことのできる全体的な真理があると言い出すが、それはできない。精神分析の経験では、だれでもつねに真理を口にし、その言葉で、自分を主体として他人に知らせている。しかし、それはすべてではなく、必ず部分的な真理である。真理は、いつも半ば—言うこと（mi-dire）しかできないし、また、それが精神分析における真理の定義でもある。

　女性の側の「すべてではない（$\overline{\forall x}$）」は、何かを定義し、それを法として告げる全称肯定命題と、これを支えている特称否定命題は、その判断にかなう現実存在がつねに実在するとは限らないと言っている。これは、ラカンがシニフィアンとシニフィエを切り離し、西欧の伝統的な記号概念を根本的に覆そうとしたことに見合っている。彼は、「レトゥルディ」のなかで、シニフィアンはシニフィエといかなる関係もないと断言するまでになるが、これは言いかえると、言葉と大他者の欠如のあいだには、いかなる必然的な関係もないということである。シニフィアンの宝庫としての大他者は、同時に主体の欲望の原因としての欠如を抱えている。主体の欲望の対象は、大他者そのものと同じように、シニフィアンのそとにある。しかし、それがあらかじめ実在して、シニフィエとして表象されるわけではない。シニフィエは、あくまでもシニフィアンの効果として生みだされるのである。

　ところが、男性は、法と定義によってシニフィアンが現実的なものに重なると言う。双方の言い分のあいだには溝があり、そこに分析治療のなかで、分析主体のディスクールにおける性的同一性を築くときの難しさがある。話すひとは、完全に男性であることも女性であることもできない。だ

第三章　　四つのマテーム　D.性別化の論理式　　167

れの話にも双方の部分はあるが、面接において、最初にものを言うのは分析主体で、これは男性の側にいることである。分析家は、それを黙って聞く女性の側にいる。しかし、分析家がやがて口にする解釈は、分析家をずっと女性の側においておかない。分析家は、女性として分析主体の言葉を否定しながらも、男性として、治療経験から生まれるシニフィアンの連鎖（S₁ → S₂）、すなわち知へのつながり（série）を真面目に（sérieux）に追って行かなくてはならない。解釈とともに、理論的な武装を強化することも、分析家の職業的義務である。

そこで、分析主体は、男性の側に立った分析家の解釈を聞いて、受け入れるにせよしないにせよ、みずからがこんどは女性として口を開く。その言葉は、当然、分析家に向かって、その解釈における知の切れ目を告げている。さもなければ、分析主体にとって、分析家はすでに知をもっているはずの主体として、想像的同一化の対象でありつづけ、分析家は、知の欲望によってみずからを例外者とする幻想を追いつづけて、双方が想像的領域のなかに閉じこもることになる。分析現場では、こうして双方の身体的性別にかかわりなく、お互いにみずからの男性と女性の部分に対面する。そして、じっさいの困難は、お互いを補え合えるような関係が、ランガージュの世界では実現できないことから生まれている。

ところで、男性が、ランガージュの世界で「すべて」を言葉として（象徴的に）主張できるのは、去勢の法に支配されない幻想的な原父の後を継ぐ象徴的な父のおかげである。男性は、その父に同一化して、「すべてのxは、去勢されている」という法を書き込む。そのxは、たんに男性だけでなく、西欧語では男性を意味する語（homme、man、Mann）が、同時に「ひと」を意味しているから、すべてのひとを指しているともみられる。男性は、その法を象徴的な父の立場から書いている。それは、特称否定命題（∃ x $\overline{\phi x}$）に支えられており、その命題は、男性がそこから書き始める場所を示している。その結果が、全称肯定命題（∀ x φ x）として示される。しかし、この命題は、女性の「すべてではない」すなわち全称否定命題（$\overline{∀ x}$ φ x）に直面して、現実にはけっして存在できない。そこで、男性は、父に同一化しながら、書くのをやめることはない。そこで書かれ

168

るのが、前述した「父の名」という象徴的な効果として現われる。

　男性の側には、マテームの表（本書164頁）で四つの命題式の下段（左方）に示されているように、その象徴的な効果は、分割された主体（S）として記されている。男性は、まず、ランガージュによって分割された主体である。次に、男性は、想像的な父（原父）の後を継ぐ現実的な父への象徴的な同一化によって、去勢の法を書き込む。それは下段にφ（ファルス）と記され、命題式の∀ x　φ x（全称肯定）に対応している。以上、左側の二つの命題式と下段に記された二つの記号は、男性的な性欲動の活動と結ばれている。ただし、それはひとの心的現象として表現される性欲動であって、心的エネルギーに転換された性欲動である。フロイトは若い頃から、それをラテン語で欲望、情欲を意味する「リビドー（libido）」と呼び、晩年の著作（『精神分析入門（続）』、1933年）では、リビドーはそもそも男性的で、それ以外のリビドーはない、と言った。

　フロイトのリビドーについての考えは、ユングとのいざこざや決別のもとにもなり、その後も分析家たちに疑問を投げかけて、あまり評判が良くなかったと言えそうだ。そこで、少しわき道にそれるかもしれないが、いまの著作から一文を引いて、それをラカンのマテームとつき合わせてみよう。フロイトは、こう書いている、「リビドーには、ただ一種類のものしかありません。その一つのリビドーが女性的性機能に使われたり、男性的性機能に使われたりするのです。われわれはリビドーそれ自体に性別を考えることはできません。能動性と男らしさそのものとを同一視する慣習に従ってリビドーを男性的と呼ぼうとする場合に、われわれはそれが受動的目標を持った諸努力をも代表していることを忘れてはいけません。とにかく『女性的リビドー』というものはあり得ないのです」（前掲書、邦訳、人文書院、493頁）。この一文からは、両性の性欲動から生まれるはずの心的エネルギーの特質が、男性だけに見られると受けとられる。ちなみに、欲望のグラフでは、欲動のマテームは$S◇D$と表記されている。

　ユングのように、リビドーを脱性化して、生きるエネルギーとして単一化し、それが目指す対象にかかわりなく、あるいは対象があってもなくても、生の欲動のエネルギーに還元することはできない。ただし、リビドー

は、あくまで対象にかかわるエネルギーであるとしても、両性の側における対象とのかかわりの違いは、たんに能動性と受動性のそれだけでなく、もっと詳しくみなくてはならない。リビドーが、性欲動の目標に到達するはずの対象を求めるのは、それによって享楽を実現しようとすることだが、ラカンは、それが不可能であるのを薄膜（lamelle）という身体器官の名を借りて説明しようとする。一方フロイトは「性欲論三篇」のなかで、『饗宴』のなかの神話を紹介している。プラトンが、そこでアリストファネスに語らせているところによると、人間には、かつて性の区別がなく、男女一体（アンドロギュノス）で自足し、神々を脅かすほど驕慢だったので、ゼウスは、ゆで卵を髪の毛で切るように半々に割いた。それ以来、人間たちは性別化された自分たちの半身を、いつも夢中で探し求めようになった。

　ラカンは、ゼウスが二分したゆで卵を包んでいた薄膜を、人間の器官になぞらえて、いわば「薄膜の神話」に変えて、それがリビドーであるとしている。彼は、『エクリ』のなかでもそう言っているが、1964年のセミネールでは、次のように分かりやすく説明している、「新生児ならんとしている胎児を包む卵の膜が破れるたびごとに何かがそこから飛び散るとちょっと想像してみてください。薄膜、それは何か特別に薄いもので、アメーバのように移動します。それはどこにでも入っていきます。そしてそれは性的な生物がその性において失ってしまったものと関係がある何ものかです。（しかも）それはアメーバが性的な生物に比べてそうであるように不死のものです。それはどんな分裂においても生き残り、走りまわります。この薄膜、この器官、それは存在しないという特性を持ちながら、それにもかかわらず器官なのですが、それはリビドーです」（『精神分析の四基本概念』、邦訳、岩波書店、263頁）。

　子どもが生まれるときに身を包んでいた器官がリビドーだとしても、むろん生まれると同時に、それは消えてしまい、その後は失われた器官となる。だから、その器官が誕生後の身体のなかにないことは、両性に共通している。男女の違いは、ランガージュの世界で、その失われた器官が、それぞれの性に及ぼす影響とその結果にある。フロイトは、1908年に発表した論文（「幼児期の性理論」）で、子どもが両性の身体的な相違を発見する

170

頃、女子が男子と比べて、自分を劣っていると感じることから発する「ペニス羨望（Penisneid）」について語った。この用語は、その後、「リビドーの男性的な本質」と同じように、あるいはそれ以上に、精神分析家の内外で評判が悪かった。大きな理由は、女性のある面での劣性、社会的な上下関係、そして女性差別が、両性の現実的な身体の相違に基づいているのを理論的に証明しようとしているのではないかと思われたからである。しかし、ここでも、ペニス羨望が女性性の構成要素であるというなら、そのペニスとはいったい何かを問わなくてはならない。

　ペニス羨望は、むろん男性の性器に向けられる。だが、それにはさまざまな形態があって、多様な幻想を生みだす面がある。と同時に、ランガージュの世界で、両性にファルスとして象徴化される必然的な面があるのを見すごすことはできない。ラカンはこの面について、象徴化されたファルスは、むしろその普遍的な去勢の機能によって、男性からは、わが物としてのペニスを取り上げ、欠如ある存在にしてしまうと考える。男性は、ファルスの機能によって失われた対象があるゆえに、それを所有する幻想なくしては 存在できない。一方、女性はランガージュの世界にあっても、ファルスを所有することなく、その普遍的な機能を免れることができる。女性は、ファルスを所有することなく、存在できるのである。

　フロイトは、ペニス羨望を、身体の生物学的な相違から生まれる心的な現象とみていた。ラカンは、それに対して、ペニスが象徴化されてファルスになる面を明確にして、それがたんに身体的な器官であり続けることはできないとみる。なぜなら、それがいつまでも身体器官としてとどまるかぎり、ひとはそれをめぐる幻想から少しも離れることができないから。そこには、想像界と象徴界を峻別したことや、それらと現実界との関係をはっきりさせたという理論的な背景がある。つまり、ペニス羨望には、まず、男性の象徴界における去勢があり、女性は、その去勢を「すべてではない」と否定しながら、そのランガージュの世界における現実存在としては「去勢されていない x はない」として去勢を受け入れるのである。

　ペニス羨望は、ひとの身体器官に関する想像界と象徴界の二領域にまたがる幻想と深くかかわっている。フロイトがそれについて語ったとき、そ

第三章　　四つのマテーム　D.性別化の論理式　　171

れらの領域が現実界とともに主体を構成する三つの領域のうちで、はっきり区別されているわけではなかった。しかし、フロイトの用語は、多方面から非難を浴びたにもかかわらず、今日、それは男女の性的な幻想の違いについて、非常に大きなヒントを与えてくれると言える。女性は、「去勢されている x は、すべてではなない」と書き込んで、すべての女性がファルスの支配に服しているわけではないとしながらも、一方では、ファルスのために失った身体器官をふたたび自分のものにしようとする欲望を捨てたわけではない。ラカンは、その例として、ある日本映画に言及している。それは、阿部定の事件をもとにした作品（「愛のコリーダ」）で、主人公の女性は、性的享楽を全うしようとして、愛人の首を絞めているあいだに、挿入されたペニスを切り取り、それを懐にしのばせて数日間街をさまよう。自分の身体内を動き回るペニスをずっとわが物にすることで、その享楽を実現させようとしたのである。これは、女性の性的幻想の極北を示している。女性は、想像的な領域において、現実的な身体器官をめぐる幻想からすっかり身を引いたわけではないのである。

　さて、164 頁の表の右方に記されている女性の側の「すべてではない（$\overline{\forall x}$ φ x）」では、命題が全体として肯定と否定に分かれていて、通常は部分否定の表現と言われる。それが伝えているのは、女性には去勢をめぐって、それに先立つ状態があり、これが去勢の法の普遍性を部分的に否定しているということである。その状態で、女性はやがて象徴的な父に出会い、父が告げる普遍的な法を「去勢されていない x はいない（$\exists x$　$\overline{φ x}$）」として、ランガージュの世界でそれを受け入れるのである。女性には、語る存在でありながらも、法に先立つ状態があって、それがランガージュの世界では部分否定のもとになる。つまり去勢を受け入れる以前にありながら、同時にそれを受け入れざるを得ないような矛盾を生んでいる、そのもとにある状態については、どう考えたらよいだろうか。これについては、やはり、ラカンが性別化のマテームより 15 年前に提出した、以下の「父の隠喩」に戻らなくてはならない。

「父の隠喩」の式

$$\frac{父の名}{母（へ）の欲望} \cdot \frac{母の欲望}{主体（へ）のシニフィエ} \longrightarrow 父の名\left(\frac{A}{ファルス}\right)$$

（邦訳、『エクリ』Ⅱ、弘文堂、322頁）

　上の式で、「母の欲望（Désir de la Mère）」は、母のもつ欲望であるとともに、母に対する欲望である。前者は、ひとが同一化する母であり、後者は、いわば対象としての母である。女性の去勢に先立つ状態は、その両者を含んでいて、自分がその母自身であるとともに、母は自分の欲望の対象である。その状態では、正確には対象ではなく、母は、前にふれた「もの（Das Ding, La Chose）」である。「もの」は、母として、女性が去勢の法に出会う前に現実的なものとして現われる。そして、女性は、やがて象徴化されるペニスを、ファルスとして持つことなしに、母としていることができる。ここで、女性は、男性とまったく違う場所にいる。男性は、ファルスを持たずにはいられない。彼は、それを持つか、持たないかであり、もし持たなければ、ファルスが象徴として外在化されたまま、身体器官のペニスを具えた者として、男性でいることはできない。

　そこで、男性はファルスの働きに服すること、それが彼にできることのすべてである。すなわち、彼にとっては「すべての x は去勢されている（$\forall x \quad \phi x$）」、この命題を、語る存在として、パロールをもって書き込むことができるだけである。そして、男性でありつづけるためには、去勢されていない例外者としての原父にみずから同一化した命題（$\exists x \quad \overline{\phi x}$）を、幻想として抱きつづけなくてはならないのである。それに対して、女性は、男性と同じように語る存在としてファルスの働きに服していながら、例外者に同一化した幻想を抱く必要がなく、去勢に先立つ母に対する欲望を持ちつづけることができる。女性にとっては、象徴界にありながらも、去勢されているかいないかは、例外者を除いた全体としての問題ではなく、偶然の事象にすぎない。去勢されていながら、例外者として普遍的な命題

第三章　四つのマテーム　D.性別化の論理式　　173

を書きつづけるのを昇華と呼ぶなら、男性であるためには、必然的にそこへ向かわざるをえないが、女性は、語る存在としてありつつ、去勢に先立つ「もの」の母として、そのまま昇華のなかにいるのである。

「父の隠喩」の式で、「主体へのシニフィエ（signifié au sujet）」とは、主体にとってのシニフィエでもあり、主体におけるシニフィエでもある。それは言葉に出会う以前の、あるいは言葉の使用のそとにある、ひとの心的な内実である。そこに母の欲望が現われて、象徴化の兆しをうる。次に、それがシニフィエとなり、そこに父の名という、欲望に名を与え、さらにその名を法に高める象徴的なシニフィアンが現われて、主体をランガージュの世界に導き入れる。その名は、基本的には「欲望するために、去勢を受け入れよ」という命令を告げているが、ランガージュの世界におけるその用法は、非常に幅が広い。大他者としての母の欲望を象徴界につなぐ純粋シニフィアンが、多くの主・シニフィアンとなって連鎖を生みだしたように、隠喩的な転義の結果として現われる父の名も、言葉がおかれた文化の環境によってさまざまな姿をとる。それは例えば神話、宗教、慣習、集団的伝統のなかに、去勢と欲望の法として書き込まれる。

上の式の右方は、以上の成り行きをより一般化して記している。大他者（A）は、ひとのそとにあり、つまるところ言葉の領域として、ひとが語る主体として生きるコードを提供しているが、そこではシニフィアンのつながりが連鎖となってつづいている。ファルスには、その連鎖をつながりとして実現させる働きがある。それによって、シニフィアンの貯蔵庫としての大他者からどんなシニフィアンが選び出されても、それは父の名と結ばれている。それが父の名の隠喩の通常の道筋である。というのも、ラカンは、精神病の問題を論じながらこの式を提出しているのだが、そこでは父の隠喩は、式のとおりに運ばない。精神病では、ここでは詳しく紹介しないが、隠喩のなかに生まれるはずの父の名のシニフィアンはぬけ落ちて、そのことをフロイトの有名な症例（「狼男」）をもとに、父の名の排除（forclusion）と呼んでいる。すなわち、父の名の父は、神話の幻想的な父ではなく、シニフィアンとしての父で、そのシニフィエは去勢であるが、父の隠喩からは、つねに同じような象徴的去勢の効果が生まれるとは限ら

ないとされている。

　最後に、以上のような「父の隠喩」を参照しながら、性別化の式の下段にある記号にもういちど目をやると、男性の側には、前にふれたように、象徴界のファルス（φ）と、それを根拠とするランガージュによって分割された主体（S）があり、女性の側には、大他者の欠如を示すシニフィアン（S（A））と、女性を一括して表わせるような言語記号は存在しないことを示す、斜線を引かれた女性形の定冠詞（La）、それに女性が内包する対象aがある。矢印は関係の方向を示しているが、分割された主体としての男性は、女性にその欲望の対象を見いだしている。男性は、それによってランガージュとの切れ目をつなごうとしており、女性は、もっぱら感覚的に現前する「もの」の末裔として、男性の幻想に登場する対象となっている。一方、女性は一人ひとりとして、ファルスのそとにいるが、語る存在としては、男性を去勢し、シニフィアンをつなぐ原動力として働いているファルスに向かう。一方で、すべてではない女性は、大他者の欠如に裸のシニフィアンとして向かおうとする。女性には、そのようにして享楽を実現しようとする面もあり、それは男性の享楽がシニフィアンと対象aに釘づけされているのとは異なり、二つの方向に向かうのである。

第三章　　四つのマテーム　D.性別化の論理式　　175

第四章　文字のステイタス

A. シニフィアンと文字

　「文字」の原語、la lettre には、文字と手紙の意味がある。前者は、文字の総称として多数の文字でも、一つの文字でもありうるが、後者の手紙は、ふつう一文字ではなく、文字を連ねて書かれる。La lettre の意味は、そこで、一つの文字であるとともに、多数の文字でもある。このことは、文字とシニフィアンの関係を考えようとするとき、ちょっとした手がかりになる。

　ラカンのディスクール論では、S_1 と S_2 のシニフィアンは、S_1 が多数のシニフィアンのなかから選ばれた単独の主・シニフィアンであり、S_2 がそのあと知を形成し、どこまでも続く複数のシニフィアンである。ただし、シニフィアンは、どれも単独であることはできず、シニフィアン連鎖として系をなさなくてはならない。文字も、むろん、手紙のようにつないで書かれることがあり、それがふつうだろう。しかし、一文字で書かれることもありうるだろうが、それでも文字としての性質は失われない。そのように、つながるか単独であるかによって、シニフィアンと文字の性質は分かれる。シニフィアンのつながりは、あるシニフィアンが他のシニフィアンと代わることで、そこから意味作用が生まれ、それによって意味に向かおうとする。文字も、シニフィアンを材料としてつながり、ふつうはそれを読むことから意味作用が生まれる。しかし、シニフィアンは系を本質として、そこに意識的であれ無意識的であれ、必然的に何らかの意味作用がともなうのに対して、文字は単独で、そのまま意味のそとにあることもできる。シニフィアンには、必ず何らかの意味の効果がともなう。それは、シニフィアンがランガージュの世界に属するからである。一方、文字は意味のそとにあって、読まれるのを待っている。ランガージュの世界にあるとは、象徴界の領域にあることを意味している。意味のそとには、その領域から排除された現実界がある。文字は、象徴界に編入されるとともに、現実界にとどまることもできる。

ラカンは、『アンコール』のなかで、「文字とは、書かれるものである」（第四講）、「文字とは、根本的に、ディスクールの効果である」（第三講）と述べている。この二つの定言に、「文字とは、読まれるものである」という定言を加えると、彼の理論における文字の基本的な定義となるだろう。それが書かれ、読まれるのは当然のようだが、ディスクールの効果（effet）としたところに特徴がある。さらに、彼は、文字をディスクールの残りもの、くず、残滓とまで言っている。つまり、ディスクール論の主役は、あくまでもシニフィアンであって、文字は、そのつながりから生まれた結果であり、それが残したものである。しかし、ラカンは晩年に近づくにつれ、ますます、そのような文字に関心を向けることになる。

　文字は、書かれる（s'écrire）ことによってエクリチュール（écriture）になるが、シニフィアンは、言葉の材料であり、言葉によって話され（se dire）、パロール（palore）となる。シニフィアンは、いわば、ランガージュの世界でパロールを現実化するのである。このパロールは、ランガージュのもとで意味作用の効果を生みつづけながら、つぎつぎに象徴的な領域にすくい取られるだろうが、それ自体としては、特定の意味を伝えているわけではない。現実的には、たんなる声である。それゆえ、パロールを実現するシニフィアンにも、たんに象徴的ではなく、現実的な面があり、文字とシニフィアンの関係には、両者をはっきりと区別しにくい微妙に交錯した面が生まれるのである。それについても、よく紹介される「盗まれた手紙のセミネール」が、また良い例になる。

　ポーの小説で、手紙は、警察の徹底した科学的捜索にもかかわらず見つからない。それは文字（la lettre）であり、物質としてあるはずであるが、それが姿を消しているとき、人びとのあいだに大きな影響力をふるう。しかも、そのなかのある人が、自分がその所有者であると思ったとき、その人のふるまいは目立って特徴的になる。はじめは、手紙の名宛人である王妃であり、次に活動的な大臣であるが、二人とも自分がそれを所有していると思ったとき、凍りついたように動けなくなる。そのような手紙の物質性は、ちょうど、ラカンがシニフィアンの特徴と呼んだ、奇妙な物質性（matériel étrange）である。手紙（文字）は、物質としてあるとも、ない

とも言えない。いずれにせよ、その内容は不明で、それがないときに人びとの行動を支配する。だが、それこそシニフィアンの奇妙な物質性であり、無意識を育てる胎盤である。たしかに実在するはずなのに、物質として見つけようとしても見つからない。それは、あの手紙の性質であるとともに、シニフィアンの特徴的な一面でもある。それゆえ、文字はあの手紙のように、いちどシニフィアンとして人びとのあいだを駆け巡りながら、やがてディスクールの残滓としての物質性をもつと考えられる。そのさい、物質としての文字は、裸のままで、そこには何も隠されていない。ただ、そこにあって読まれるのを待っているのである。

　ここで、フロイトが読んだ文字の例を思い起こしてみたい。それは、有名な症例「狼男」のなかのⅤとWの単独の文字であるが、それらは症例報告のなかで中心的な役割を与えられている。いま、Ⅴについてみると、それは患者が子どもの頃に両親の性交場面を目撃したとき、柱時計の針が指していた時刻の文字とされている。彼は、こう書いている、「まだ結婚してまもない若夫婦が、暑い夏の一日、午睡中に優しい性的交渉をし、傍らの子ども、ベッドで眠っている一歳半の坊やがいることなど眼中におかなかったということは、何も決して異常なことではないし、特別放縦な空想の所産であるという印象を与えるものでもない。むしろ私の思うところでは、それは実にありきたりなことである。そして、私が推定した性交時の体位についても、この判断を全く変える必要は認められない」（フロイト著作集、9、人文書院、376頁）。フロイトは、子どもがはじめて両親の性交を目撃したり、何らかの手掛かりによって推測したり、想像したりする場面を、非常に早くから「原光景」と呼んでいた。「狼男」の症例は、5にあたる柱時計のローマ数字Ⅴから、5時がこの患者にとって原光景のときであると推定している。患者は、その後何年か、5時になると発熱や抑うつの発作を起こしたり、蝶が羽を広げてⅤの形を作るのを怖がったりしていた。また、その文字は、女性が両足を広げているようだとも語ったという。

　「狼男」として知られるロシア人Ｓ・Ｐ・パンケイエフは、1887年に裕福な貴族の息子として生まれ、1979年に92歳で没した。1910年から4年間フロイトの分析を受け、その後、弟子たちのいく人かに分析治療を受け

ている。彼は、フロイトのもとを去って約60年後の1972年に、オーストリアのある女性ジャーナリストのインタビューに応じ、死の直前まで対話を続けていた。彼女は1980年に、『ウォルフマンとの対話』と題して、その記録を出版したが、そのなかで、「狼男」は自分の夢と、自分が目撃したとされる両親の性交場面について語っている。文字と、その読みについて、そこに興味ある点が伺われるので、一部をかいつまんで引用してみよう。彼は言う、「フロイトは、すべてを夢から導き出した原光景に起因させています。でも、夢の中では原光景は現われていません」。女性が、「それはフロイトが夢から導き出した、あなたが両親の性交を三度ほど目撃したという解釈のことですね」と聞くと、「全体的にありえそうもないことなんです。というのはロシアでは子どもたちは部屋で子守りのそばに寝ていたのであって、寝室の両親のそばで寝ていたわけではなかったのです。一度くらいは例外があったかもしれませんが、そんなことが分かるでしょうか？それに、そんなことは一度も思い出せないのです。……私にはフロイトが言ったことをすべて信じることはできません。原光景の記憶はやがて甦ってくるだろうとずっと考えていましたが、決して思い出したことはないのです」（K・オプホルツァー『W氏との対話』、邦訳、みすず書房、37頁）。

　上の意見に対して、女性が「思い出したくないという抵抗が、これまで強すぎたからだとも言えそうですが」と言うと、彼は「ええ、まあ、それもありうることですが、証拠がありません」と言い返す。患者が分析家の言うことを認めないと、分析家が、それは患者の抵抗のせいだと言う。分析がそこから先に進めないのは、分析治療についてよく話題にされる。「狼男」は、そういう水掛け論を避けるために、「証拠」を要求する。それも珍しいことではないが、彼が精神分析について「批判的に見なくてはならない」ところを聞いてみよう、「論理学では、結果から原因を推論するのではなくて、反対に原因から結果を推測するのです。ａがあるところにｂもあったのならば、再びａが現われた時にはｂも見つかるに違いありません。これを逆にして、結果から原因を推論すると、裁判の際の間接的証拠になってしまいます。でも、これこそが大きな弱点だと思いませんか？

彼が私が見たと主張しても、それが本当のことだと、彼の空想ではないと、誰が保証するでしょうか？　——これが一点、理論から始めるのが一番です。それから二点目ですが、無意識の中にあるものをいくらか意識化したところで、何の役にも立ちません」（同上書、同頁）。

　彼の言う「原因」とは原光景であり、「結果」は、それについてあとで行なう意味づけである。ところが、彼はその意味づけに失敗しており、それゆえに精神分析に対して批判的にならざるをえないと言う。一方、フロイトにおける原光景は、事後の意味づけにも縛られない。つまり、あとになってその意味づけをしようとしまいと、それはすでに事実としてあったのだ。そこで、「狼男」は、その「証拠」を要求するのである。しかし、それを探しても無駄であろう。原光景は、それが過去の事実であったとしても、現在にあるのは、その表象に対する心的な意味づけであるから。だが、フロイトにとって、それは過去の表象というより、一つの観念である。さらに、それは精神分析の理論的な全体装置を構成する部分の名称というより、動かしがたい固定観念である。原因は、つねに事実となったその観念であり、結果は、「狼男」ではＶの文字である。つまり、原光景は、Ｖの字のシニフィエであり、このシニフィエは、さらに両親の性交場面というシニフィエをもっている。フロイトにとって、Ｖの字を読むためには、「狼男」がその場面を目撃していなくてはならなかった。あるいは、彼が原光景を目にしたがゆえに、フロイトは、その文字を読むことができたのである。けれども、文字を読むとはそういうことだろうか。

　分析者が文字を読もうとするときは、いつもはじめはその意味が分からない。分析者は、あらかじめその意味を探るための前提になるような、一定の観念に縛られてはいない。しかし、ある分析者の抱いている観念が一定の内容をもっていて、彼がその内容を現実的なものだと思い込んでいる場合は事情が異なる。だが、その内容すなわちシニフィエをさらに探っていくと、やがてそのシニフィアンは、内容のない、シニフィエなきシニフィアンであるのが分かるはずである。すなわち、想像界をもとにした強固な観念は、そこにいくら新しい内容を詰め込もうとしても、結局は、あるシニフィアンを材料にした同じ言葉のくり返しになる。「狼男」が、「す

べての原因になる」と言ったフロイトの「原光景」は、そういうシニフィアンだろう。それは、S₁としての主・シニフィアンで、フロイトは、それを「狼男」の夢に登場するＶの字につなげようとしたのである。だから、その現実らしさをどれほど説いても、「狼男」には、ただ「原光景」という、内容のない一語の言葉が耳に残ったのだろう。

　Ｓ・Ｐ・パンケイエフの60年後の回想によるかぎり、フロイトが彼とともに実践したディスクールは、主人のディスクールであって、分析者のディスクールではない。分析者にとって、子どもが見たり、想像したりした両親の性交場面は、いわば、どうでもよいのである。それには、シニフィエとしての普遍性はない。そもそも、シニフィエには、個別的であると同時に普遍的であるような一定の内容はない。精神分析の理論は、ある状況を記号化され、用語になった各要素の内容からではなく、それを全体の構造における各要素の関係から考えるときに役立てられる。そのためには、用語の内容を最終的に決めようとするのではなく、ある状況の全体をなす構造のなかの各要素の関係に目をやらなくてはならない。そこで、もういちど「盗まれた手紙」に戻ってみよう。

　文字は、ディスクールの効果として、その残滓になるといっても、それがまったく意味のない現実的なものになってしまえば、文字ではなくなる。物語のなかでも、手紙（文字）は、最後までディスクールの残滓になりきってはいない。反対に、それは現実に存在しながら、人びとを支配し続けている。そして、人びとが手紙を現実に存在するものとして探し続けているあいだ、それはシニフィアンとして人びとのなかを巡回している。しかも、そのとき、だれも手紙の内容を知らない。言いかえると、その手紙には実質がない。しかし、人びとがそれがあると思っているあいだ、つまりそれはないがゆえに、人びとに影響力をふるう。手紙は、ディスクールのなかで、その象徴的な場所が定まらないので、人びとはそれを探して位置を確定しようとするが、警察の綿密な捜査では見つけることができないのである。

　「狼男」では、そこに登場するＶの字は、英、仏、独の各語で、アルファベット表の22番目の文字として、また、ローマ数字では5を表わす

第四章　　文字のステイタス　Ａ.シニフィアンと文字　　181

文字として、その象徴的な位置は決定されている。しかし、それが広げられた蝶の羽や、開かれた女性の両足という意味になると、それらは象徴的な位置のそとにある。Ｖの字は、象徴界にありながらも、ある面では、そこに所属していない。それがフロイトに読まれるべきものとしてあったのは、象徴界から追放された現実界と、想像界とが交わった領域である。そして、彼は、それを語られた夢と原光景の時刻につなごうとした。つまり、その文字はシニフィアンとして、両親の性交場面をシニフィエとしている。しかし、文字は、一般に理論を構成する各要素の構造的な関係から位置づけされ、それがディスクールの残滓となるまでのあいだ、具体的な状況の全体のなかで活動すると考えられる。象徴界にありながら、そのそとにある文字は、結局、読まれることによってディスクールの残滓となる。しかし、分析者によって、それがついぞ読みとおされたことはない。そこには、文字が読まれる前に、それは書かれるという事情がある。

　「文字とは、書かれるものである」、ラカンのこの定義は、文字と享楽のつながりを前提にしている。彼は、『アンコール』のなかで「書かれるとは、結局、享楽の条件である」（第10講）と言っている。それは、皮肉な言い方であるが、文字を書くことによって、享楽は必ず失敗する、また、それでも文字は、享楽を挫折させるために書かれる、ということである。挫折の背後には、大他者がいる。文字を書くことと享楽の失敗は、また、大他者を背景にしている。というのも、ラカンによると、大他者の大他者は存在しない。主体を前にした大他者の欠如（$S(A)$）は、それを埋め合わせてくれる第三者がいない。主体の享楽が実現するなら、それは文字が書かれることによる他はない。しかし、それは実現しない。それは不可能である。そして、不可能なことは、けっして書かれることはない。にもかかわらず、書かれることが止むことはない。ランガージュの世界に生きる主体にとって、文字を書くことは（体系的な文字のない、いわゆる無文字社会にあっても）必然的である。

　文字を書くことは、こうして、享楽の挫折をもたらし、その結果、文字はディスクールの残滓として、象徴界に編入され、それがふたたび読み返されて、その反復はいつまでも続く。そこには、背後にある大他者ととも

に、対象 a とファルスが関与している。対象 a は、欲望の原因であり、シニフィアンは、享楽の原因であって、ファルスは、シニフィアンをつなぐ特殊な働きのあるシニフィアンだからである。享楽とは、シニフィアンによって大他者の欠如を埋めようとすることであるが、シニフィアンは、同時に、そのことによって享楽を終わらせる。対象 a は、欲望の原因であって、ラカンの理論では、〈もの〉を欲望の対象と言い切るのは難しいだろう。欲望は、パロールの余白として、そこにないシニフィアンにかかわっているが、〈もの〉は、シニフィアン連鎖のそとにあり、そこに加わらないからである。それは、あらゆる表象のかなたに、現実的なものとして現われるはずで、欲望がそれを対象として、それと一体化するためには、欲望は象徴界のそとに出なくてはならず、そうなると、欲望は、もはや欲望とは言えなくなるからである。

　欲望が、〈もの〉との一体化を実現するためにシニフィアン連鎖のそとに出ることは、ひとが欲望する主体として生きているかぎり、禁止されている。そのさい、〈もの〉は、原初の母としての大他者であり、ひとにはすでに失われており、その欠如を埋めることは不可能である。この不可能は、享楽という用語によって示されているが、じつは言葉がそこに届かないので、文字によって書かれることもない。〈もの〉としての原初の母との関係において禁止されているのは、いつもの用語では近親相姦である。そこで、〈もの〉をあえて対象と呼ぶならば、それは近親相姦の禁止されている対象である。だが、そのような対象は存在しない。その結果が、去勢という用語で示されている。フロイトにおいても、ラカンにおいても、去勢は、ファルスにかかわる。しかし、そのファルスは、身体器官としての現実的な対象ではなく、想像的な対象である。ラカンは、さらに、それを想像的な対象から、去勢をめぐる論理的操作のための関数記号にした。

　文字は、前述した性別化の論理式において、「書かれることをやめない（ne cesse pas de s'écrire）」か、「やめる（cesse de s'écrire）」かであり、これは『アンコール』のなかでたびたび言及されている。文字は、ひとが去勢されていない原父という例外者に同一化しているかぎり、書かれるのをやめない。それは、文字が現実に書かれ続けるための必然性である。も

し、ひとがすべて去勢されるならば、例外者として文字を書くひとはいなくなるのだから、文字は、書かれることをやめる。しかし、それはたんなる可能性であって、現実には不可能性に通じる。このような論理式は、たんに命題の真偽の条件を問う論理学ではなく、それに可能、不可能、必然、偶然、などの様相概念を加えた論理学によって支えられている。男女の存在と法についての判断は、それらの様相に応じて命題化されているのである。ひとが去勢されていない例外者と同一化して文字を書きつづけ、享楽を実現しようとする必然性と、すべてのひとが去勢されて、文字が書かれなくなる可能（性）とは、男性の側の様相である。

　女性の側の様相は、すでに述べたところからも、それと対立する。女性にとっては、すべてのひとが去勢されているわけではない。ラカンは、「私が偶然と呼んだものは、書かれないことをやめる (cesser de ne pas s'écrire) ことである」と述べている。つまり、女性にとって、去勢されているかいないかは偶然ということである。また、「不可能とは、書かれないことをやめないことである（ne cesse pas de ne pas s'écrire）」と述べているが、これは女性にとって、去勢されていないのをやめないこと、つまり、ずっと去勢されないままでいることであり、それは不可能の様相をとっている。こうしてみると、両性ともに、存在と法における矛盾した判断が表現されている。男性は、存在判断において、自分は去勢されていないとし（必然）、法の述語判断においては、すべてのひとは去勢されている（可能）としている。女性は、存在判断において、去勢されていないひとはいない（不可能）とし、法の述語判断においては、去勢されているのは、すべてのひとではない（偶然）としている。しかし、近づいてみると、男性の存在判断（必然）と女性の述語判断（偶然）、また男性の述語判断（可能）と女性の存在判断（不可能）は、結局同じことを言い、通じ合っているようだが、ディスクールでは、両性の判断の種類と、それによるものの言い方の違いが決定的な問題になるのである。

　以上が、文字の書かれる、書かれない、書かれるのをやめる、やめないと、性別化の論理式における様相概念との関係であるが、それを図表にすると、だいたい以下のようになる。

184

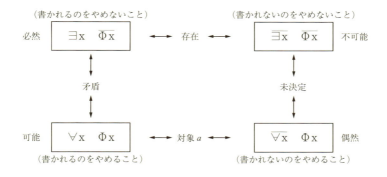

「盗まれた手紙」では、手紙（文字）が読まれることなくシニフィアンとして巡回しているあいだ、それはあたかも実在する欲望の対象であるかのように、人びとを支配していた。しかし、それは欲望の対象ではなく、対象 a としての欲望の原因にすぎない。もし、欲望の対象がありうるなら、それは〈もの〉であろうが、〈もの〉はシニフィアン連鎖のそとにあって、それを手に入れることは禁止されている。対象 a は、せいぜい〈もの〉の影であり、その見かけとして現われるに過ぎない。けれども、人びとはそれを手に入れようとして立ち回る。そのなかに、手紙を自分のものとしているひとが、いつも一人いた。はじめは王妃で、次に大臣、さいごはデュパンである。ラカンは、とくに大臣が手紙を所有していたあいだの、彼の態度の目立った変化について、やがて女性化（féminisation）と呼ぶことになる。セミネールでは、デュパンが大臣官邸の事務室を訪ねたときの態度を「男性的特徴一色にぬりつぶされている人物が、デュパンの前に姿をあらわしたとき、まことに奇異な*女性の香り*（l'*odor di femina*）を発散します」と言っている。

大臣は、さも手持ちぶさたで、退屈そうにしていたが、デュパンは、そこからいまにも飛びかかろうとする猛獣の身構えを感じとり、手紙がそこにあるのを確信した。しかし、王宮の一室で、大臣のなすまま身動きもできなかった王妃と同じように、どうして大臣の態度が変わったのか。デュパンは、手紙をその報酬と引き換えに、まもなく警視総監に渡したので、態度の急変を免れたかもしれない。そして、手紙はまもなくシニフィアン

としての役目を終えて、たんなる廃棄物になったかもしれない。しかし、どうしてそんな態度の急変を女性化と呼ぶのか。それには、女性と対象aの関係に目を向けなくてはならない。ラカンは、こう言っている、「盗まれた手紙も、女性の大きな身体と同じように、デュパンがそこに足を踏み入れたとき、大臣の事務室のなかいっぱいに身を横たえていたのです。しかし、すでにそのようなものとしてある以上、彼はそこでそれを発見することは予想していましたから、あとは緑の色眼鏡に保護された視線によって、この大きな身体の着物を脱がせればよかったのです」（邦訳、『エクリ』Ⅰ、40頁）。

そこに身を横たえていた女性の大きな身体が、男性のデュパンにとって対象aであったのはすぐに分かる。男性にとって、女性の身体は対象aを内包している。しかし、それはこの世の対象ではない。それは、せいぜい〈もの〉の見かけであり、着物を脱がせたところで、そこには何もない。ところが、大臣は、それを実在物としてわがものにしていると思っている。彼の態度は、ないものの所有者としてのそれである。むろん、その態度は両性に共通してみられる。対象aには、シニフィアン連鎖による意味作用のとどかない一面がある。しかし、手紙もやがて象徴化されて、意味作用のかなたに向かおうとするシニフィアンの役目を終えるだろう。手紙の所有者が不動のまま立ちつくしてしまうのは、それが象徴化される前に、それと同一化しているからである。いわば、それは象徴化されるのを待っていて、所有者は、それまで身動きできないのである。

その態度は、性別化の論理式で、書かれないことをやめない（$\overline{\exists x \quad \overline{\Phi x}}$）状態に対応しており、女性の側の不可能の様相である。つまり、女性もまた去勢されなくてはならず、文字は書かれなくてはならない。女性は、その身体に内包されている男性にとっての対象aの中味を知らない。対象aは、異性にとっての〈もの〉の見かけである。しかし、男性にとって、それは欲望の原因として、それについての無知は、文字が書かれることをやめない（$\exists x \overline{\Phi x}$）ための前提となっている。

B. 文字と現実界

　ラカンは、晩年のある講義で、「私は、主体を規定する三領域を象徴界、想像界、現実界に分けた。それは、私の症状である」と語っている。文字が象徴的なものであり、想像界とかかわりがあるのは明白だが、それが現実界と密接であるとはどういうことか。現実界は、ひとが話す存在となって生きるようになると、けっして出会うことのない、あるいは出会うことのできない領域となり、想像界によって、それが象徴界を支えているのを感じとれるだけである。それは文字が書かれることからすると、書かれないことをやめない領域である。どうして、それが文字と密接なのか。

　象徴界は、書かれることをやめない、絶えず書かれなくてはならない領域である。現実界を追い出し続けるために、そうしなくてはならないのである。そこで、最初に書かれたのは、何だろう、となると当然、それは現実的なものであったとなろう。しかし、それ以来現実的なものは、ひとの現実から追い出された。だが、消えたわけではない。それは書かれないことをやめないことによって、書かれることをやめない象徴界の土台になっている。また、それは象徴界を支えているだけでなく、想像界とはいっそう身近に、ありありと結ばれている。というのも、それは感覚をとおして、ひとの身に迫るからであり、ひとは感覚によって、その実在性を受け入れるからである。

　こうして、文字は、ディスクールのなかで象徴界からこぼれ落ちた残滓とされるようになった。ラカンが、本文（「リチュラテール」）のなかで、「文字は、どう検証しても第一義的なものではない」と言ったのは、それが象徴界と現実界の境界にあって、「沿岸地帯」を形成するからであった。シニフィアンは、象徴界の素材として、はじめから意識と無意識の形成に関与しているが、最初に書かれた文字は、それによって現実界が掻き消されたことの記念になる。その後、文字は想像界と結ばれ、象徴界に編入され、無意識を形成する材料ともなったのである。

　文字は、以前にあった何かを削り取ったことの跡である。この残りもの

第四章　文字のステイタス　B. 文字と現実界　　187

としての文字について、白い砂のうえに刻まれた足跡を思い浮かべてみよう。海辺に続く白い砂は、現実界である。ある日、ロビンソン・クルーソーは、そこにひとの足跡を発見した。それは文字として、無人島であるはずの空間に、時間という異質な次元を導入する。だれかが、それを書いたのである。彼が、その足跡を文字として読んだのは、それまでの経験から身につけた能力によっている。文字は、こうして、たんなる残滓という現実的なものから、いつかだれかがそれを書いたというしぐさを導入する。そこから、時間のない空間的な差異に通時的な差異を導入する時間の観念が生まれ、やがて意味作用が発生する。そして、このしぐさがロビンソン・クルーソーに、それが記号として何かの代わりをしているという思いを生み、その身体に象徴的なものを刻み込むのである。彼は、そういう足跡にこれまでじっさいに出会ったか、あるいは絵のなかでそのようなものを見たかもしれない。文字も、それと同じように、象徴界に据えられるまでに、ひとはその外見とくり返し、いくども出会うのである。

　文字との出会いは、このように、象徴化の不可能な現実的なものとの出会いから、シニフィアン連鎖のなかでその出会いがくり返され、文字は象徴界の網にすくい取られる。そして、その現実的なものの一面が、シニフィアン連鎖のなかにくり返し出現する。こうして、もともと単独でありえた文字が、シニフィアンと同じように他の文字とつながることによって象徴界の仲間入りをすることにもなる。しかし、同時に象徴界では、そのそとにある文字が、シニフィアンの連鎖をとおして、想像界に助けられ、その働きをくり返し見せつけることになる。それは反復強迫と呼ばれ、ラカンは、『エクリ』の冒頭に収録されたセミネールでふれている。つまり、それはセミネールの全体を要約する理論上のキー・ワードである。少し長いが、紹介してみよう。

　「われわれはこれまでの研究によって、反復強迫（*Wiederholungszwang*）は、われわれが以前にシニフィアン連鎖の執拗な自己主張（*l'insistance*）と名づけたもののなかに根拠をおいているのを知りました。この観念そのものは、*l'ex-sistance*（つまり、中心から離れた場所にいること）と相関的な関係にあるものとして明らかにされたわけですが、この場所はまた、フロイ

トの発見を重視しなければならない場合には無意識の主体をここに位置づける必要があります。知られるとおり、象徴界（le symbolique）が影響力を行使するこの場所の機能が、想像界（l' imaginaire）のどのような経路を通って人間という生体のもっとも奥深いところでその力を発揮するようになるか、このことは精神分析によってはじめられた実際経験のなかではじめて理解されるのです」（「『盗まれた手紙』についてのゼミナール」、邦訳『エクリ』Ⅰ、弘文堂、7頁）。

　このあと、ラカンは、いくら象徴界と想像界のかかわりを追究したところで、それは人間の世界の移ろいやすい表面を撫でているだけで、本質的なところには届かないと言っている。彼は、はじめは「鏡像段階」説に見られるとおり想像界に関心を向け、次にランガージュに依拠する象徴界と想像界のかかわりに目を向けた。しかし、それだけではシニフィアンによって代理表象される主体の本質に迫ることはできない。そこには、つねにもう一つの領域である現実界が関与している。セミネールのなかで、文字（手紙）は、その現実界の実在を知らせる物質的な証拠として提出されているのである。

　ロビンソン・クルーソーが砂の上に発見した足跡について、それが現実的な文字からシニフィアンによって象徴界に加えられるまでの過程をもう一度ふり返ってみよう。だれかがその足跡をつけたことは、それを文字として書き込んだふるまい（acte）である。そのふるまいの跡をめぐって、クルーソーには次々と反応が起こる。はじめに、それは記号化される。つまり、それを見て、ただちにそれは何かの代わりでないか、そして、それはだれが、どういう理由で、何のために印した記号なのかという想念が浮かぶ。同時に、彼はそれに対して音声的に反応する。はじめは、「あっ」という驚きの声だったかもしれない。しかし、それは不意を突かれたときのいつもの声で、とくに足跡に対する反応ではない。つまり、それは示差的な言語の反応ではない。だが、やがてもう一度それを見た現場に戻る。だれがつけたとも知れないその足跡は、明らかに大他者からのものである。クルーソーは、そこで驚きの声を、「歩み」という概念に対応するような「パ（pas）」という示唆的な語に変える。

第四章　文字のステイタス　B. 文字と現実界　　189

「歩み（pas）」という語は、たまたまフランス語で、「〜でない」を表わす否定の副詞でもある。この例は、そこで、足跡が「pas（歩み）」になる過程で起こったことを説明するのに都合がよい。そこでは、まず「pas」というシニフィアンが、辞書が説明するような「歩み」の概念に対応していた。しかし、それだけではなく、そのシニフィアンは、砂の上の足跡を文字に変える。足跡は、そうして文字になり、そのとき最初に足跡を書き込んだしぐさ（jeste）は消去される。この消去は、まさしく最初のしぐさの否定（pas）であり、それによって歩み（pas）が文字になる。

　ところで、だれが最初に足跡を書き込んだにせよ、そのしぐさの意味は分からない。正確には、それは意味という観念のそとで起こったしぐさである。文字は、そのしぐさの無意味を否定することによって、象徴界のなかに受け入れられる。しかし、文字によって否定されたはずの無意味なしぐさが、象徴界のなかにしつこく回帰してくる。象徴界はシニフィアンのつながりによって支えられており、そこには必然的に時間の契機がふくまれているが、無意味なしぐさは、そこへ文字とともにくり返し戻ってくる。それが、現実界を背景にした文字の現実的な一面である。フロイトにおいても、ラカンにおいても、反復強迫の概念は、その最初のしぐさと、それを否定した文字に深くかかわっている。その文字にかかわる無意味なしぐさが、シニフィアン連鎖のなかでしつこい自己主張（l'insistance）をくり返すのである。

　反復強迫は、フロイトによると、過去の何らかの外傷体験に由来する。反復されるのは、きまって不快な体験である。外傷は、ひとの身に起こったある出来事や事件であり、それが心的な面にずっと影響を与え続ける場合を指している。事件が起こったとき、その刺激はあまり強すぎて、ひとはそれにどう対処してよいかわからず、どう理解してよいかも分からなかった。理解するとは、それを象徴化すること、つまり、それを象徴的な組織全体のなかに位置づけ、把握することである。ひとは、それにもかかわらず、その出来事を後々までみずからの象徴的世界のなかに組み入れようとする。それが、フロイトにおける外傷と反復の背景である。彼は1920年に、「快感原則の彼岸」のなかで、反復の現象を快感原則と対置し

た。それまでの彼の理論によれば、ひとの心の動きは、どれほど無意識的で、表面的には逆説的であろうと、つねに満足を目指して、快感原則に支配されていた。ところが、反復では、論文中のよく知られた「子どもの糸巻き遊び」の例や、患者が報告する数多くの例から明らかなように、どうして耐えきれない事件の苦しさがくり返し体験されるのか。彼は、この難問を解くために、それまでの快感原則とは別の次元で働いている「死の欲動」の仮説を提出した。

ラカンは、フロイトの考えを受け継いでいると見てよいが、さらに象徴界と現実界とを峻別して、ひとと耐えがたいものとの出会いを明らかにしようとする。一方には、シニフィアンの系として形成されるもの、すなわち象徴化とともに維持されるものがあり、他方には、象徴化されずに、系のそとにあり続けるものがある。そして、両者のただ一度の出会いが、フロイトの外傷として体験され、それが苦痛の感情とともに、その後もくり返される。また、死の欲動とは、たんにひとを生命の死へと向ける欲動ではなく、二つの領域の出会いにおいて、耐えがたい苦痛にもかかわらず、ひとを象徴化のそとにある現実界に近づけようとする欲動である。ラカンによれば、反復はシニフィアン連鎖における中心的な運動であり、いわば現実的なものが象徴界に回帰する様態であって、その主役がシニフィアンである。また、彼の理論の新しさは、反復をディスクールのなかに据えたことであり、ディスクールにおけるシニフィアンの動きによって、それが実現するとしたことである。そこから、意味と意味作用、知と真理、文字と無意識などの問題が提起される。

ディスクールにおいて、語る存在としての主体は、最初にパロールをとおして現われる。パロールは、主体のメッセージであり、そこから主体の欲望が探られる訴えであり、また、音声的な言葉による書き込みである。それは、沈黙と言葉のあいだを埋めるしぐさであるが、メッセージとして言葉になる必然性から、主体を去勢によって象徴界に向ける。ディスクールは、広義の言語活動(ランガージュ)のなかにあるのはもちろんだが、パロールは、ディスクールのなかでランガージュとのあいだに亀裂を生む。ディスクールのなかでは、パロールとランガージュを区別しなくてはなら

第四章　文字のステイタス　B.文字と現実界　191

ない。シニフィアンは、パロールをとおして意味作用を生む。象徴界は、その効果としての意味によって支えられているが、パロールには、その意味に掬い取られない訴えが含まれている。それは欲望であり、欲望はパロールの言葉によって書き込まれた欠如である。そして、欲望がパロールにおける欠如として書き込まれるたびに、シニフィアンは、その連鎖のなかで、決まったつながりの反復をくり返すのである。

　フロイトにおいて、反復強迫は、すでに失われた対象を追求するしつつこいくり返しであった。ディスクールにおいて、その対象は、シニフィアン連鎖のなかに探られなくてはならない。すなわち、それは S_1 と S_2 のつながりのなかにあり、主体は、そこに位置づけられる。ラカンは、「『盗まれた手紙』についてのディスクール」のなかで、失われた対象に同一化した欲望する主体を、割り算から出た余り（le reste）と呼んでいる。最初の場面で、「大臣が王妃から手紙を盗んだという事実」と「王妃は現在手紙を所有しているのが大臣で、それが害を与えずにすむはずはないのを知っているという事実」、主体は、この二つの事実の計算から出た余りである。王妃は、手紙の行方を知っていながら、それをどうすることもできない。手紙は、シニフィアン連鎖のなかの失われた対象であり、主体は、そのつながりに余りとして支配されている。そこに、享楽と知の問題が提起されているのである。

　主体が、もしシニフィアンとしての手紙を完全に所有して、意のままに使用できるなら、享楽は実現する。しかし、それを手に入れて、どういう形で手もとにおこうと、完全にそれを所有したことにはならない。享楽を実現するためには、それがあるところでシニフィアン連鎖を止めて、それを我が物にしなくてはならない。しかし、知を形成する S_2 からの連鎖は、限りなく続く。あるシニフィアンによって、そのつながりを止めることはできず、享楽は、どこまで行っても不可能である。そこで、主体はシニフィアン連鎖から生まれる意味作用のどこかで、立ち止まらなくてはならない。そこは意味が生まれるところであり、最初の無意味なしぐさから離れた場所である。主体は、そこで享楽の代わりに、意味を手に入れるのだが、そこはつねに S_2 としての知の場所である。主体は、その場所で、つ

ねに無意味と意味に分割された結果として生まれる。そして、主体を代理表象するシニフィアンは、その連鎖によって、失われた現実的な対象のところへくり返し戻りながら、象徴界を支えている。それが反復強迫の実態であるが、その反復は、失われた対象の追及にいつも失敗する。また、それを象徴化しようとくり返し試みはしても、うまくできることはない。

ラカンの理論では、「知」と「真理」の関係は、昔から問題にされてきた言葉と事物との関係から離れて考察される。ディスクールのマテームでは、知は S₂ として記号化され、真理はディスクールを構成する場所の一つとされていた。知は、象徴界によって現実界を征服しようとする試みと見ることもできるが、それをいくら集めて増やしても、ランガージュにおける主体の分割を縫合できるわけではない。知を積み重ねるのは、真理とは何の関係もない。真理は、ひとがものを言う効果としてのパロールだけに支えられている。ディスクールのなかで、真理は、主体の最初のポジションである「見かけ」を下支えしている。しかし、そこに据えられる四つの要素は、どれも真理にとどくことはない。

ところで、パロールは、ひとがものを言うことの効果として生まれるが、もとは意味のない音声によって発せられている。言いかえると、それはランガージュのそとにある不可能な現実界から発せられ、シニフィアンだけが、その効果をディスクールのなかで分節し、象徴界につないでいる。けれども、パロールによって主体とシニフィアンの貯蔵庫である大他者とのあいだに穿たれた溝は、ランガージュの世界において埋められることはない。そのことからも、言葉と事物の一致は、真理に関係はない。精神分析では、言葉と事物の一致があるとしても、それは主体とシニフィアンの関係のそとにある。真理は、もっぱらシニフィアンによって分節されるパロールに基づいており、それは象徴的なものとして大他者のなかに書き込まれるが、大他者の大他者はいないのだから、書き込まれた文字の真理は、最終的には保証されないのである。

とはいえ、大他者は、真理が支えている見かけとの関係からみて、やはりディスクールにおける真理の証人となっている。というのも、もし大他者の働きがなかったら、見かけの場所は、たんに感覚的な刺激と想像的な

第四章　文字のステイタス　B. 文字と現実界　193

ものとが直接に働く混沌とした闘争の場所になり、ひとが生きている象徴的な秩序は消滅してしまうであろうから。大他者は、たしかにパロールのそとにいるが、ひとはその場所で整序された象徴的な世界に、ものを言うことによって近づいたり、離れたりしている。それはまるで二人のひとが規則的なダンスを踊っているようである。ラカンはある論文で、それをダンス性（dansité）と呼び、次のように書いている。

「〈パロール〉が見かけからシニフィアンの秩序への移行によってはじめて開始されること、そして、シニフィアンは、それの支えている〈パロール〉が嘘をつくことができるように、言いかえると、〈真理〉として提出されることができるように、もう一つの他の場所——〈大他者〉の場所、証人である大他者、相手のいずれからも〈大他者〉である証人——を要求していること、これは明らかである。それゆえ、〈真理〉がその保証を引き出すのは、それの関係している〈現実〉とは別の場所からであって、それは〈パロール〉からである。」（「フロイトの無意識における主体の壊乱と欲望の弁証法」、邦訳、『エクリ』Ⅲ、弘文堂、316頁）。文中の「見かけ」は、通常「見せかけのしぐさ」を意味する la feinte である。「見かけ」（le semblant）が用語として使われるのはこれから 11 年後の 1971 年からであるが、概念としてはすでに準備されていたようであり、意味は共通している。

さて、パロールを分節したシニフィアンは、ディスクールにおけるその連鎖によって、意味作用を生み、そこから意味が出現した。ランガージュの世界では、言葉の意味作用も意味も、シニフィアン連鎖のしつこい自己主張の産物であり、新しい意味作用といっても、それはシニフィアン連鎖の反復である。また、新しい意味は、象徴界から生まれる想像的な効果であって、欲望の対象の喪失と欠如をそのつど埋めようとする主体の試みに応じている。こうしてシニフィアン連鎖がくり返されるうちに、ディスクールの表面にも変化が生じる。ラカンは、いまの論文から 13 年後の講義（『アンコール』）のなかで、「ディスクールに先立ついかなる現実らしさ（réalité）もありません。どんな現実らしさも、ディスクールによって基礎づけられ、定義されています」と言っている。ディスクールから生まれる現実らしさには、何かの存在を実感させる効果がある。その存在は、つ

ねに、欲望の対象の喪失と欠如を埋める何かであって、シニフィアン連鎖がそこに近づき、また遠ざかるあいだにディスクールは回転をくり返している。

シニフィアン連鎖には、もともとシニフィアンのあいだに切断と、それによるすき間があって、連続的につながることはない。そこを無理につなぎ、幻想によって存在の現実らしさを実感しようとすることから、ディスクールは、いつも同じ回転をくり返すのである。ラカンは同じ講義のなかで、その回転をディスク・ウールクーラン（disque-ourcourant）と呼んでいる。この造語は、レコードの回転するディスク（disque）とディスクール（discours）、それに「日常行われている」を意味するクーラン（courant）をつなぎ、全体として「日常のディスクール」の意味になろうが、なかにcou-couという鳥の鳴き声の擬音語を入れて、「いつもたわいないことをくり返ししゃべっている」の意を伝えている。また、この呼び名は、ディスクールのなかで、シニフィアン連鎖から生まれる意味作用と意味が、どれほどその反復によって磨り減り、常套化するかを伝えている。

以上のことは、もちろん文字にも関係する。文字は、ディスクールの残滓として読まれ、当然、それはひとの言語活動（ランガージュ）となり、また、人びとのコミュニケーションを支えるディスクールの仲間入りをする。そのとき、たび重なる感覚的な出会いによってすり削られた文字の読みは、オウムの発声のように機械化し、常套化するのである。とはいえ、現実界の近くにあるという文字の本質が、それによって失われるわけではない。せいぜい、文字を決まり文句のように読みながら、知と享楽の危険な境界に近づくのを避けているに過ぎない。けれども、文字には、書かれることをやめない必然的な一面が残る。それは、ディスクールがひとの言うことが止まないあいだは続くように、書かれ続ける。

文字は、書かれるが、それを書き込むのは現実界におけるしぐさであり、書き込むしぐさそのものには、意味がない。文字に意味がやってくるのは、現実界のそとからであり、しぐさの跡が象徴界と想像界に出会ってからである。そのときから、書き込むしぐさは症状になり、これがはじめの引用文で、ラカンの言う「私の症状」の意味である。彼は、三つの領域を書き

第四章　文字のステイタス　B. 文字と現実界　195

込んだ。症状は、書き込まれた文字の意味作用がディスクールのなかで擦りきれて、意味が摩滅することではない。症状については、文字を書き込むしぐさが、ランガージュの世界で、シニフィアン連鎖にどうかかわっているか、それを読むことが課題になる。シニフィアンは、その連鎖のなかで、あるシニフィアンは自分と同一でないという本質をもっている。しかし、文字は書き込まれた跡として、いつまでもそれ自身と同一のままでありうる。意味は、シニフィアンのつながりから生まれるが、それ自身と同一なものには、他に規定するものがなく、無意味である。そこで、文字は、現実界に対する認識の深まりとともに、理論的にもシニフィアンとは別に要請されるようになったと言えよう。シニフィアンは、象徴界と結ばれるが、それだけでは主体を規定するのが難しいのである。

　文字は、こうして現実界の無意味と、象徴界の意味の境目にあるのだが、症状は、現実界からやってきて、象徴界が、その主役であるシニフィアン連鎖の自己主張をとおして、それを症状として生みだすのである。その根底にあるのは、文字を書き込むしぐさであるから、ラカンは、「書かれることをやめないもの」が症状であると言った。これは、性別化のマテームにおいて、男性の側の存在判断を表わし、それに対応する女性の側の述語判断が、「書かれないことをやめるもの」とされている。つまり、文字には、男性の欲望によって書かれることをやめない必然性があり、女性の側では、それを述語判断によって受け入れながら、存在判断において「書かれないことをやめないもの」を保持して、書かれることは偶然性に帰せられる。性関係は、不可能であり、書き込むことができない。男性の欲望は、むろん性の欲望である。文字は、それによって書かれるのをやめることがない。

　症状には、背景に二つの事態がある。文字を書くしぐさからは、不可能な性関係を実現しようとする欲望がうかがわれる。言いかえると、象徴界の世界に生きながら、知（S_2）と享楽の切れ目を閉じようとしている。しかし、それは必ず失敗する。シニフィアンは、対象 a が欲望の原因であるように享楽の原因ではあるが、同じように、それは享楽が実現しないことの原因でもある。ディスクールの背景であるランガージュの世界で、享楽

は禁止されている。ところが、一方では知と享楽の隙間は埋められないが
ゆえに、文字は書かれるのをやめない。文字の根底にある無意味は、それ
を書くしぐさが、ちょうど象徴界のそとで行われる性行為のように、現実
界で行われることによっている。象徴界は、そのしぐさの残滓をシニフィ
アンの網で掬い、シニフィアン連鎖のなかに取り込もうとするが、それに
よってしぐさの行なわれた現実界を消すことはできない。シニフィアン連
鎖は、当然、その反復から現実界を閉め出そうとするが、現実界は、その
反復のはじまりにあって、以後の反復をひき起こすもとになっている。そ
して、この起源にあったものが、象徴的秩序における反復強迫となって症
状を生む。すなわち、症状は、はじめにあったものが象徴界に取り込まれ、
それがふたたび書かれた文字となって現実界に回帰することであり、そこ
に文字の沿岸的（littoral）な特性があると言える。

C. 文字と無意識

　無意識の原語、ドイツ語の das Unbewusste、フランス語の l'inconscient
は、どちらも形容詞を名詞化している。無意識は、フロイトが目に見えな
い対象としての心を、心的装置という場所に喩えて説明した局所論では、
最初に意識、前意識、無意識の三つの場所の一つとされ、名詞的に使用さ
れている。しかし、それは 20 年後に、エス、自我、超自我を区別した、
いわゆる第二の局所論では、特定の場所を指す用語としてではなく、エス
の全体と、同時に自我と超自我の一部の性質を指す用語として、形容詞的
に使われている。ラカンは、1964 年のセミネール（『精神分析の四基本概
念』）の二回目の講義で、語頭のドイツ語、Un をフランス語の in ではなく、
あえて un に近づけて、無意識の本質の一端にふれている。
　フランス語の un は、ドイツ語の un のように否定、欠乏、無、反対な
どを表わすのではなく、数字の 1、一つの、第一の、唯一の、などを表わ
す。ラカンは、それを何かの単位としての「閉じられた一」ではなく、「無
意識の経験によって導入される『一』は、割れ目、線、断裂という『一』
です」と言う。ここには、19 世紀末に、「1 とは、『0 と等しい』という概
念に帰属する基数である」と定義したドイツの数学者 G・フレーゲの影響
を見ることができる（『算術の基礎』邦訳、勁草書房、140 頁）。そこから、
「『un』の知られざる一つの形、つまり『無意識、Unbewusste』の『無、
Un』としての『un、一』が現われます。そして、『無意識、Unbewusste』
の限界点とは、『無概念、Unbegriff』の点です。ここで、『無概念、
Unbegriff』というのは、非－概念、non-concept」ではなく、欠如の概念、
concept du manqué という意味です」（ラカン、前掲書、邦訳、32 頁）。
　また、無意識の「一、un」を表わす割れ目は、たんに何かがないという
不在を表わすのではなく、ちょうど、フレーゲが「1 とは、『0 と等しい』
という概念に帰属する基数である」と言っているように、0 である沈黙を
基礎として，1 である叫びが現われるのではなく、叫びが沈黙を沈黙として
現われさせるのである。すなわち、一である割れ目が叫びとして、不在

を出現させるのである。この叫びは、ひとにあって、他の動物たちの音声とは違い、分節された言葉であるのは言うまでもない。そして、ひとの叫びのそとにあって、そこから逃れてしまう場所が現実界である。分節が、たんに示差的であるということなら、動物の鳴き声も分節されていると言えるだろうが、ひとの言葉の分節には、示差的であるとともに、例えば「緑色の三角形」とか「ミシンの上の傘」のような、さまざまの組み合わせが可能で、それが言葉をまさしく象徴としての記号にしている。

　ラカンは、同じセミネールの次の講義で、「確信する主体」についてふれている。それは絶対的な確実性を確信する主体で、デカルトの「われ思う（cogito）」に始まる、いわゆる近代的な主体が連想される。講義では、「デカルトは、『われ、疑うことによりて、思うことを確信す』と言っているのです」と言い、「私なら、『思う、ゆえに、われあり』と言うでしょうと」と加え、さらに「この『われ思う』は、これを『言う』ことによって初めてそれとして定式化されるという事実——デカルトは、この事実を忘れていたのですが——その事実から生じてくる議論を避けていることに注意してください」と言っている。つまり、デカルトの定言は、「言う、ゆえに、われあり」と言い直さなくてはならない。というのも、デカルトは、自分がその定言を「言っている」のを忘れていたのだが、そこにこそ無意識の拠点があるのだから。

　デカルトの主体は、「われ思う」から現われるが、フロイトの無意識の主体は、「われ」がそこにいないものとして現われる。「思う」のも、「言う」のも、「われ」ではなく、何かが「われ」の代わりに、「思い」、「言う」のである。その結果として現われた「われ」が、デカルト以来、主体と呼ばれている。だが、無意識の主体は、いわば、それ以前にいる主体である。それがいるのは、無意識の領野であるが、そこが主体の本拠地である。そこで、ラカンは、こう結論する、「デカルトはそれを知らなかったのです。デカルトは、それは確信の主体であり、あらゆる先行する知を拒絶することであるということ、このことしか知りませんでした。しかし、われわれはフロイトのおかげで、無意識の主体が現われ、確信にいたる以前に、それが考えるということを知っています」（同上、47頁）。

第四章　文字のステイタス　C.文字と無意識　199

無意識の主体は、確信する主体に対して「あなたは自分の確信を『言っている』のを忘れている」と言い、そのことを知るように促す。ラカンは、「私が強調したいのは、デカルトとフロイトという二つの歩みが接近し、重なるような点があるということです」と言う。その一点が、まさに「確信（certitude）」という点である。彼は、「フロイトの歩みは、それが確信の主体という基盤から出発しているという意味で、デカルト的です」と言う。しかし、それはどういう確信か。デカルトの確信が「思う」であるのは、その定式から推察される。そして、フロイトの確信、それはラカンによると「現実界との出会い（rencontre du réel）」である。これはフロイト自身の言葉ではなく、アリストテレスの「テュケー（tuche）」をもとに、ラカンが提出した訳語である。二人が確信にいたるまでには、共通の土台がある。それは「疑い」である。デカルトのコギトへの道が、「すべてを疑え」であったのはよく知られている。

　一方、フロイトは、「疑い、この点を、彼は最大限に強調しているのですが、それがフロイトの確信の支えです」。すなわち、「疑い」は二人の確信の基底であるが、そこには、西欧の思想がそれまで隠しておかなければならない何かがあった。その何かが疑いを生み、同時に、それが二人の「抵抗」を生んでいる。それゆえ、「疑いこそがフロイトを動機づけていますが、同時に、疑いは抵抗の印なのです」（同上、45頁）。そして、その抵抗から生まれた確信の産物が、デカルトにあってはコギト、つまり「われ思う」であり、フロイトにあっては「現実界との出会い」、つまり無意識である。

　同じセミネールの5回目の講義は、「テュケーとオートマトン」と題されている。どちらも、アリストテレスの『自然学』と『形而上学』で「原因」を指す用語として使われ、日本語では定訳はないようだが、ラカンは、テュケーを上記のように「現実界との出会い」と訳し、オートマトンを「記号の回帰、再帰、その執拗さ」、すなわち「シニフィアンの網（réseau des signifiants）」と訳している。もちろん、どちらもフランス語における定訳ではない。ちなみに、アリストテレス全集（岩波書店）の邦訳者は、『自然学』のなかで、前者を「偶運」、後者を「自己偶発」と訳し、その理

200

由と意味を次のように注記している。「前者（テュケー）は、われわれが日本語で、或る事件が『偶然に』起こったとか、その起こったのは『運だ』とか言う場合の場合に、その事件を起こしたもの（その原因）として想像されがちな『偶然』とか『運』とか言うようなもののことなので、仮りに『偶運』と訳し、後者（オートマトン）は、なにものかが、他に別に原因らしいものは見当たらず、自分自身で、ひとりでに、生じたような場合、たとえば水溜りにぼうふらが、馬糞にこがねむしが、ひとりでにわくような場合、今日の科学用語で『自然発生』というよりも、より偶然的・非科学的に実体化された原因概念なので、仮りに『自己偶発』と訳した」（上掲、全集３、399頁）。

　アリストテレスのいわゆる四原因（質料因、形相因、起動因、目的因）とは別に、そこに加わった「偶運」「自己偶発」と邦訳されている原因にも、やはりある現象や状態がひき起こされるとき、そのもとになるものがあるはずで、それは何らかの事柄や条件である。ここでは、ラカンの理論に照らして、テュケーを現実界、オートマトンを象徴界としてみよう。すると、現実界と象徴界がそれぞれに自立した領域として関係しているのが反復の条件であり、二つの領域が分裂していることの効果が、無意識という現象となって現われる。それを「現実界との出会い」によって明らかにしようとした好例が「狼男」の解釈である。ラカンは、「じっさい、反復するものとはつねに『まるで偶然のように』――この表現は反復するものと『テュケー』との深い関係を示しています――起こるなにものかです。われわれ分析家は、ここのところは原則として、けっして騙されません」と語っている。

　フロイトにとって、「現実界とは、つねに『オートマトン』の背後にあるものであり、彼の探求のすべてにおいて、それこそが関心の中心であったことは明らかです」。前に（本書178頁以下）、症例「狼男」について、やや詳しく紹介した。われわれは、ここで再びその症例に戻らなくてはならない。フロイトは、そこで「狼男」の「幻想」を「現実界」を探るための手掛かりにしていたのである。「彼が探求していたのは、幻想の背後に確認される最初の出会い、つまり現実界とは何かということでした」。ラカ

第四章　文字のステイタス　C.文字と無意識　201

ンは、そう語っているが、続く次の一節はとくに注意を惹き、見すごすことができない、「この分析全体を通して、この現実界こそが患者を引っ張り、強制しており、また探求を方向づけています。ですから結局、フロイトのこの熱意、この機転、この欲望こそが、この患者の後の精神病の発症を条件づけているのではないか、と今日では考えられているほどです」（72 頁）。ここで、われわれは、「（フロイトの手にも容易には落ちなかった）現実界」と「幻想」との関係について考えてみなくてはならない。というのも、「フロイトの著作のなかで、この症例報告（狼男）が例外的に重要なのは、幻想の次元が機能するのは現実界との関係においてである、ということを示しているからです。現実界が幻想を支え、幻想が現実界を保護するのです」（53 頁）。

　通称「狼男」、S・C・パンケイエフは、1910 年 2 月にフロイトのもとを訪れ、四年後に分析を中断している。その後、複数の分析家から治療を受けたが、その発症は、ずっと彼の精神病によるものとされてきた。そのはじまりが、フロイトの分析や 1918 年の症例報告にあり、患者の夢と幻想が、診断のもとになっている。今日では、そう考えるのがむしろふつうである。しかし、そのもとをさらに遡ると、そこにはフロイトの熱意、彼の欲望、さらには彼の確信までがあったのだろう。それを表現したのが、「原光景（Urszene）」という用語である。しかし、患者は 60 年後に、三歳に満たない頃に両親の性交場面を目撃した記憶はないと言い、「彼が私が見たと主張しても、それが本当のことだと、彼の空想ではないと、誰が保証するのでしょうか？」と述べている。もちろん、だれもそれを保証することはできない。「現実界との出会い」とは、象徴界のそとにあるものとの出会いであり、もともと「本質的に出会い損なったものとしての出会い」、つまり出会うことができなかった出会いである。ちなみに「原光景」とは、一般に、後になって「（再）構成」された幻想である。

　ここで、患者が両親の性交場面を目撃したかどうかという事実の問題と、フロイトの「原光景」がもつ現実らしさの問題とを分けて考える必要があろう。事実（fait）は、患者の言ったことがじっさいにあったことに一致するという意味では、真理の問題に通じる。一方、現実らしさ（réalité）は、

いわば現実界との出会いにおける、幻想の迫真力の問題である。フロイトは、この点では「狼男」における「原光景」の事実性と現実性のあいまいな関係を、はっきり認めている。それは「原光景」がじっさいに起こるという事実性と、その理論的な観念がもつ現実性とは、うまくつながらないということである。このことも、そこでは現実界との出会いと、幻想との関係が問題になっていることからみれば当然である。なぜなら、幻想の内容をいくら探ってみても、現実界そのものは象徴界のそとにあって、シニフィアンの網にはかからないからである。

　フロイトは、しかし「原光景」の仮定を手放さなかった。だが、そうなると両親の性交場面という幻想の現実らしさは、患者の方にあるのか、それともフロイト自身の方にあるのかという疑いが生じてくる。その後の患者の話からは、フロイトにとって「原光景」の観念がもつ現実性は、患者にとって同じ現実らしさはもたなかったのが分かる。言いかえると、フロイトにとっては、その欲望と確信と持続する探求心から、自分の仮定を守るために、「狼男」の両親が、かつて幼児と同じ寝室で性交し、幼児はそれを目撃しなくてはならなかったのである。しかし、だからといって「狼男」の分析が、根本的にフロイト自身の幻想にもとづいた、たあいない作り話であるとは言えない。ラカンは、「現実界との出会い」における「出会い」の根源には、つねに「未決の状態（souffrance）」があると言い、それをフロイトの反復強迫と一次過程という、無時間的な領域につないでいる。それは宙ぶらりんのまま、苦しみながら待っている状態である。

　この「未決の状態」のなかで待たれているものは、つまるところ「表象」であり、それも「表象代理」である。逆の言い方をすると、現実界とは、表象代理のかなたの、それがない領域である。それは「意識にとって本質的に拒絶されているものから構成されている」という、フロイトの「無意識」に対応している。ラカンは、「現実界、これは夢の彼岸にこそ、つまり夢が包み込み、覆い、われわれから隠しているもの、そしてその代理物でしかない表象、その欠如の背後にこそ探すべきものです」（80頁）と言っている。ともあれ、「出会い」における空白を解消するのは、欲動の代理としての表象であり、フロイトが無意識を決定づけるものとして示し

た表象代理（Vorstellungsrepräsentanz）であり、それ自体が隠されているものの代理でしかない表象である。とはいえ、それはたんなる無（néant）ではなく、何か（rien）であって、現実界が、「出会い損ね」という形によって「ある」のを示すものである。

　フロイトにとって、表象代理は、欲動の身体的な面から、心的な面へと移されなくてはならない。それが心的な面に移って、はじめて自らを知らせる表現に近づくことになる。そこには、すでに何かあるものが、やがて言葉に変わるという予想があったと言える。そこから、ラカンのシニフィアンは、フロイトの知覚記号であるとともに、表象代理でもあるとも言えるのである。ただし、ラカンのシニフィアンは単独ではありえないので、二つ以上からなる表象代理である。それは見たり、聞いたりできる姿形となって現われ、そのような姿形として、心的装置に記載される。ラカンでは、それはシニフィアンの書き込みとなり、それによって不在の現実界が否定されるのである。また、その否定によって、文字の役割が前面に登場するのである。

　「現実界との出会い」は、以上のように、夢や夢と目覚めのあいだに現われる幻想から、時間が経つとともにシニフィアンの網を土台とする象徴界にすくい取られる。ラカンは、そのことを「現実界を姿形にすること」(mise en forme du réel)、すなわち「現実界のシニフィアン化」と呼んでいる。「現実界との出会い」を示す幻想が働いているのは、象徴的な次元においてではない。だが、その幻想によって包まれている現実界の現実らしさを伝えるためには、シニフィアンを材料とする言葉の表現に訴えなくてはならない。だが、「狼男」の症例において、象徴界に生き続けていた患者にとっては、フロイトが作りあげた彼の幻想が、彼自身にとって現実らしくないことは十分に考えられる。だからといって、彼が語った夢のなかに登場する６匹か７匹の白い狼や、Ｖの文字の姿形についてのフロイトの読みが、意味の効果を生まなかったわけではない。

　フロイトの解釈からは、彼が症例報告のなかでしばしば言及している「去勢」の意味が、未解決のまま残されている。ラカン流に言えば、それは主体を規定する三つの領域（象徴界、想像界、現実界）の複雑な関係の

問題として、意味の効果を生みつづけている。フロイトは、患者の語った不安に照準を合わせて、去勢の意味を想像的な面から明らかにしようとしたが、ラカンは、去勢が現実的な身体器官を対象とするものではなく、想像的な対象としてのファルスにかかわるのを認めながらも、ひとの世界では、そのファルスがシニフィアンとして、ランガージュにからんで到来するとして、去勢の象徴的な面を強調している。しかし、ファルスは、そのように三つの領域を連係させるシニフィアンとして働きながらも、それらを一つにまとめることはできない。三つの分裂した領域を最終的に統合するようなランガージュはなく、無意識は、つねに現実界と象徴界の分裂の効果として、想像界で加工されたディスクールのなかに現われるのである。

　欲動は、それ自体では意識や無意識の対象にならない。無意識は、いま述べたように、欲動の代理としての表象にかかわる。この表象がたった一つの、単独の表象であれば、主体は、その欲動の代理によって表象されることになる。しかし、それが次々と心に浮かぶ表象ということになると、主体は、それらいくつもの姿形によって代理表象されることになる。そこで、主体は、つながりを前提とするラカンのシニフィアンによって代理表象されることになる。また、そのつながりは網の目を形成し、言語記号の要素として、必然的に言葉という表象に向かうことになる。ラカンは、その網をオートマトンと呼んで、現実界との出会いを示すテュケーと対比した。テュケーは、じっさいには現実界との出会いの失敗を意味しているが、それによってシニフィアンのしつこい自己主張（insistance）としての反復がひき起こされ、そのしつこさが象徴界におけるシニフィアン連鎖の原理となっている。

　また、ラカンは現実界との出会い損ないが、シニフィアン連鎖の反復を引き起こすと同時に、それは象徴界においてじっさいに知（savoir）を生みだすと言う。つまり、知はシニフィアンが、その反復する連鎖のなかで、分節された言表として生みだしている網の目そのものであって、その言表の特徴は、つねに現実界から逸れていることである。そこで、ラカンは、「知とは、謎であって、この謎は、われわれに無意識として現われる」（Encore、p.125）と言う。これは何かが分かるという、通常の知の意味か

らは遠いようだが、結局、語る存在である主体は、すべてを知ることはできないということで、むしろ、主体は知によって分割され、つねに無意識の場所から語っているということである。それゆえ、シニフィアンの網という知の場所は、同時に無意識の場所である。

　ところで、無意識の内容は、欲動を代理する表象であるが、それが無意識の表象になると、それ自体には、音声も姿形もない。表象は、無意識の中核ではあるが、無意識を探るためには、それがとくに抑圧の働きによって心の装置に記載（Einschreibung）されていなくてはならない。ラカンでは、書き込まれる（s'écrire）ものは、やはりシニフィアンである。そこから、つねに無意識であるフロイトの表象代理を耳で聞く、目で読むという問題が生じてくる。彼は「科学と真理」（『エクリ』Ⅲ）のなかで、「無意識とは、言語活動（ランガージュ）のことである」と断言しているが、言い換えるなら、無意識とは、たんにひとが話すということ、その事実だけを指しているということになる。それゆえ、書き込まれたシニフィアンを耳で聞くのも、目で読むのも、すべてランガージュの領域で、具体的にはディスクールのなかでということになる。

　無意識は、主体を最初に次のシニフィアンに向けて代理表象するシニフィアン（S_1）からはじまるが、そのシニフィアンには、現実界との出会いにまつわる幻想がともなっている。そして、そのシニフィアンが、主体の欲望と完全に合致していれば、そこで主体の享楽が実現したことになる。しかし、それはくり返し述べるように、不可能である。享楽は、主体と現実界とのあいだにシニフィアンという媒介物が入るかぎり、挫折する他にない。いわば、それはシニフィアンによって禁止されている。そこから、シニフィアン連鎖の反復がはじまり、それとともにシニフィアンとなった表象代理の書き込みが始まる。そして、そこで書き込まれたものを、ラカンは、広く文字と呼んでいる。シニフィアン連鎖の反復そのものは無意味で、そこからこぼれ落ちた文字にも、根本的には意味がなく、あるいは読まれるのを待ちながら、現実界の方を向いている。くり返しになるが、表象代理は、フロイトの用語で、多くの論者から、それはラカンのシニフィアンと同一であると見られている。シニフィアンと文字の区別については、

206

前述したとおりである。

　現実界には意味がなく、無意識もまた意味のそとにあるとすれば、意味はどこから生まれるのだろうか。精神分析でも、それは通常の見方と同じように、ランガージュの言葉によるコミュニケーションから生まれると考えている。ただ、そのコミュニケーションには、意味のない現実界に、想像界が必ず関与している。この場合の現実界とは、主体の現実的な身体であり、それが想像化されて、シニフィアン連鎖に多かれ少なかれ一貫したつながりが生まれる。意味は、そこから出現するのである。ラカンは、1972年の講義で提出した「ボロメオの結び目」において、意味は、想像界と象徴界の相互干渉から生まれて、現実界は直接に関与していないとしているが、むろん、その想像界にはすでに主体の身体の現実界が、幻想となって関与している。ともあれ、意味は、想像界と象徴界の交わるところで、想像界に支えられたシニファン連鎖の一貫性から生まれる。しかし、その始まりと行く先は、ともに意味の圏内にはない。

　ひとが話すということのなかに、現実界と象徴界の分裂がある。そこにシニフィアンの網が張られ、そこから無意識も反復も知も意味も生まれる。また、主体もその分裂から生まれるが、それを言語的なコミュニケーションによって具体的に実現させているのがディスクールである。文字は、そのディスクールからこぼれ落ちた残滓である。文字には、書かれることと、読まれることの特徴がある。言うまでもなく、かつて書かれなければ、文字はない。ラカンは「性関係は存在しない」と言ったが、それは言葉によって性関係を書くことはできないということである。つまり、ひとが話す世界では、男性も女性もシニフィアンとしてしかありえず、それは自然な性の現実界との分裂を意味しているからである。しかるに、精神分析は、書かれた文字によって、その不可能な性関係を捉えようとしている。その文字は、やはり主体を現実界から隔離した知の場所にある。それはディスクールの残滓として、現実界の近くにありながら、象徴界に編入されるのを待っている。分析するとは、その意味が分からない文字を読むことである。

　音声は聞こえるものであり、文字は見えるものであるが、その見えるも

ののなかに、謎を残す。文字は、多義性に通じるだけでなく、音声上の同音語を区別させてもくれる。フロイトは、「狼男」の症状においてVという文字がもつ役目をくり返し指摘している。それは去勢の不安を多義的に伝えるだけでなく、音声からその一文字を取り去るだけで、患者がどこにいるかをしらせてくれた。すなわち、彼はドイツ語でスズメバチを意味する「ヴェスペ（Wespe）」の、二重のVであるWを省略して「エスペ（Espe）」と言った。彼は、だれかがスズメバチの翅を裂く夢を見て、不安に襲われたのだが、フロイトによれば、それは去勢の夢であり、それを避けて、Wを落としてエスペと発音されるS・Pは、彼の本名（セルゲイ・パンケイエフ）の頭文字に他ならなかった。このように、フロイトにとって、分析するとは音声を読み、文字を聞くことだった。

　無意識は、一般に、意味の分からない文字が書かれている知の場所である。その文字は、意味作用が消えるまでは何らかの意味の効果を生むだろうが、それ以前に最終的に読まれることはない。しかし、読むことにおいて問題になるのは、文字の意味作用や意味の内容ではなく、むしろ、知がそれを境界として近づくことのできない現実界と症状との関係である。ラカンの分析理論は、少し極端に言えば、現実界をターゲットにしたディスクールによって成立している。現実界は「書かれないことをやめないもの」であり、根源的に意味のそとにある領域である。一方、ラカンは、症状を「書かれることをやめないもの」と言った。それは象徴界において起こることであるが、文字は書かれるものとして、そこに登場する。そこで、分析家の仕事は、意味のそとにある現実界に面した文字の無意識を読むことになる。

II　文字の国へ

第一章　沿岸的ということ

　はじめに、「沿岸的」とは、地理的な意味があるのはもちろんだが、ここでは理論を背景に観念的な用語として使われているのに注意しよう。ラカンは、あらかじめ言葉を口にするひとを主体として規定する三つの領域を立て、そのなかの現実界と象徴界の境界を、ここで「沿岸的」と呼んでいる。ただし、もう一つの領域である想像界が、ここに関与していないわけではなく、それがなくては境界そのものが生まれない。想像界が二つの領域に関与し、その結果として、現実界と象徴界に境界が出現するのである。

　主体が現実界と出会うのは、何らかの物体との感覚的な接触によっている。しかし、この接触は実現しない。その物体は、言葉の世界にいる主体のそとにある。主体は言葉の世界のそとを、その世界とともに、主体自身のなかに抱えている。現実界は、主体のそとにありながら、主体のなかにあって主体を規定しているのである。そして、それら二つの領域を、やはり主体自身のなかでつないでいるのが想像界である。そこで、現実界は、しかと名づけられないにしても、想像界の仲介によって、ランガージュのなかに表現される。ラカンは、1954 年、この表現について「象徴界ではあらわにされないものが、現実界に現われてくる」(『エクリ』 II、弘文堂、94 頁) と言っている。これは、よく引用される文句だが、やや分かりにくい。その例として、「狼男」が五歳のときに自分の小指が切り取られて、皮一枚で繋がっていたという幻覚をあげているが、その幻覚は、むろん象徴的なものとして言葉にされたのである。

　そのさい、ラカンは、「現実界は待つことをしませんし、それは言葉から何も期待をしていませんから、とくに被分析者を待つことはしません。しかし、それは、そこで存在とぴったりひとつになって、ひとがすっかり聞くことのできる騒音として実在しています」(同書、95 頁) と言ってい

る。それは騒音ではあるが、現実界とその表現とをつないでいるのが想像界である。主体が、そとの物体を感覚し、やがて知覚して、さまざまなイメージを生みだす。しかし、想像界では、イメージそれ自体はたんに増殖するだけで、もし、それが象徴界に取り込まれなかったら、定まった方向性もなく、いつまでも出口は見つかるまい。現実界は、そこで想像界の豊饒なカオスから、象徴界の秩序に向かい、そこで象徴界から追放される。けれども、それが主体とぴったりひとつになって実在しているからには、そのとき象徴界と現実界は、どちらがどちらを追放しているかは断言できないだろう。どちらにしても、現実界は、想像界を仲立ちにして、はじめて象徴界との関係が考えられるのである。

　アリストテレスのテュケーが意味する「現実界との出会い」とは、象徴界が現実界に出会うことの不可能、その出会い損ないであった。そして、そのことはオートマトンである「シニフィアンの網」のなかで表現される。表現とは、言いかえると、現実界との出会い損ないをシニフィアンによって記号化することであり、ラカンは、この記号化を、最初の出会いが「書き込まれる（s'écrire）」、あるいはたんに「書き込み（écriture）」と呼ぶ。つまり、象徴界と現実界の出会い損ないは、シニフィアンによって書き込まれ、それによって残された跡が文字（lettre）である。そして、このことは象徴的去勢と呼ばれ、その後、現実界と直接に接触することのできない主体は、その書き込みによって枠を与えられた知覚から、想像的イメージを象徴界に向けて整序していくことになる。これが「現実界のシニフィアン化」と呼ばれるプロセスである。

　しかし、現実界は、このプロセスにおいて、けっして十全にシニフィアン化されないことに注意すべきである。シニフィアンは、その連鎖が作る網によって象徴界を支えているが、そもそも、それは主体の代理としてそとから与えられるもので、つねに象徴界とひとつになっているわけではない。それゆえ、シニフィアンは、かえって現実界と完全につながることもあろうと考えられる。そのとき、シニフィアンによって代理された主体は、現実界とひとつになるのではないか。けれども、そこには現実界と象徴界が出会えない壁があり、それが象徴的去勢を生む。しかし、主体を代理表

210

象するシニフィアンには、主体の欲望に促されて、現実的なもの（物体）そのものに向かおうとする面があり、主体のその一面が、享楽と呼ばれている。享楽とは、それゆえ、シニフィアンによって現実的なものを完全に自己の使用に供させようとすることであり、ものは原初的な母と呼ばれるが、その身体を欲望し、使用するのは、象徴的去勢によって阻まれている。

　そのように、享楽の実現は、とどのつまり禁止されている。それは、シニフィアンが主体を完全には代理していないからである。つまり、シニフィアンは主体を代理するが、そのさい、主体は何かがそこに不足していること、何かが欠如していることを体験する。そして、この欠如を補填する通常のシニフィアンはない。それは主体を規定する三つの領域の関係のなかに生まれる空隙であり、穴である。それを埋める「通常の」シニフィアンはないと言うのは、それにもかかわらず、ある特殊なシニフィアンが、それを埋める働きを引き受けようとするからであり、それはファルスと呼ばれる。ファルスは、それ自体がシニフィアンとして象徴化されているが、一定の形象がなく、つねに隠れて働くという点で特殊である。それが姿のないシニフィアンとして三つの領域をつなごうとするのは、ひとの性関係が書き込めないないからである。それゆえ、ファルスの出現は、ランガージュの世界で、ひとの性が象徴的去勢という欠如の穴を穿たれていることの結果である。

　享楽は、しかし、ファルスの機能によっても実現することはない。ファルスは、三つの領域のあいだに掘られた深い溝の縁を廻りはするが、象徴化されたシニフィアンとして、それを飛び越えることはできない。その縁のなかには、欲望と分かつことのできないある空間が位置づけられていて、そこは対象ａと呼ばれる。それを「空間」と言うのは、対象ａもまた通常の対象のように一定の姿形をもたず、それどころか、この世の対象とも言えない、たんに欲望を喚起する原因として現われる何ものかであって、しかも、欲望する主体にとってなくてはならないものだからである。すなわち、それは主体に欠如を体験させるものの中味を欠いた実体であり、ファルスは、主体をそこに近づけはするが、主体の体験する欠如を埋めて、享楽を実現し、主体を現実的なものとひとつにすることはできない。ファル

第一章　沿岸的ということ　211

スが、主体を享楽に向けて働きはしても、現実界と象徴界の境界は、やはり深い溝として、そのままである。

　主体が、ファルスというシニフィアンによって享楽を実現しようとすれば、残されているのは、想像界に向かう道であり、その行程は幻想と呼ばれている。幻想は、シニフィアンに代理されて享楽を阻まれた主体が、象徴界の向こうにある対象aとのあいだに結ぶ特別な関係を示している。特別とは言っても、幻想を免れた欲望する主体はいない。幻想は、欲望する主体が、対象aの空間において描く筋書きのあるシナリオであり、そこでは対象aが想像的に象徴界とつながり、それはファルス的対象となって、現実界に存在できるようになる、それが幻想することである。前にあげた幻想のマテーム（$\mathcal{S} \diamondsuit a$）は、また欲望のマテームとも呼ばれている。それは、幻想が、シニフィアンと欲望の原因である対象aとのあいだから必然的に生まれることを示している。すなわち、象徴界に編入された主体は、シニフィアンによって分割され、それによって失われた主体と対象aとのあいだには、想像界を土台とした幻想が入り込む。$\diamondsuit$の空間は、シニフィアンを材料にした言葉と、言葉の届かない無意識の幻想が想像的に交わる場所である。

　対象aは、以上のように、幻想においてファルス的対象となる。それによって実現する享楽は、ファルスというシニフィアンの享楽、ファルスの享楽である。それは現実界と象徴界の関係から生まれる享楽である。もう一つ、大他者としての原初の母との完全な一体化を実現する享楽。ラカンは、これを大他者の享楽と呼ぶ。しかし、原初の母とは、そもそも現実的なものであり、大他者は、シニフィアンの貯蔵庫とされていた。前者は現実界にあり、後者は象徴界にあるのではないか。ここが、やや分かりにくいところであるが、原初の母は、ひとが誕生後に出会う具体的な女性としての母ではなく、そこで三つの領域が相互に関係する場所であった。同じように、シニフィアンの貯蔵庫としての大他者も、ちょうど一定の姿のない対象aが、欲望する主体の存在条件をなす空間であったように、形にすることのできない場所として捉えたときに理解されよう。どんなシニフィアンであれ、例えばモーゼのような宗教的指導者も、アレキサンダーのよ

うな政治的征服者も、それが姿形として与えられる表象は、象徴界と想像界がともに作りだした産物である。

　だが、そうなると、三つの領域が主体を規定するのは、最初に現実界があり、次にひとの発明した象徴界と、ひとの豊かな想像界がそこにかかわりをもつとされそうである。しかし、そこに時間的な前後を想定する必要はない。三つの領域は、まったく同時的に、ひとを主体にする。つまり、現実界は、ひとにとって、二つの領域がなければ現われない。それは二つの領域があってはじめて、同時に、シニフィアンによって書き込めないという面から、象徴界のそとにある不可能な領域として現われる。それゆえ、主体は、はじめから三つの領域をなかに抱えながら、シニフィアンの貯蔵庫としての大他者と、欲望の原因としての対象aをそとにあるものとして、いわば外在する内在的な場所として抱えるのである。

　そこで、大他者の享楽とは、主体に欠如の体験を生むそとの大他者の場所を、主体を代理するシニフィアンによって完全につないで、それと一体化し、現実的なものをあらしめようとすることである。しかし、それはファルスの享楽と同じように、不可能と禁止によって実現しない。対象aは、欲望の原因であり、主体の欲望は、それによって生まれる。だが、同時にそこから生まれる欠如によって、対象aは、主体の欲望をけっして実現させない。つまり、それは欲望の始めであるとともに終わりである。同じように、享楽の過程においては、シニフィアンは享楽の原因であり、主体は、それよって絶対的な大他者に近づこうとする。しかし、シニフィアンは、つまるところ、この世では享楽を実現できない。すなわち、それは享楽を生むとともに終わらせ、主体にそれを断念させる。

　享楽の概念は、フロイトの理論に、そのままの内容では登場しない。それをフロイトのBefriedigungや、論文「機知」のなかで使われているGenussの後を継ぐとする注釈者はいるが、Befriedigungは、日本語ではふつうフランス語のplaisir（快楽）にあたるLustに関連して、それを満たすことと受けとられることが多い。だが、フロイトの快楽原則（Lustprinzip）の快楽と、ラカンの享楽（jouissance）とは異なる。両者は、とくにその相対性と絶対性によって、むしろ対立する概念である。享楽は、

第一章　沿岸的ということ　213

やはりラカンによるシニフィアンの考察とともに登場したと言えよう。すなわち、快楽は、現実的なものと直接につながることを求めないが、享楽は、そこに向かって欲望された対象を使い切ろうとする動きである。たしかに、それはひとが生きているかぎり、不可能と禁止による去勢を前提にしたファルスの享楽としてあるのだが、ともかくも大他者の絶対性に向かうシニフィアンの動きを措いては考えられない。

　快楽は、フロイトが快楽原則を立てた当初から不快（Unlust）と対置され、『夢の解釈』（1900年）の最終章では不快原則と呼ばれている。10年後の論文（「精神現象の二原則に関する定式」）で、それは現実原則と区別されて、心的機制を支配する二つの原則の一つとされたが、さらにその10年後の論文（「快楽原則の彼岸」）では、生の欲動に対する死の欲動をもって修正された。快楽は、そのように、一貫して相対的な概念である。それは身体の内外からの刺激によって生まれる、興奮の増大と減少という、量にかかわる原則であるが、同時に、それによって体験される不快（増大）と快（減少）に関連して、幸と不幸、善と不善、良と不良など、日常の経験的な概念と結ばれやすい。その結果、ともすると比較的、相対的な経験主義の要請に誘われやすいが、主体が現実的なものを欲望するシニフィアンによって大他者に向かおうとする享楽には、相対的なところはまったくない。あるのは、不可能と禁止による絶対的なものの断念と、その代償として生まれるものである。

　フロイトは、長年の治療経験から、快楽原則のかなたに死の欲動を認めるにことになった。これは生の欲動と対置される一方で、じっさいには、そのために主体が死を避けようとする欲動として、ラカンのファルスの享楽に通じるようである。しかし、その欲動の対象が、現実の身体部分やその象徴物のような部分対象ではなく、たとえ無機物とされるにせよ、それがただちに全体的なものを意味するかぎりでは、大他者の享楽に通じている。また、フロイトは、死の欲動を興奮量の絶対的放出の傾向と結びつけて、それを反復強迫の根底と見なしたが、そこにシニフィアンの網（オートマトン）と共通する様態を認めることもできる。けれども、反復されるのは、あくまでもシニフィアンであるから、死の欲動は、シニフィアンに

214

よる現実界との出会い（テュケー）とその挫折によって、はじめてよく理解することができる。

　死の欲動において放出されようとする興奮量は、質的な面では広義の性欲動である。フロイトは、性欲動が現実の死を招くのを避けるために、その対象を社会的に意味のある非性的な対象に向けかえる過程を想定し、それを昇華と呼んだ。社会的という言葉は曖昧であるが、フロイトは、ある論文（1908 年）で、それを「人間の文化的な建設」に関連させ、次のように述べている。「人間の性欲動は、文化建設という仕事に厖大なエネルギーを供給する。なぜそういうことが可能になるかというと、性欲動にはある特別な性質があって、自己本来の（性的）目標を、ほかの（性的でない）目標に振り換え、しかも大体においてそれ本来のエネルギー量が損なわれることがないからである。本来性的な目標をもはや性的でない別の目標、しかし、心理的には性的目標に似通った目標に取り換える能力、この能力は昇華能力と呼ばれる。性欲動の文化的価値は、まさにこの消化能力に懸かり存するのである」（「『文化的』性道徳と現代人の神経過敏」、邦訳、著作集 10、人文書院、113 頁）。

　ところで、シニフィアンの考察から、以上のような「昇華」を認めることができるだろうか。「社会的有意味」を「文化的価値」として引用したが、フロイトの著作のなかで、その社会や文化の範囲はつねにあいまいで、昇華が活動する場所は明瞭でない。それが通常、社会、集団、共同体、世間などと呼ばれる場所であるとされるなら、それはわれわれの住む日常的な地上の世界になって、そこからは現実界が追放されてしまう。そうなると、フロイトの昇華は、たんに快楽原則に沿ったこの世の経験的な目的論になってしまうだろう。昇華を主体の本質にかかわる理論的な概念として考えようとするなら、やはり享楽の不可能と禁止に直面した主体の断念と代償の姿として、シニフィアンの様態の面から捉えなくてはなるまい。すなわち、主体の欲望と言語活動（ランガージュ）のかかわりをとおして考えなくてはならない。

　ひとつの集団は、ランガージュの舞台であるが、そこでお互いのコミュニケーションを実現するのはディスクールである。ラカンは、論文「無意識

における文字の審級」の冒頭で、「具体的なディスクールが、ランガージュから借りてくる物質的な媒体は、文字である」（邦訳、『エクリ』Ⅱ、弘文堂、241頁）と言っている。しかし、文字には一定の中味のようなものは何もなく、それ自体は移動して、シニフィアンの位置を定めるが、ときには受取人がいないまま放置されている。そこで、人びとがコミュニケーションを実現する場所としての共同体（コミュニティー）の経験に準拠することは、ちょうどディスクールの一定の中味を欠いた材料に準拠しているようなもので、問題を何も解決しない。なぜなら、その経験は、文字に支えられたディスクールが打ち立てている集団の慣習と、それに支えられた伝統を土台にしているからである。

　「そこで、こういう結果になります。自然と文化という民族誌学における二重性にかわって、人間の条件の——自然、社会、文化という——三次元的な考え方が今では登場しつつあり、最後の文化という項目は、ランガージュに帰着させることが、つまり、人間社会をさまざまな自然社会から本質的に区別するものに帰着させることが、大いにありうるのです」（同上書、242頁）。人間を他の生きものから決定的に引き離しているランガージュも、ディスクールを生む背景であるが、それ自体には実体がない。文字は、そのようなディスクールに物質的な材料を提供し、ランガージュに編入されて、書かれ、読まれるのである。

　ラカンは、性関係が文字によって書かれることは不可能であると言った。しかし、それによって文字は、かえって不可能なものを探る手がかりになるのではないか。それは、性別化の定式における「書かれることをやめないもの」と「書かれないことをやめないもの」の様相につながっている。「書かれないことをやめないもの」とは、シニフィアンの系によって編まれた象徴界の網にはかからないものである。それが文字によって書かれるなら、性関係は象徴界において書かれることが可能となり、言葉と事象は一つになって、真理が実現し、知は成就するだろう。だが、その書き込みは不可能と禁止の壁によって阻まれてはいる。にもかかわらず、やはり書かれることをやめないものがある。それは象徴界が届かない不可能のかなたを指して、書き続けているのではないか。それによって残されたものが

文字であるとすれば、それはフロイトが昇華によって生まれるとした芸術的創造や知的達成に比べられるだろう。ただし、ディスクールの残滓としての文字は、刺激と興奮の量的な増減をめぐる快楽原則の経済論的な背景や、人間の生みだした文化に内在する実体という観念からは、かけ離れている。

　昇華による知的達成の「知」も、シニフィアンの網のなかの現象である。つまり、それは現実界との関係における反復から生まれる。ラカンは、ディスクールのマテームで、それを大他者のなかに主体を代理表象しようとする S_1 に続く S_2 と表記しているが、それによって、同時にシニフィアンのあいだの決定的な分離と、知が主体から遠ざかっていることを表わしている。シニフィアン S_1 が、シニフィアンの必然的な動きにしたがって、S_2 に移るとき、主体はその分離のあいだから生まれる。そして、この間隙はシニフィアンによる享楽への促しによって飛び越えられるのだが、その結果、主体は、知から分離されていることが明らかになる。それはディスクールの過程で、主体のパロールから明らかになる。パロールは、文字どおり主体が話す（parler）ことで、適当な邦訳語は見つからないが、自分の言うことを聞いてもらい、その答えを期待して声をかけることであって、ラカンでは、主体の欲望が大他者に対して、その答えを待っている訴えであると言える。このパロールによって、つまり話すことによって、主体が知と分離されているのが明らかになる。

　しかし、それはあくまでも明らかになるはずとされているのであって、分離のあいだにある欠如の場所は、じっさいには無意識の領域である。知は、この領域を飛び越えて、シニフィアンをつなごうとする。しかし、それによって欠如が埋まるわけではなく、シニフィアンは連鎖の過程で、そこにくり返し、反復的に立ち戻る。ラカンは、『アンコール』のなかで、「知とは、無意識によってわれわれに与えられる、ひとつの謎である」（第11講）と言い、「知は、その大部分が話す存在（パロールの主体）から逃れている」（同上）と言う。また、「知の訓練は、享楽として表象することしかできない」（同上）と言うが、それは知の営みが、つねに不十分で、必ず挫折するということである。言いかえると、知は、主体と現実界をつ

第一章　沿岸的ということ　　217

なぐことができないのである。

　さて、文字は、主体と知が分離する境界の場所に残されていた。それは、主体を規定する三つの領域のなかで、現実界と象徴界と沿岸地帯を形成していた。それらは、はじめに述べたように、あくまで観念的な構成物で、自然の地理にそのまま対応しているわけではない。しかし、ラカンは、この最後の日本旅行を、あたかも現実界との境界にふれようとする旅のように語り始めている。もちろん、ひとはこの世でじっさいに現実界とは出会えないが、日本では、象徴界が一様に支配している他の場所とは違う体験ができるだろう。その期待によって、この旅行を心待ちしていたのである。彼は、論文「無意識における文字の審級」の引用からも伺えるように、人間を考察するにあたって、自然と社会の他に、文化という次元を加えようとしている。それらの次元のうち、ここでは他の分野における区別はわきにおいて、彼は、人間をもっとも根本的に定義する次元を文化に認めて、その根底を人間が言葉を使って生きていること、すなわちランガージュであるとしている。

　日本列島は、地理的にはユーラシア大陸から、直接には中国大陸から隔てられている。大陸と列島を分ける東シナ海と日本海に沿ったところが、境界をなす沿岸地帯だろう。海をはさんで大陸から隔てられた日本語について、ラカンが注目するのは、やはりそこで使用されている文字（littera）と、日本語におけるその役目である。固有の文字をもたなかった日本語が最初に出会ったのは、中国大陸からの漢字であるが、その時期は非常に早く、一世紀か二世紀ころとされている。そして、ひとのランガージュとしては共通している中国語と日本語も、ラング（国語）としては、音韻体系も文法もまったく異なり、文字の発音も、そのままでは日本語の発音になじまない。この事情は、海によって同じユーラシアのヨーロッパ大陸から隔てられたイギリスとは、非常に異なる。イギリスに伝えられたのは、歴史的には多くの種類があるアルファベットの一つで、それは表音文字体系に属する。それに対して、漢字は、それ自体に意味があるという大きな特徴をもっている。以前から、それは表意文字と呼ばれて、表音文字と区別

されてきたが、漢字には、文法上の機能をもつだけの文字もあるので、現在では表語文字と呼ばれることが多いようである。しかし、基本的に音と意味とを同時に表わしている漢字が伝えられたことは、その後の日本語に、いわば決定的な影響を与えたと言えよう。

ラカンは、このような表語文字としての漢字を受け入れ、それを他の国語には見られない独特な仕方によって使いこなしている日本語に興味をもち、そこに象徴界が一様に支配して現実界を追い出してしまった、旅するのが不可能な世界とは違った場所を体験しようとした。しかし、それはあくまでも、精神分析の治療経験に由来する文字についての理論的考察から出た発想であって、自然の地理的な条件と文化の関係というような観点とは別である。だが、その区別を認めたうえで、やはり日本が海を隔てて大陸に沿った島国であるという自然の条件と、日本文化の特殊性、あるいは独自性との関係というテーマは、いつも多方面からさまざまに議論されている。そのさい、日本と同じ島国であるイギリスがあげられることも稀ではない。

例えば、政治思想史の立場から、丸山真男は、「日本が島国であることの思想史的意味は重要である」としながら、「イギリスと日本を同じ『島国』とよぶことは誤解を招く」と言う。「日本は東シナ海と日本海によって大陸から隔てられている。しかし同じ海による（ユーラシア大陸からの）隔離でも、イギリスの場合とは比較にならぬほどの差がある。ドーヴァー海峡は昔の幼稚な技術でも容易に渡ることができた。ローマ帝国の時代でもイギリスには渡れた。したがってイギリスは、昔から文化的に大陸と一体化していた。……イギリス人たちの古典は、ヨーロッパ人にとってと同じ、地理的に何のかかわりもないギリシャ・ローマの古典である。しかし、日本では、『古事記』『日本書紀』を民族の古典とみなしており、それはわれわれの血の祖先が作ったものである。……いかなる国のカルチュアも種々の異質な文化との交流のなかに成長している。にもかかわらず日本のカルチュアは長期にわたって持続性をもち、大陸とは違った発展を遂げている。……以上をまとめれば、日本文化（狭くは思想）の空間的所与は、日本の島国性、つまり異質な外来文化の流入によってそれ以前の生活様式が根底から崩れ

るには大陸からあまりにも離れており、逆に、完全に閉鎖的な自足性を保つにはあまりに近い位置にあったということである。」(『丸山真男講義録(第6冊)、日本政治思想史1966』、東京大学出版会、9、11頁)。

丸山の以上の指摘は、「思想史」にかぎらず、日本文化の研究者たちから広く、一般に認められるはずである。けれども、ひとを「話す存在(parlêtre)」と規定する精神分析の立場からは、「異質な外来文化の流入」のうちで、とくに、中国から漢字が伝来したことを大きな特徴と考えるのである。丸山も、すでに上の講義より25年以上前(1945年)に、日本語が漢字を採用したことについて、こう記している、「ヨーロッパの言語が単に音を表現するにすぎないに対して、日本及支那の言語(つまり漢字)が、形を象徴していることの差異は限りなく重要である。言葉が直接に語らずに、象徴を仲介として語ることは具体的感覚的なものへの言語の結びつきを決定的なものとして、抽象的思惟の形成を頑強に妨害する。言語に於ける文学的、象徴的なニュアンス Nebentone の脱却こそ科学的思考の前提である」(『自己内対話――3冊のノートから』、みすず書房、12頁)。ここでは、たしかに象徴が問題になっている。しかし、精神分析家にかぎらず、いかなる言葉も、けっして直接には語らないと考えているのではないか。問題は、その語り方であり、そこに文字が介入するのである。

言葉は、それ自体が象徴として、つねに間接的に語る。文字は、その言葉からこぼれ落ちた残滓である。したがって、それが音を表わす(表音)か、形を表わす(表形)かによって、「抽象的思惟」の形成を左右するかどうかは、よくよく考えてみなくてはならない。ちなみに、引用文の「形を象徴している」という表現は、「漢字が表形文字(こういう用語があるなら)として、象徴の役目をはたしている」と言い代えなくてはなるまい。また、「象徴を仲介として語る」という表現も、「象徴」ではなく、「形を表わす文字を仲介として語る」と言わなくてはなるまい。「形」は、たしかに「絵」のように、何か感覚できる具体物と結ばれやすい。しかし、象形文字の見本のように紹介される古代エジプトの文字も、やがて変化して、ヒエログリフ・アルファベットと言われるような、形とは関係のない単子音を表わす文字となった。その文字がフクロウを表わしていても、文字の音

価mは、形に結ばれる意味とは何の関係もないのである。

　形を表わす文字は、そのように、たんなる音価になることもあるが、それを使用するからといって、きまってものを抽象的に考えるのが不可能になるとは想像しにくい。また、漢字の意味が、どれほど具体的なものと結ばれやすくても、そのことが「抽象的思惟の形成」を決定的に妨げるとは考えにくい。丸山は、引用した上の文の直前に「イデアールなものこそ最もレアールである」と、ヘーゲルの文句を思わせるような文を書いている。それに対して「思想がそれ自身目的として、その内在的価値によって尊重される精神が乏しいのが我国の現状である」としているが、それから70年以上、日本では思想によって何が「真」であるかをまじめに（sérieux）問われたことはなく、その状態は変わらないとしても、それが漢字の性質に決定的に由来しているかどうかは、やはり考えてみなくてはならない。漢字は、言うまでもなく、書かれるとともに、読まれるものである。そこで、当然ながら、それによって生まれる意味作用が、つまり意味の生まれるプロセスが問題なのである。

　意味作用は、文字そのものから生まれるのではない。文字は、ディスクールから生まれ、読まれはするが、それ自体では意味作用を生まない。意味作用を生むのは、シニフィアンであり、意味作用によって生まれるシニフィエは、シニフィアンの効果である。このことは、ラカンによる理論的な前進の成果であり、それによって表音文字と表意文字に大別されてきた文字に共通する本質が明らかになった。抽象的思惟は、論理的、概念的思考とも呼ばれるが、そのような思考は、文字によって行われるのではない。それは、享楽を目指すシニフィアンによって行われるのである。そして、丸山が強調している「科学的思考」も、まったく例外ではない。その思考は、シニフィアンが象徴界で生む意味作用から離れているどころか、まさしくそれに従っている。そして、その成果とされる知は、シニフィアンが享楽を断念したことの代償であり、そのために、当然、主体との分離をもたらすのである。

　文字は、読まれるものである。ラカンは、「リチュラテール」を発表した２年後の講義（『アンコール』、第10講）で、ふたたび日本旅行について

第一章　沿岸的ということ　221

ふれ、シベリア上空から眺めたいくつもの水流を、つなげることのできない書字の跡のようなものだと語っている。文字を読む（lire）のは、それをつなげる（lier）ことで、二つの単語は、同じ文字で書かれている。もし本当につなげることができたら、それによって性関係を書き込むことができるだろう。だが、それは知への道筋が遮断されているのとまったく同じように不可能である。にもかかわらず、文字は、それをつなげようとして、書かれることをやめない。文字は、そこで性関係の書き込みと、知が座礁した岸辺に残された残骸である。こうして残された文字と、シニフィアンから生まれる意味作用との関係は、どう考えたらよいだろうか。

シニフィアンの効果として生まれるシニフィエは、例えば「月」や「猫」のようなそれぞれの単語がもつ意味ではない。ラカンは、「シニフィエは、シニフィアンから聞き取るものを読むことから生まれる」（『アンコール』第3講）と言う。そこで、シニフィアンと文字の関係を改めて考えてみると、文字は、記号として形と音声に結ばれる。そこから、何らかの意味作用が生まれるならば、その形と音声は、文字のシニフィアンである。初めて目にする、まだ音声化されていない文字であっても、そこから意味作用が生まれるなら、その形はシニフィアンであり、それは言語記号として、音声で何かを訴えている。そこで、精神分析では、シニフィアンとなった文字から、何かを聞き取ると言う。それが、文字の意味を読むことであり、さらには、解釈することである。

だが、性関係が不可能で、知が挫折した境界のところに残された文字からは、意味を読むことができない。そういうぎりぎりの境界の向こうは、たんなる無意味であり、すべての文字は、つまるところ、そのような境界に残されている。しかも、それをあくまで読もうとすれば、その手前に引き返す他はない。そこは、シニフィアンを土台にしたランガージュの世界であり、ディスクールによって支えられた場所である。文字は、そのような場所で読まれ、意味を与えられる。つまり、沿岸的である文字は、そこでシニフィアンとしての働きをすることになる。文字は、そのように、シニフィアンの素材となり、そこから生まれたシニフィアンが、こんどは文字を象徴界と現実界の境界に向かわせることになる。こうして、シニフィ

222

アンは現実界に近づき、また象徴界にもどる動きをくり返し、文字は、その境界に位置して、沿岸地帯を形成するのである。

　ところで、境界に位置する文字が象形文字であるか、表音文字であるかは、文字の沿岸的な本質を左右しない。ラカンが日本旅行を待望していたのは、日本に伝えられた漢字が、絵文字を起源とする表語文字であるからではない。漢字は、たしかに、アルファベットでは見えにくい文字の本質を教えてくれるが、あくまでも、それはすべての文字に共通する本質の一面であって、漢字だけのまったく特殊な性質ではない。彼が注目したのは、むしろ、中国から伝来した沿岸的な漢字が、それ以来日本語から受けた待遇の特徴とでも言うべき面である。そこから、象徴界と現実界、シニフィアンと享楽、対象aと欲望など、精神分析が主体を規定する前提として用いている概念どうしの関係を、新たな面から見つめるきっかけが与えられるかもしれない、そう期待していたのである。

第一章　沿岸的ということ　　223

第二章　「見かけでないようなディスクールについて」

　1971 年度のセミネールは、ミレール版の第 18 巻に、その記録が公刊されている。論文「リチュラテール」のもとは、その第 7 回目の講義（5 月 12 日）である。このセミネールでは、とくに 3、4、5 回目の講義で漢字について語り、それが日本旅行の主題とつながっている。「見かけ」の意味を説明した最初の講義とともに、そこをかいつまんでざっと見ておきたい。

　ラカンは、最初の講義（1 月 13 日）を「本年度のセミネールのタイトルについてのまえおき」と題して、あらかじめ「見かけでないようなディスクールについて（D'un discours qui ne serait pas du semblant）」と板書して、「ここで問題のディスクールは、私のディスクールではない」と切り出している。わざわざ板書されたこの表題では、「ディスクール」を主語とした動詞（être) が条件法（serait）であること、「見かけ」に前置詞（du）がついていること、この二つが目につく。

　はじめに、動詞が条件法であることは、もしそういうディスクールがあるとすればという含みから、じっさいにはないだろうという意味を伝えている。次に、前置詞の du は、それをいわゆる主格的属格（génitif subjectif）ととるか、目的格的属格（génitif objectif）ととるか、どちらかに即断できない。ちょうど、「父性隠喩」の定式における「母の欲望（désir de la mère）」の de が、母が欲望しているのか、母を欲望しているのか、そこに両義的なところが残されていたように、ここでも主格的属格として、見かけでないものから生まれるようなディスクールなのか、それとも目的格的属格として、見かけでないものを生むようなディスクールなのか、すぐには分からない。しかし、やがてラカンはこう述べて、それがここでは主格的属格ではないと断っている。「この *du semblant* は、何か他のものの見かけではありません。」「*du* は、目的格的属格ととらなくてはなりません。それはディスクールの組織に合った特有の対象を意味します」（J. Lacan,Le séminaire ⅩⅧ,Seuil,p.18）。

　彼は、こう続けている、「でも、この *de* は、同時に主格的属格ととるべ

きでしょうか。つまり、それはディスクールをつかんで、それを保持しているものに関する見かけである、と。いや、ここでは主格的という語は遠ざけなくてはなりません。その理由は簡単です。すなわち、主体がどこかでシニフィアンとつながり、それが主体として出現するのは、ただ、一度だけだからです。主体は、その後、シニフィアンの分節の産物でしかありません。そして、主体は、いかなる場合でも、自身でこの分節を支配することはありません。まさに、その分節によって決定されるのです」（同上、同頁）。主体が大他者の場所で代理表象され、その欠如を埋めるためには、一つのシニフィアンがあれば十分である。ラカンは、それをS_1と記した。しかし、主体がそこに止まるならば、それは主体の死を意味する。主体は、そこで、ランガージュの世界の表象に向かい、その法則に従わなくてはならない。表象は、シニフィアンとして与えられ、シニフィアンは、主体を別のシニフィアンに向けて表象することによって、はじめてその役目をはたすのである。

　そのことについて、ラカンは、講義の始めにこう述べている、「シニフィアンは、主体を代理表象しますが、主体が代理表象されたところに、すでに主体はいません。そこは主体がいないところで、主体はすでに分割されています」（同上、p.10）。これを言いかえると、シニフィアンによって代理表象される主体は、主体のいないところで話す、ということである。そして、それは同じように、見かけ（du semblant）の du が、主格的属格ではなく、目的格的属格として使われていることの理由を示唆している。主体のいない場所、そこは見かけの場所である。その場所は、主体がディスクールのなかで、そこから私の存在について、私がそうであるものについて、すべてを語るところである。したがって、見かけでない私を主格として、その私から生まれる、属格（私の）としての見かけでないようなディスクールはありえない。もし、見かけでないようなディスクールがあるとしたら、それは私からではなく、そのディスクールから見かけでないものが生まれる、目的格的属格としての、見かけでないようなディスクールである。しかし、それは本当にあるだろうか。

　ディスクールにおいて、「見かけ」と「真理」の場所は分離されている。

第二章「見かけでないようなディスクールについて」　225

ランガージュにおいても、シニフィアンは、見かけから真理には届かない。しかし、パロールの主体としての「私」が、真理を語らないかというと、そうではない。ラカンは、1974年に放映され、記録が公刊された『テレヴィジョン』の冒頭で、「私は、つねに真理を語ります」と言った。これは視聴者の意表をついた言葉として知られているが、続いて「ただし、すべてではありません、なぜなら、真理のすべてを語ること、それはできないことだからです」と言い、その理由として「真理のすべてを語ることは、素材の面から不可能です。つまり、それには言葉（mots）が足りないのです。真理が現実界に由来するというのも、まさにこの不可能によっています」（『テレヴィジョン』、邦訳、青土社、15頁）と語っている。文中の語る（dire）は、パロール（parole）として語る（parler）ことで、この当時、彼は「言うこと（le dire）」と「言われたもの（le dit）」を峻別していて、dire は、かつてパロールとランガージュを分けて、パロールによって語るのを意味した parler、つまり個人の言葉として語るのに近い。

　そうしてみると、冒頭の文句は、ひとはだれでも「私」として、いつも真理を語るのだが、それは部分的な真理で、全体的な真理ではない。ひとはランガージュの世界で、いくら語っても、言葉という素材で全体的な真理を語ることはできないのである。それにもかかわらず、私はつねに真理を語る。その真理は、当然、部分的な真理であろう。私は、その真理をパロールによって話す。私がパロールによって話す言葉が、部分的な真理を伝えるのである。なぜなら、その言葉は、私の欲望にかかわるからである。そこで、パロールは、ランガージュとは区別される。というのも、ランガージュは、象徴界の法にかかわるのに対して、パロールからは、欲望がうかがわれるからである。象徴界の法とは、つまるところ象徴的な去勢の法であり、パロールとランガージュは、それぞれ欲望と去勢、真理と法に対応している。

　精神分析家は、分析主体の言葉から、いつも意味の分からない文字を耳で聞き、それを読もうとするのだが、ディスクールのなかで聞きとる言葉はパロールであり、また、パロールでなくてはならない。パロールは、ランガージュと区別されるが、ディスクールと同じように、ランガージュを

その背景としており、ともにランガージュの支配のもとにある。また、パロールは、コミュニケーションの舞台であるディスクールのなかで、象徴界の法に直面する。パロールからは、意味作用と意味の効果が生まれるのが、その目立った特徴である。しかし、パロールによる意味作用は、とくに通常のディスクールでは、欲望と真理をうかがわせる意味の効果から遠ざかり、意味のない日常の表現（disqu'ourcourant）のなかに消えていく。精神分析家は、それに職務上さからって、「私」の言葉を欲望と真理にかかわるパロールとして聞く。つねに真理を語る「私」は、むろんラカンだけではなく、分析主体を含めたすべての「語る存在」である。

　ディスクールのなかでパロールをもって話すこの「私」を、もう少し詳しく見ると、それはシニフィアンによって分割されて、私のいないところで真理を話す主体であった。そこで真理について話している「私」は、「私」のいないところで話している「私」であり、それはいつ何時でも「私」の見かけである。ランガージュの世界に住む「私」は、ディスクールにおいて話すより他にないが、そのパロールは、「私」のいないところで話している言葉である。パロールは、ディスクールのなかで、「私」のいないところで話し、「私」のいない見かけの場所にいる。「私」は、その場所から自分がだれであるかを考え、その自分を「私」の存在として、ディスクールのなかに据える。しかし、そこからのディスクールの道筋は、真理の場所に通じていない。ラカンは、その場所は現実界に由来すると言う。「私」は、そこへ行くことはできない。しかし、真理が現実界からやってくるとは、じっさいにどういうことだろうか。

　現実界は、象徴界から離れてはいても、象徴界に呼びかけている。真理は、その呼びかけに応じる場所である。しかし、現実界は、象徴界から追放された場所で、言葉はそこに届かない。それゆえ、真理が現実界に由来するという、精神分析の見方からは、真理が言葉と事象との一致であるという古典的な定義は通用しない。ディスクールにおいて、ひとが最初に他人たちと社会的な行動をともにしながら主体になるのは、ひとが自分のふるまいを動因とする能動者の場所であった。だが、そこはひとが本当の動因（agent）としている場所ではなく、見かけの場所である。つまり、そ

第二章「見かけでないようなディスクールについて」　227

こはひとが最初に何らかのふるまいに出た場所で、ひとはそこで自分のふるまいについては、まだ何も考えない。しかし、ひとがそれから自分がいて、自分はこういう者だと考えるのは、その場所からである。それは見かけによって、それだけによって確保されている。

　その後、話す主体は、真理について言葉をもって語る。しかし、その真理は、何か現実的なものにつながるだろうか。ひとのふるまいは、見かけの場所で、何か実質的なものを隠しているわけではない。そのふるまいは、ひとの存在ではなく、見かけは、その背後に現実的なものを何も隠していない。見かけとは、いわば隠れていないものの見かけである。存在は、ひとが話す主体として、後になって語るものである。ひとがその場所で語る真理も、また、現実的なものとつながるわけではない。だが、一方でラカンは、その真理が部分的ではあるにせよ、私はつねに真理を語ると言う。それは、現実界が、象徴界から離れてはいても、それにいつも呼びかけているからである。それに応じているのが、主体のパロールであり、ひとのふるまいとしての言うこと（le dire）である。

　そこで、精神分析家は、分析主体の言うことを、現実界の呼びかけに応じたパロールとして聞く。分析主体も、つねに真理を語るが、やはり部分的で、しかもその言葉はつねにあいまいである。これは、ランガージュの世界におけるシニフィアンが、そもそも一義的な意味の効果を生むとはかぎらず、多義的な性質をもっているからで、そのために、言葉にはいつも謎が残されるのである。ラカンは、「見かけでないようなディスクールについて」と言ったあと、それがありうるかどうかは、分析家としての私の立場から出された問いであると語る。そして、その立場とは、人為的、人工的な立場（l'artefact）であり、さらに「私が人為的と言うのは、そこから自然的というような、何か別の観念を思い起こさせようとするためではありません」（Séminaire XVIII ,p.12）と言っている。つまり、ディスクールが人為的であるのは、そのそとに自然的な何かがあるということではなく、そこにおいて私がものを言うという事実だけを指しており、その私が分析家の立場であるとしている。

　それは、分析主体の言うことを、つねにパロールとして、そこに現実界

からの呼びかけを聞こうとする立場である。すると、その言葉からは、ランガージュによってあらかじめ準備され、認められているような意味の効果を予想することはできなくなる。同時に、分析家は、日常のディスクールのなかに行き渡っている、確立された意味作用から遠ざかる。つまり、それはランガージュが支える社会組織、社会体制、社会構造、歴史や伝統などの、あらゆる既存の社会的脈絡から離れたところで、言葉を聞く立場である。いわば、孤立した欲望の主体である個人の言うことを、孤立した個人が聞いている。そのとき、分析主体の言うことは、ただ大他者への訴えの言葉になる。意味は、そこから象徴界における既存の効果を離れて、大他者からの応答を待つあいだに生まれる。だが、シニフィアンの貯蔵庫としての大他者からの応答は、一義性を欠き、必ずあいまいな多義性を残している。それにもかかわらず、分析主体は、みずからを代理表象するシニフィアンによって、一義的な全体性を欠いた大他者の欠如を埋めようとする。そのとき、分析主体の味わう体験が享楽である。

　そうしてみると、分析家は、治療過程において、分析主体の享楽とその挫折に立ち会う者となる。シニフィアンに代理表象された主体は、そのpassion（情熱、運命）によって享楽を目ざす。しかし、ランガージュの世界で、すべてのディスクールは見かけである。もし、見かけでないようなディスクールがありうるとすれば、それにはディスクールのなかでシニフィアンが真理を試練にさらし、その正体を明らかにすること以外にないが、ディスクールは、そもそもランガージュを背景にして、その去勢の法を土台にしている。したがって、シニフィアンは、その土台の上で主体の欲望と享楽にかかわらざるを得ない。欲望する主体からパロールとして言葉が口にされると、それは象徴界を支える装置としての、四つの場所からなるディスクールの構造のなかに編入される。

　ラカンは、その過程を論文「フロイトの無意識における主体の壊乱と欲望の弁証法」のなかで、こう書いている「〈パロール〉が見かけからシニフィアンの次元に移ることによって、はじめて開始されること、そして、シニフィアンは、それの支えている〈パロール〉が嘘をつくことができるように、言いかえると、〈真理〉として提出されることができるように、

第二章「見かけでないようなディスクールについて」　229

もうひとつの他の場所——大他者の場所、証人である大他者、相手のいずれからも大他者である証人——を要求していること、それは明らかである。それゆえ、〈真理〉がその保証を引き出すのは、それがかかわっている〈現実らしさ〉とは別のところからであって、それは〈パロール〉からなのである」（邦訳、『エクリ』Ⅲ、弘文堂、316頁）。パロールが「嘘」をつくというのは、それがランガージュの世界で口にされると、そこではシニフィアンが見かけから出ているにもかかわらず、ディスクールのなかでは、何か現実的なもの（「存在」）を指す「真理」であるかのように言われるからである。それゆえ、「真理」が保証されるのは、ランガージュによっていかにも「現実らしさ（Réalité）」として提出されるものではなく、分析主体が孤立した個人として口にするパロールからである。

　しかし、見かけは、ディスクールのなかで、あたかも真理を土台にして、それを想定しているかのような場所をとっている。だれかが、そこで「私」と言うと、その「私」は、パロールの欲望する主体と、ランガージュによって真理へと向かう、シニフィアンに代理表象された主体に分割される。その過程で、パロールは嘘になり、「私」は欲望を隠蔽するのである。享楽は、「私」によって欲望の隠蔽された主体がシニフィアンとのかかわりにおいて味わう体験であるが、つまるところ、それは「もの」との出会いに失敗する。「もの」は、現実界の側にあり、享楽もそこに向かう。しかし、享楽は、大他者の欠如を埋めようとするシニフィアンにかかわるやいなや、絶対的な対象としての「もの」は、ばらばらになって姿を消す。この体験をランガージュの過程において見るなら、それは構築されてきた知が、ついに壁に出会い、そこから無意識が現われることである。ラカンは、セミネール『アンコール』で、こう言っている、「無意識とは、存在が考えるということではありません。——無意識とは、存在が話をしながら享楽はするが、それについてもっと知ろうとしないことです。さらに、それはまったく何も知らないことだと、つけ加えておきましょう」（Séminaire,XX,p.95）。

　上の無意識の定義は、語る存在の享楽と、知との関係についても示唆している。シニフィアンの網によって構成されている知は、そもそもディスクールにおける見かけから出て、真理とは離れている。知が真理につなが

るとされるのは、それがランガージュの世界において、創設的なシニフィアン（S_1）が、続くシニフィアン（S_2）に切れ目なくつながると想像され、そのような意味の効果をもつからである。しかし、知は、享楽が「もの」との出会いに失敗する以前から、享楽については何も知ろうとしない。シニフィアンの区切りにはすき間があり、知には切れ目があって、そこから無意識が生まれるのである。このような知の見方は、当然、知の伝統的な概念とのあいだに齟齬をきたす。分析主体は、創設的シニフィアン（S_1）と続くシニフィアン（S_2）とのすき間から現われてくるが、そこは知の切れ目でもあって、分析主体は、そこから意味の効果を欠いた無知の主体、すなわち無意識の主体として現われてくる。このような主体は、伝統的な知に支えられた認識する主体ではなく、シニフィアンの網のなかで、言われたもののそとにある真理との出会いの失敗を繰り返す主体である。

　そこで、精神分析の立場から、主体は知の切れ目から、知によって分割された主体として現われるとなると、分析家が分析主体に告げる解釈については、どう考えたらよいだろうか。解釈は、分析家が行う職業的な義務であるが、もともと意味にかかわりがある。そして、ややもすれば、本来の意味とか本当の意味を見つけたいという願いに応えるものだとみなされる。しかし、知についての以上の見解からは、ある一つの意味を本当であるとか自明であるとすることはできない。分析治療のなかで、そういう意味があるとしたら、それはとくに分析家の側が、ランガージュの世界におけるシニフィアンのつながりから、知らぬ間に強制された意味なのである。分析家も、当然、知の切れ目によって分割され、真理には到達しない。そして、どんな解釈にも最終的な意味はない。それゆえ、分析家の解釈は、知が無知の壁に突き当たるまでシニフィアンのつながりを追い、分析主体のパロールから、語る存在が知によって分割されているのをお互いに認めるまでの過程で、新しい意味を生もうとする試みだろう。

　精神分析は、主体と知が分割されているという見方から、ディスクールにおける真理の場所と概念に問いを向ける。「真理は、パロールの他に基盤をもたない」は、くり返し言われるが、ラカンは、セミネール『アンコール』のなかで、いくつかそれにつけ加えている。「真理は、半ば言う

第二章「見かけでないようなディスクールについて」　231

こと（mi-dire）しかできません」（第8講）。「真理は、それがすべてであると言い張ります」（同上）。「真理とは、言われたものの次元（dit-mension）です」（第9講）。「真理は、大袈裟なものではありませんが、不可欠なものです」（同上）。どれも、真理がランガージュの世界の産物であると言っている。パロールは、ランガージュの世界において、たんに「言うこと（dire）」から「言われたものの次元」に移される。そこで、シニフィアンの網のなかに掬いとられるのである。真理は、主体そのものと一つではないから、すべてではない。そこで、割り引いて受けとらなくてはならないが、象徴界に生きる主体にとっては不可欠なものである。そして、以上のような真理は、パロールがランガージュの世界では嘘になりうるということから、分析家の解釈においては、謎として残されなくてはならない。

　ところで、ディスクールの四つのタイプは、どれも見かけの場所から始まって、真理に向かう。分析者のディスクールは、対象 a が見かけの場所をとり、知（S₂）が真理の場所にくる。つまり、分析者のディスクールにおいて、知はつねに謎であり、語る存在から逃れ、無意識によって表現される。しかし、また、それは知こそがシニフィアンであるのを強調するディスクールでもある。ただし、そのシニフィアン（S₂）は、主体を創設するシニフィアン（S₁）ではない。ランガージュの世界では、あるシニフィアンが他のすべてのシニフィアンに対して主体を代理表象しにやってきて、それによって主体を決定しようとする。それは創設的シニフィアンとも、主人のシニフィアン、あるいは、単に主・シニフィアン（signifiant-maître）とも呼ばれる。しかし、すべてのシニフィアンは、もともと同等であり、それぞれのあいだには差異だけがある。そこで、主・シニフィアンも、ただ一つの決まったシニフィアンではない。それは無数のシニフィアンのなかの一つであって、その他のシニフィアンは、いわばその余りになる。知も、この余りから、無数のシニフィアンのつながりによって形成される。
　一方、主体は、いちどランガージュの世界に編入されると、欲望する対象との直接的な接近はできなくなり、言葉による要求に訴え、欲望はパ

ロールのなかの欠如として、あるいはシニフィアンの切れ目として語られるだけである。そこから、ディスクールのマテームにおける対象 a の要素が欠かせないことになる。ところが、主人のシニフィアンは、無数の同等なシニフィアンのなかから、一つのシニフィアンが主体を表象して、その他のシニフィアンを支配しようとする。それらのシニフィアンは、知の総体（S_2）であるが、主人のシニフィアンはそれらに対して、それだけが主体を表象する唯一のシニフィアンであると主張する。このシニフィアンを見かけの場所に据え、それが支配する知によって大他者の欠如を埋め、全体的な真理に到達しようとするのが、主人のディスクールである。

　ラカンは、セミネール『アンコール』のなかで、主人のディスクールとは「私を存在させるディスクールです（le discours du maître, *m'être*）」と言っている。すなわち、「存在のあらゆる次元は、主人のディスクールの流れのなかで生みだされるのですが、それはシニフィアンを口にするときに、なおざりにされない社会的な絆の効果を期待する者のディスクールであり、その効果はシニフィアンが命令することにあります」（第3講）と言っている。どのシニフィアンも、主人のディスクールにかぎらず、たんに意味の効果を生みだすのみならず、何かを命令したり、何かがあると思わせたりする。主人のディスクールでは、そのシニフィアンが、それがデカルトの「コギト（考える）」のように、「私はある（存在する）」を生む。そのさい、欲望の原因としての対象と、それがじっさいにあること（存在）とが重なってしまうが、そこではシニフィアンによって分割されている主体（S）が真理の場所にあって、それを覆い隠しているので、それ自体としては存続できない。そのディスクールから生まれる対象 a は、つねに幻想のうちにとどまっている。

　分析者のディスクールは、それに対して、ふつうには主人のディスクールの裏側であると考えられている。それはディスクールのなかで、主人のそれがあるシニフィアンによって他のシニフィアンを支配しようとするのに対して、分析者のそれは、どの要素による支配からも遠ざかり、とくに知を査問に付して、そこに多義性と主体の分割を認めるからである。とはいえ、それは欲望の原因（対象 a）をシニフィアンによって分割された主

第二章「見かけでないようなディスクールについて」　233

体につなごうとするが、つまるところそれは不可能で、そこから生まれる創設的なシニフィアンも、まったく偶然の産物である。さらに、それが主人のディスクールの裏側であるとも、簡単には言えない。ラカンは、「見かけでないようなディスクールについて」の冒頭で、「主人のディスクールは、精神分析の裏側ではありません」と言っている。そして、そのディスクールは、分析者のディスクールのねじれ（torsion）そのものを見せてくれるとして、メビウスの帯に言及している。すなわち、両者には表裏がなく、一方が表として進むと、いつの間にか裏となり、それは他方にとっても同じである。フロイトが、主人のディスクールから分析者のディスクールへと進み、それが弟子たちによってふたたび主人のディスクールへと進んだのは、とくに珍しい例ではなく、ディスクールの構造から起こるのである。

　さて、そのような分析者のディスクールは、「はたして『見かけでないようなディスクール』はありうるか」と問われたとき、ありうると応じることができるだろうか。たしかに、精神分析は、語る主体から分離されている知を謎として、それが無意識的なものであるとして問題にする。知は、主人のディスクールにおいては、不可能な知であり、大学人のディスクールにおいては、既存の、確立された知であり、ヒステリー者のディスクールにおいては、偶然の産物としての知である。それに対して、分析者のディスクールにおける知は、問いただされる知、査問に付される知である。そこでは、知を問いただす行為が求められている。主人は、創設的なシニフィアンから、判断の真偽、正誤の基準となるような知を演繹して、そこから知の裾野を広げようとする。だが、分析者は、そのような知の支配を遠ざける。

　知の現象形態は、つねに主語と述語をもつ文としての言葉である。分析者のディスクールは、真理の場所をとったそのような知から、支配的な意味の効果を取り去って、真理を開かれた場所に置こうとする。そこでは、欲望の原因（対象 a）が見かけの場所にあって、それが最終的に謎としての真理に届くのは不可能である。しかし、そこまでの道のりで、主体は自由であり、その道中は昇華と呼ばれている。語る主体は、すべて、見かけ

234

と言葉によって支配されて、二重の疎外をこうむっていると言えるが、分析者のディスクールでは、はじめから地上にない対象 a が見かけの場所をとっている。そこで、主体がランガージュの世界で享楽を実現しようとすれば、シニフィアンに拠る他はない。しかし、享楽は、完全に実現させることはできない。昇華は、そこで、主体が享楽を実現する代わりとして経験する過程である。主体は、昇華の過程で、ひたすらシニフィアンに拠って享楽を実現しようとする。しかし、それは象徴界とのかかわりにおける享楽であり、ファルスの享楽であって、かつての母であった大他者の現実的な身体をわがものにする享楽ではない。その意味で、昇華は、つねに不完全である。

　けれども、もし「見かけでないようなディスクール」がありうるとすれば、それは対象 a と見かけの支配から離れて、語る主体の行為が、無意識の知とひとつになるようなディスクールであろう。語る主体にとって、そのようなディスクールがありうるかどうかは、どちらとも言えない。ラカンは、「無意識の知」について、フロイトの欲動（Trieb）を、生命の現実的な面にかかわる本能（instinct）と英訳した「絶望的な」誤解に対して、「われわれは次のことを強く主張したい」と前置きして、こう語っている。「すなわち、本能は、自然が生きものに対して、これが自分の欲求を満たすために要求する認識のさまざまな方法のなかで、知ではありえないような、ひとを感心させる認識として定義される、と。しかし、フロイトにおいて問題にされているのは、これとは別のことで、それはまさしくひとつの知である。だが、それはディスクールのなかに記入されていて、例えば古代人の習慣にあった奴隷の使者のように、ふさふさとした髪のなかにその死を宣告している法令書を運ぶ主体は、その意味も、本文も、またそれがどんな言語で書かれているかということも、さらには彼が眠っているあいだに、ひとがその剃られた頭皮に入れ墨をしたことさえも知らない。そういう点で、ほんのわずかな認識さえも含んでいないような知である」（「フロイトの無意識における主体の壊乱と欲望の弁証法」、邦訳、『エクリ』Ⅲ、弘文堂、321頁）。

　まだ体系的な文字をもたなかった時代の奴隷は、頭皮に本人の死刑を宣

告した記号を記されて宛先に送られる。その記号は、エクリチュール（書かれたもの、文字）であり、奴隷の運命は、その文字に託される。彼の運命を決めるのは、その身体に刻まれた記号であり、象徴界で書かれた文字である。それを書いたのは神ではなく、奴隷の主人でさえもなく、ディスクールの社会的な絆で結ばれている人びとである。しかし、奴隷は、その文字について何も知らない。それが書かれたことも、その意味も、それが身体に刻まれて、自分がその宛先でそれに代理されている主体になることも知らない。無意識の知とは、奴隷を文字の配達人（使者）に同一化させて、彼を死に向かわせる知である。このことは、ちょうどポーの短編「盗まれた手紙」のなかで、大臣が王妃から盗んだ手紙が取り戻されたあとで、デュパンに向けた質問につながる。それは、あの「オートマトン（自己偶発、シニフィアンの網）」に向けた問いとされている。

「わたしが自分の財産によってテュケー（偶運、現実界との出会い）を賭けて転がすさいころの姿、お前は一体何者だ。人間の一生を、お前の記号（シーニュ）がその錫杖となっている意味作用の名において、朝な朝なに勝ち得られたこの執行猶予にしてしまうあの死の現前でないとしたら、それは何ものでもなかろう」（「《盗まれた手紙》についてのゼミナール」、邦訳、『エクリ』Ⅰ、弘文堂、45頁）。テュケーとは、運命（destin）である。シニフィアンの網のなかを移動する主体は、何度でも現実界との出会いの場所にやってくる。人間の一生は、それが死ぬまで反復される執行猶予の期間である。そのあいだ、人間は対象aとなったシニフィアンの見かけと、そこから生まれる意味作用によって、象徴界から意味を受け取り、おしゃべりを続ける。しかし、反復するシニフィアンの循環そのものは無意味であり、享楽を実現しようとして現実界との出会い損ねをくり返しているにすぎない。無意識の知とは、循環するシニフィアンの網のなかで代理表象された主体が、死に至るまで自分の身体に刻まれた文字の意味を知らないような知である。

書字（エクリチュール）は、書かれたもの（文字）であるとともに、書く行為でもある。ディスクールのなかで、パロールは声を出して話すことであり、シニフィアンは、まずそれによって支えられ、書字はパロールと

区別される。では、ディスクールのなかで、書字はどうやってその不可欠な要素になるのか。つまり、パロールと同じように、シニフィアンを支える役目をするようになるのか。ランガージュにおいては、ギリシアの昔から、書字がパロールに比べてあくまで二次的な、記号の記号としての役割をはたしているにすぎないとされてきたが、はたしてそうだろうか。デリダ以来、やかましく議論されているその問題はわきにおいて、ここでは、あの頭皮に刻まれた死刑宣告の文字に戻ってみよう。それは一本の線であったかもしれないが、たんなる線ではない。奴隷は、それを文字として宛先に届け、そこで文字から生まれる意味の効果によって主体になる。奴隷はその書かれた文字に、主体としての運命をすべてゆだねたのである。

　しかし、そのエピソードは、主体と文字の関係のすべてを語ってはいない。書かれた文字に同一化した主体としての奴隷は、少なくとも可能性として、自分で文字を書くこともできるし、それによって宣告に逆らうこともできるのである。文字は、原理的に、書かれたものであるとともに書くものでもある。それによって、文字がひとの運命にかかわることには、二つの面が生じる。書かれた文字がひとを運命づける面と、ひとは文字を書くように運命づけられている面である。さらに、文字には、それが読まれるという、もう一つの面がある。シニフィアンが、それぞれ示差的であるゆえにシニフィアンであったように、文字も、頭皮に刻まれて、奴隷が同一化した一本の線のままであることはできない。やはり、他の文字との差異によって、意味作用を生むようになる。ただし、文字は他の文字から離れて、ただ一つで意味の効果を生むことができる。それぞれは自立しているので、お互いのつながりはシニフィアンのそれのように、いわば論理的ではない。そこで、いくつかの文字をつなげて読んでいるようでも、それらは同じ文字なのだと言われるのである。

　ラカンは、セミネール『アンコール』のなかで「文字は集合を作ります」と言う。「文字は、それらの集合として存在しているのであって、それらを指し示しているわけではありません。それらの集合は、それ自体として働いていると考えなくてはなりません」（第4講）。つまり、文字は、お互いに厳密には何の関係もないものをひとまとめにして集合を作りあげるが、

第二章「見かけでないようなディスクールについて」　237

それには絶対に一つにならないものを集めて（assembler）、あたかもそれを一つの文字が指示しているかのように見せる働きがある。しかし、文字の働きは、けっしてそれだけではない。この指摘には、ディスクールのなかで、主人のシニフィアン（S₁）がその一義性を求めてすべての知（S₂）を支配しようとするのに対して、文字は、象徴界を支えるシニフィアンのつながりのそとにあって、それを根底から揺さぶるような働きをするのを示唆している。

　ランガージュには、話すことと（音声）と書くこと（文字）が含まれる。文字は、ランガージュを背景としたディスクールから生まれ、ディスクールと切りはなすことはできない。それは書かれて、個々に自立して存在しながら、シニフィアンの系とは異なる集合を作り、それが読まれることによって、独自の意味作用を生む。端的に、それは最終的な意味づけを無効にするような、謎を残したままの意味作用である。「盗まれた手紙」の舞台では、手紙（＝文字）は、はじめ王宮のテーブルの上に目に見える実在物として置かれていた。それが盗まれて、いちど姿が隠れると、たちまちシニフィアンとしての働きを強調しはじめ、登場人物たちを、それによって動かされる主体にしてしまう。こうして、手紙は、シニフィアンの働きとひとつになったようにみえる。けれども、同時に、それはシニフィアンの効果として生まれるシニフィエの、象徴界における多義性に道を開くとともに、人びとが動き回る舞台の向こうにある現実的な領域の無意味を窺わせてくれるのである。

　最後に、文字は、ディスクールからこぼれ落ちた残滓であるが、それが書かれるにあたって、もし「見かけでないようなディスクール」があるとすれば、それはaction としてすでに行われたディスクールではなく、acte として現に行われているディスクールであろう、そう結んでおこう。

第三章　漢字の多義性

漢字について、フランスの一般読者向け『知の再発見』シリーズの一冊には、専門家の著者からの次のような引用がある。「中国では、文字が言語の発音要素へ分解されてゆく道をたどったことはなく、文字が話し言葉に準ずる記号として意識されることはなかった。そのため、書かれた記号は独自に存在する事物の象徴であり、それだけに原始的な威力を保ってきた。中国の話し言葉に昔から書き言葉ほどの効力がなかったとは信じがたいが、書き言葉の力が話し言葉の力の一部覆ってしまったということはあるかもしれない。これとは逆に、文字がいちはやくシラブル、つまりアルファベットのほうに展開してきた文明では、宗教的・魔術的創造力は話し言葉のほうに集中されていった。それに比べると中国語に、地中海からインドにいたる古代文明がたどった言葉の語調、シラブル、母音の驚くべき多様性がないことは注目に値する」（『文字の歴史』、邦訳、創元社、174頁）。以上の引用文に、こうつけ加えよう。それゆえ、漢字は、文字の一面を考えるために絶好の材料を提供してくれる、と。

セミネールⅩⅧ（『見かけでないようなディスクールについて』）の第四講では、孟子の次の一節が板書されて、その説明から始まっている。

孟子曰天下之言性也則故而己矣故也

ラカンは、その前に、中国と西欧のエクリチュールとディスクールの事情について短くふれている。「エクリチュールは、われわれがアプローチしているものの土台として、じつに決定的な役割をはたしてきたのは確かです。われわれがアプローチしているものとは、非常に長いあいだ維持されてきた社会構造のあるタイプです。最近まで、われわれは中国で維持されてきたものについて、それがわれわれのところで生みだされたもの、とくに、われわれと特別にかかわりのある部門（phylums）の一つ、すなわち哲学から生みだされたもの、それとはまったく別の脈絡があると言うこ

とができました。哲学とは、他でもなく、私が昨年のセミネール「『精神分析の裏側』（四つのディスクール）」でも取りあげたように、主人のディスクールにおいて重要な役割をしているものは何か、それを理解するための鍵となるような部門です」（Le séminaire XVIII ,Seuil,p.57）。

　まわりくどく訳したが、要するに、中国では、社会構造が文字に依拠しているが、西欧では哲学の部門に依拠するところが大きい。そのことは、主人のディスクールによって起こることを理解するうえで重要である。主人のディスクールは、主・シニフィアン（S_1）を見かけの場所に据える。けれども、そのシニフィアンは、じつは無数の平等のシニフィアン（essain）のなかから採られたシニフィアン（S_1）である。主人のシニフィアンは、しかし、そのシニフィアンを知（S_2）につなぎ、それによって大他者の欠如を埋めようとする。その知は、みずからを知っているはずの知であり、すべての知を支配することによって、主体と存在をひとつにしようとする。それが、主人のディスクールである。

　ヘーゲルの絶対知は、ラカンにとって、そのようなみずからを知る知であるが、彼が師と呼ぶコジェーヴの残した問いは、それならば、みずからを知った主体は、いかなる存在でありうるのかというものであった。知は、ディスクールのなかで、主体を代理するシニフィアンに支えられ、主語と述語をもった文として語られ、あるいは書かれる。すべての知を支配しようとする主・シニフィアンによって代理された主体、この主体は、みずからを知り、語る主体について語っている。だが、その主体は、そのように語っている主体について知っているか。また、みずからを知った主体は、すべてを知った後に何を語るのか。コジェーヴの問いに対して、ラカンが精神分析の経験から得たのは、すべての知を支配する主体とは、主体と自我（想像的自己像）を混同した自己愛による誤認の結果であり、語る主体は、語っている主体のすべてを知ることはできないという答えであった。

　主人のディスクールは、ヨーロッパ諸国の言語環境において、歴史的に哲学の部門に支えられながら主導的な役割をはたしてきたが、つまるところ、それはあるシニフィアンが最終的なシニフィエにつながるという思い込みの上に立っている。そこで、どのシニフィアンも一義性を求め、その

240

結果、最後の絶対的なシニフィエを手に入れたシニフィアンが、他のすべてのシニフィアンを支配しようとする。ヨーロッパ諸語のアルファベットは、そのために利用されてきた。しかし、漢字は、一義性を求めるディスクールに従って語る主体と、その主体を現実界との出会いの失敗に導くシニフィアンとの関係について、伝統的な哲学にはなかった展望を開く手がかりを与えてくれるのではないか。

ところで、一般にランガージュの事実と規則を扱う文法には、形態論（morphologie）と統辞論、または統語論（syntaxe）の二部門がある。ラカンは、それに照らして、初めに板書した孟子の一節、とくに最初の部分についてふれる。

天下之言性也

この一節は、孟子の「離婁章句　下」にあって、板書された全文の邦訳の一例では、「孟子がいうに、『天下の人々で、人の本性を論ずる者は、だれでも皆、過去の経験的事実を基礎にして論を立てているだけにすぎない。』」（新釈漢文大系、４、明治書院、302頁）とある。また、岩波文庫の同書（下巻）の邦訳では、「孟子が言われた。『天下において人の本性を論ずるものは、みな智的な推理だけに頼っている』」（94頁）とある。さらに、ネット上の邦訳は、「孟子は言う。『天下万物の本質を論じようとするならば、『故』すなわち過去の事実を集積してそれに準拠するしか比定しようがない』」とある。そこで、上の六字だけからは、「天下の人の本性を論ずる者は」、あるいは「天下の物の本質を論ずるならば」というような訳ができそうである。しかし、興味深いのは、明治書院の邦訳で「言性」を「人の本性についての議論をすること」と語釈していることである。

ラカンは、それについて、「言性」の二文字は、それぞれが独立していて、性について言うのか、言うことが性であるかは不明である、どちらにもとれると見なしている。「天下」の「天」については、一と大の会意文字とされたり、ひとの脳の所在を示す象形文字とされたりしているようだが、意味は、通常の「そら（空）」「上にあるもの」とすると、天下は、「空の下

第三章　漢字の多義性　241

（に）」となる。「之」は、意味が多くあって、この六字のなかでも確定しにくい。『新潮日本語漢字辞典』によると、①の。　所有、所属、関係などを示す、日本語の助詞に当たる。②これ。　目の前にあるものや、そのとき話題にしているものを指す語。③ゆく。　前に進む、至る。他に、この、その、また場所を示す助詞で、その意味は、に、において、などがある。「言」は、おもにひとが何かを言う行為や、言われたことを指し、また、文字の意味にもなる。「性」は、ここでは現代日本語のセックス（sexe）ではなく、生まれつきの性質や、ものの属性、とくにその本性、本質（nature）を表わす語である。「也」は、文中で話題、条件、状況を提示するとともに、文末でおもに断定を表わす語。ここの一節でも、断定を表わしている。

　そこで、上のことをふまえて、六字の全体についてみると、次の二つの意味が浮かんでくる。

　１、　空の下にあるものは、ものの本性について話す。
　２、　空の下で何かを話す言葉、その言葉は本性である。

　引用文中の「之」は、１．２のどちらも所有、所属ではなく、話題にしているものを指している。「言」は、１、では動詞（parler）、２、では名詞（parole）である。以上のような短い一節の例からも、漢字で書かれた文は、文法的に形態論的な規則に拘束されず、その意味は、もっぱら統辞論的な面に拠っているのが分かる。

　形態論は、語形論と呼ばれることもあるが、言葉を文のなかで名詞、動詞などの品詞に分類したり、性、数、時制、人称、格などに従った語形の変化や活用を定める諸規則を扱う文法の部門である。引用された一節を見ると、どの漢字も、それらの規則とは無関係に並んでいる。また、統辞論は、一般的に表意単位としての文字が文のなかで結合する規則を扱うとされているが、同時に、ある文字が文のなかでどのような役目をはたすことができるかを論じる文法の部門でもある。上の一節では、ある漢字が文のなかではたしている役目をどう見るかによって、全体の意味が変わってくる。ラカンは、形態論のそとにある「言」の一文字が、動詞であると同時

242

に、名詞でもありうることに目を向け、どちらかによって「性」の意味が変わり、その結果、文の全体は一義的でないと見ている。

すなわち、「言」を動詞とすれば、「ものの本性について空の下で語る」となり、名詞とすれば、「空の下で何かが語る言葉、その言葉は何かの本性である」ということになる。そして、これはちょうど、言語活動（ランガージュ）が語る存在の本性であるという考えと同じになる。つまり、文の意味は文中における「言」という漢字の働きをどう見るかにかかっており、それにともなって「性」の意味も変わってくる。それは話題になるすべてのものを対象にした、その対象の本性であるか、それとも言葉で話すこと、それが本性であるかということになる。このような多義性は、文法が形態論のそとにある中国語の漢字によって教えられるのであるが、それを精神分析家がいつも出会っている言葉の多義性に近づけてみることができる。

ラカンは次のように言う。ところで「（漢字にかぎらず）書かれたもの（écrit）は、ランガージュのあらゆる働きのなかで二次的であり、一次的ではありません。しかし、書かれたものがなかったら、何よりもまず、ランガージュそのものから生まれる結果について、言いかえると象徴的なもののあり方について、問題にすることもできません」（Le Séminaire,X Ⅷ ,Seuil,p.64）。象徴的なものは、主体を規定している一つの次元（dimension）であるが、同時に、それは大他者のいるところであり、ディスクールの各要素がそこから移動して、真理に向かおうとする場所（démansion）である。真理も一つの場所であるが、やはりそこにおけるディスクールの要素は、つねに移動している。真理の内容は、固定的なものでも、決定的なものでもなく、そこには変化する自由が残されている。それゆえ、真理（vérité）は、つねに移りゆく真理（varité）である。

ランガージュの世界で、文字は一次的ではない。そこで一次的なのは、シニフィアンであるが、そこに残された文字によって、ディスクールにおける大他者と真理が、あくまでもそこから各要素が移動する場所になる。そして、ランガージュを支柱とする象徴界のすべてのあり方を考えさせてくれるのである。ラカンは、そのことを説明するのに、一つの文字を例として取りあげている。それは「ム」という二画の部首を表わす漢字で、独

立した文字としては、日本語で、音読みは「シ」、訓読みはおもに「わたくし」「それがし」で、「ござる」などもある。意味は、鋤をかたどった象形文字として、「先のとがったもの」を表わし、「公」に対する「私」、「個人」であるらしい。ある漢和辞典（大字源、角川書店）には「確かでない事物や目的を示したり、不明か、わざと明らかにしないときに用いる代名詞」という説明もある。フランス語の辞書には、「retors（撚り糸）」「personnel（個人）」「privé（私人）」などの訳があり、意味は全体としてあいまいである。ラカンは、この漢字を以下のように、数字を付して板書している。

　数字（1，2，3）は、この漢字の筆順であるとともに、それにしたがってランガージュと文字の一般的な関係を説明するために付されている。
　文字は、ランガージュと区別されるが、ランガージュがなければ、文字はない。いわば、ランガージュの効果（effet）である。文字は、書くひとをシニフィアンによって分割するランガージュの法と、その知から生まれる。文字を書くひとは、道具をもって木や石や砂の上に線を引く。そのひとが真っ白な紙や砂の上に、ランガージュの世界のそとで、たんに線を引いていることも想像できないことはない。しかし、後になって、だれかがその痕跡の謎を残した線を読もうとすると、その線は分割された主体によって書かれた、ランガージュの効果としての文字になる。文字は、つねに謎を残すが、意味がまったく不明のままでも、それが文字と見なされるなら、そこにランガージュの効果がある。
　筆順の1は、ひとが白紙を前にして、文字を書き始めるところである。書くひとは、そこから番号2に向かって書き続ける。そこは、ひとがランガージュの効果に出会うところであり、書くことがたどる道筋の関所のような場所である。ひとは、ランガージュの効果とまったく無関係に書き続けることはできない。言いかえると、ひとは、そこでだれもがシニフィア

ンによって分割され、象徴的去勢を受けた主体になる。性別化の論理式で「書かれることをやめない」男性が、少なくとも一人の去勢されない主体がいると言い張っても、そのS_1に代理された主体は、ラカンがテキストのなかでpapludunと呼んだ一人（一者）であり、「一者ではあるが、それ以上のものではない」主体である（本書48頁）。それは、ランガージュのなかの無数にある、シニフィアンの材料となる文字であって、けっしてランガージュの効果のそとにいる主体であることはできない。書くひとが、番号2からさらに書き続けようとするなら、その関所を通過して、書かれたものにたどり着く以外の行程はない。番号3は、書かれたものが、そこでランガージュの残滓としての文字になるところである。

　以上のような文字の書き順は、ラカンによると、精神分析で行われている実践の順序でもある。漢字のムは、フランス語訳では、「撚り糸」であり「個人」であり、その意味は一義的でない。それは分析主体の話す行為（parler）と、そこから生まれるパロールの本質につながる。つまり、面接室のなかで発せられるパロールは、沈黙の場合もあるが、何かあるもの（une chose）から出ているのではない。分析主体は、たんに話しているか、黙っているかであって、その対象はあるものではなく、空（vide）である。ラカンは、この空としてのものをachoseと呼んだ。aは、ここでは否定、欠如を示す接頭語で、あえて言えば、具体的な姿形も質料もないもの、「ものでないもの」であると同時に、評註でもふれたように、この世のものでない対象aにもつながる。すなわち、それは欲望する分析主体の幻想から生まれる何かとつながる空としての対象である。

　分析主体が言うことの始まりは、たとえごく身近で、具体的な何かについて話し始めても、それはもっと根本的な「ものでないもの」の穴埋め、埋め合わせとして言葉を使っているのである。しかし、それでは自分を埋め合わせの言葉によって表現している分析主体は、その人自身が「ものでないもの」、すなわち中味が空っぽであるかというと、そうではない。ラカンは、孟子の一節を板書した次の第五講で、冒頭、聴講生たちに次のように問いかけた、「私がみなさんに話しているとき、私はいるでしょうか（Suis-je présent quand je vous parle ?）」。彼が講義で何かを話しているとき、彼

第三章　漢字の多義性　　245

は聴講生たちの前に具体的な人間としているだろうか。その答えは、話しているラカン自身は中味のない空であるが、彼がいないのではない。ただ、彼が講義で話す行為（acte）から生まれるパロールは、中味が不在なのである。すなわち、ラカンはいる。パロールはいない。だが、ランガージュの世界で、ラカンを存在させるのはパロールを措いて他にない。そこに、ランガージュの法がある。ひとを存在させるのはパロールであり、それによってひとは、話す存在（parlêtre）になる。しかし、そのときパロールは、すでにランガージュの法に服している。そのように、ひとはランガージュの世界で主体になるのだが、もしそこに文字がなかったら、話すひとと彼が生きている象徴的な世界との関係を考える手がかりさえなくなる。このとき、漢字やアルファベットのような体系的な文字をもつ社会に対して、いわゆる無文字社会を例外として考える必要は少しもない。ひとが生きている世界で、象徴的なものとかかわりのない場所はない。そこでは、ひとは書く（écrire）ことをやめず、書かれたものの跡や、その書き方（écriture）から、世界とのかかわりについて思いを巡らしている。文字は、ひとによって書かれたあらゆるものと、まったくその本質を一つにしている。

　さて、ラカンが話しているとき、彼はそこにいる。しかし、それでも彼がいるかどうかが、彼とパロールの関係をとおして問われている。パロールは、ディスクールのなかで、主体を代理表象するシニフィアンがじっさいに言葉となって現われる姿である。パロールにおいても、やはり主体とシニフィアンの関係が問題になる。ディスクールのなかで、主体がシニフィアンによって「いる（ある、存在する）」ことができるなら、パロールも、それとともにいることができる。しかし、主体は、シニフィアンによって代理表象されて、主体自身としてはいなくなるのだから、たとえ主体自身はいるとしても、パロールの中味としてはいなくなる。もし、パロールに中味があるなら、それに対応する何らかの「もの（une chose）」もあるだろう。だが、それはない。しかし、ランガージュの世界で、ひとを主体として存在させるのはパロールを措いてないのだから、主体は、そこで「もの」としての存在ではなくなる。その存在を、実在するもの、実

在物と呼ぶなら、主体は話す存在ではあるが、実在物ではない。

　ところが、シニフィアンには、主体にその存在を「もの」として与える働きがある。シニフィアンは、主体が自分は語る存在として「ある」のかどうかを、またパロールの対象は「もの」であるのかどうかを知る前に、それにはお構いなく、主体を語る存在にする。しかし、主体がパロールによって語るのは、「もの」ではなく、「ものでないもの（achose）」である。ラカンが、それを achose と呼ぶのは、それが実在するものではなく、欲望の対象（対象 a）であるのを示唆している。これは、この世の対象ではなく、それとして表象もされないが、シニフィアンは想像界の働きに助けられて、欲望する主体にこの対象 a をあたかも実在するかのように幻想させるのである。哲学者の談議（baratin）のなかで、それはギリシアの昔からカントの「もの自体（Chose en soi, Ding an sich）」まで、話題にされてきた。「もの自体」は、実在しない。実在するのは、もの自体の外見、その現われ、すなわち現象（phainomenon）である。現象は、主体を直接に示してくるが、イデアやエイドスのような知の対象と異なり、実在しない。そして、その論議は、ハイデッガーの現存在（Dasein）にまで及んでいる。

　現存在は、語る存在としての主体の運命を明るみに出すが、その語り（Rede）を生むシニフィアンには実質がない。現存在（être - là）は、それをフッサールの現象学のようにカッコのなかに入れて、はじめて存在するのである。つまり、いつも目にしている他人たちや周囲の社会的な環境など、主体が実在するとして疑わない「もの」をカッコのなかに入れて、はじめて語る存在として現存在するのである。また、そうすることによってシニフィアンの働きを、はじめて欲望の動きに沿って追うことができる。ディスクールのなかで、何か中味があると思われていた「もの」は、じつは「ない」のであり、この不在は、「ある」に対立する「ない」でもなく、たんにそこで欠けていることの現われ、穴（trou）を示している。精神分析の個々の実践においては、その穴をどのように形象化して、それとどのようにつき合っていくかが、つねに問われている。

　現象として現われてくる「もの」は、ランガージュによって産みだされる。語る主体にとって、ランガージュ以前に、その土台となるような物質

第三章　漢字の多義性　247

的「もの」、あるいは観念的な実在があるわけではない。しかし、「もの」は、「ものでないもの」がいる穴をともなっている。それを欠けていることの「現われ」と言ったが、ラカンは、「ものでないもの」は、おのずから姿を見せて現われる（se montre）ものではなく、書字（écriture）から結果するものとして、論証される（se démontre）のだと述べている。ひとは、ランガージュの世界で、それぞれがあるディスクールを実践しながら、文字を書き始める。彼は、そのことを、この第五講から２カ月後に、日本旅行から帰った直後の第七講で、「littérature（文学、文字によって書かれたもの）は、lituraterre を目指します」と言っている。リチュラテールとは、くり返しになるが、象徴界と現実界の境となる沿岸の土地であり、文字を書くひとが白紙の前にいる、その場所である。

　文字を書くひとは、白紙を前にして、一本の線を引く。ラカンは、それをフロイトが「集団心理学と自我の分析」のなかで述べた「einziger Zug（唯一の特徴、一の線、一の印し）」にたとえて、象徴的同一化の始まりとする。そして、その仏訳語を従来の「trait unique」から「trait unaire」に変えた。それによって、この線は、同一化のための唯一の目印ではなく、それに続く第２以下の線を予想した一番目の線であるとしたのである。Unaire には、最初であると同時に最高とか第一位を表わす premier のような意味はない。それはあまり使用されないが、序数形容詞として順番を表わしている。さらに、彼は、この線がたんに同一化の始まりを告げているだけでなく、ちょうど漢字ムの最初の筆順１の線のように、やがてランガージュの象徴的な効果として去勢の法に出会い、唯一の現実的な「もの〈Chose〉」を消した跡の線とした。したがって、それは文字を書くひとがすべて去勢されることを表わす線でもあり、筆順３において書き終えた文字の一義性の幻想を支えているような線ともなる。

　ラカンは、この一本線をフロイトの「一の印し」にたとえて、それを最初に縦書きされた線として、「ものでないもの」の穴を論証するために用いる。そのさい、アメリカの哲学者、科学者、論理学者として知られる Ch. S・パースの論理学を借りて、命題の対当関係を以下のような図によって示している。

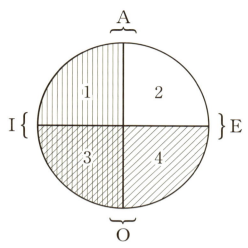

パースの図、『同一化』(アソシアシオン版、116頁)

　この図については、第四講で取りあげられているが、すでに10年ほど以前の1962年1月17日、「同一化」と題したセミネールの第八講で提出され、現在、このセミナールは未公刊(ミレール版)であるが、以来、その趣旨については、たびたび言及されている。
　古典的論理学で、命題は、量の分類による全称と特称、質の分類による肯定と否定に分けられる。命題どうしの関係は、2世紀の哲学者アプレイウスによって、いわゆる「アリストテレスの対当関係表」としてまとめられた。パースの論理学は、それを根底から覆そうとする。ここでは、「同一化」のセミネールのアソシアシオン版にある最初の図と、その説明にしたがおう。それによると、図の円内の縦の線は、象徴的なファルスの働きによってランガージュの法に出会い、そこで去勢されていることを表わし、斜めの線は、その否定を表わしている。前者は、古典論理学の命題「すべてのSはPである」、後者は「すべてのSはPでない」である。二つは、四等分された円の1と4にあたる。残る2と3であるが、それらは「あるSはPである」と「あるSはPでない」であり、それらを存在判断の命題として表わせば、「PであるようなSがある」と「PでないようなSがあ

第三章　漢字の多義性　249

る」となる。そこで、古典論理学では、たやすく見られるように、主語
（S）には全称か特称の量化子だけがついて、肯定と否定による質の表現
は、もっぱら述語によっている。つまり、「SでないPがある」とか「Sで
ないPはない」とは、論理的な表現としてはありえない。ということは、
主語（S）は、はじめから「あること（存在）」を前提されているのである。

　ところが、量だけの主語に支配されて、その質を肯定と否定によって表
現する述語からなる命題どうしの関係からは、根本的なあいまいさと、多
義性とが生まれてくる。それを示したのが、パースの図である。

　図にある文字Aは、ラテン語の「私は肯定する（affirmo）」の頭文字を
とった、全称肯定。Eは、「私は否定する（nego）」の最初の母音をとり、
全称否定。Iは、肯定の二番目の母音をとり、特称肯定。Oは、否定の最
後の母音をとった、特称否定である。ラカンによると、すべて（全称、普
遍）か、すべてでない（特称、個別）かの量を表わす縦の線は、シニフィ
アンであり、それを肯定するか、否定するかの質を表わす斜めの線は、パ
ロールである。4等分された枠1は、全称肯定（「すべての線は縦であ
る」）を表わしている。しかし、皮肉なことに、縦横どちらの線もない白
紙のままの枠2も、同じようにそれを表わしており、結果として全称肯定
は、枠1と2によって表わされる。すなわち、「すべての線は縦である、
と言うこと（パロール）は、縦の線（シニフィアン）がなければ線はない、
と言うのに等しい」。また、枠4の全称否定（「すべての線は縦でない」）も、
同じ理由によって、枠4と2によって表わされる。そこで、全称肯定と全
称否定は、枠2をはさんで同じことを言うことになり、ともに「真」で
あって、古典論理学の分類は無効になる。

　一方、特称否定（「あるSはPでない」）を表わす、枠3と4を見ると、
縦の線と斜めの線があって、全称命題と特称命題の違いは明白である。そ
こで、肯定と否定がともに真であるとは言えないが、二つの枠について
「私は、はっきり、そこに線があると言える」、こうパロールによって告げ
ることができる。また、枠3と1によって表わされる特称肯定（「あるS
はPである」）についても、同じ理由から、そこに何らかの線があると言
うことができる。このように、線が縦か斜めかを選ぶのは、シニフィアン

250

の次元で起こり、それがあるかどうか（存在）を肯定、あるいは否定するのはパロールの次元で起こるのである。

　以上のことは、やがて論理的な手続きを経て、性別化の定式における男性と女性、それぞれの命題表現に対応することになる（本論Ⅰ、第3章、「性別化の論理式」参照）。ラカンが、パースの図を借りて古典論理学を覆したのは、主語をシニフィアンとして、述語をパロールとして、それらに肯定と否定をひとしく配分したことによる。彼は、前者を *lexis* と呼び、単語、語彙、正確にはシニフィアンとし、後者を *phasis* と呼んで、言表、言明、正確にはパロールとした。その結果、全称肯定と特称否定では、古典論理学の表現がそのまま通用するが、全称否定と特称肯定は、前者では主語が否定され「Pであるのは、すべてのSではない」となり、後者は二重否定によって「PでないようなSはない」となった。

　ところで、漢字ムの筆順に戻ると、ラカンは、それの書かれる最初の線が papludun（一者ではあるが、それ以上のものではない）にぶつかるまでの、文字の一義性から多義性に向かう行程を、関係（rapport）という概念によって説明している。それは文字と現実界との関係ではない。現実界には、関係という概念は適応できない。関係が生まれるのは、つねに象徴界における何ごとかのあいだである。彼は関係を、象徴界において何かを別のものに向かわせること、そこにおいて何かを押し当てること（application）だと言う。フランス語では、数学（集合論）の写像を、やはり application と言う。つまり、ある集合Xのどの要素xをとっても、それに応じて別の集合Yの要素yが一定に定まるとき、そこに写像ができると言う。彼は、この関係を性関係に応用する。

$$x \quad \longrightarrow \quad y \qquad\qquad ♂ \quad \longrightarrow \quad ♀$$

　性関係の特徴は、10ポンドの小麦と20ポンドの小麦や、10センチのナイフと20センチのナイフのように、重さや長さで計ることができず、そこには価値の観念が介入できないことである。しかし、関係という概念には、関係する両者を結ぶ象徴的記号（矢印）が必要である。ラカンは性関

係について、それは存在しないが、そこへ向かおうとする働きを表す記号にファルスという名をつけた。それは重さや長さをもたない、非自然形態の象徴的な記号で、実数で表せないことから、ときに虚数単位の $\sqrt{-1}$ と記す。しかし、男性にとっても、女性にとっても、それは0ではない。女性はゼロのファルスをもつ、とは言えない。また、ファルスは、それがシニフィアンではないとも言えない。それは、他のシニフィアン全体の集合のなかにはないことを表わすシニフィアンで、大他者の欠如を示すシニフィアンである。大他者は、シニフィアンの貯蔵庫であるが、シニフィアンは、つねに他のシニフィアンと交代し、大他者は、いつも一杯になっているわけではない。むしろ、あるシニフィアンは、そこが満たされていないからこそ、つねに別のシニフィアンへと移動してやまないのである。そして、ファルスは、そこにないからこそ具体的な姿によって表象することができないのである。それは、シニフィアンを移動させながらも、姿のない、隠れたシニフィアンである。集合 X から別の集合 Y への写像が可能なとき、その写像を関数と呼ぶが、その意味では、男性と女性の集合は写像が不可能である。ファルスは、性別化の論理式で関数と呼ばれながらも、写像を生まないのである。

　そこでファルスは、他のシニフィアンのように見かけになることはない。「見かけでないようなディスクール」があるかもしれないのは、そのファルスの見えない働き如何による。漢字のムが、筆順1から2へ向かって書かれるのもファルスの働きによる。もし、それが筆順2において、ランガージュの世界にある無数の一者の一つ（papludun）に出会うことなく、そのまま3において書き終えることができたら、ファルスは姿のないまま、その働きを完遂したことになり、見かけでないディスクールがあると言えるかもしれない。文字は、そもそもランガージュを背景にしており、そのランガージュを背景にしたディスクールの効果として生まれるのだから、それが書かれる行程でランガージュの世界を避けることはできない。主体は、その世界で分割され、同一化の対象の唯一性は失われ、姿のないファルスは、その後、象徴界とかかわりながら働き続けていくことになる。

　文字は、書き始めの一の線（trait unaire）がランガージュの象徴的な効

252

果に出会っても、書かれるのをやめることはないが、ファルスは、もはや同一化の対象の唯一性を担っていくことはできない。男性が、性別化された式の特称否定命題によって「去勢されていない x が存在する」と言い、例外 x の存在を主張しても、それは欲望する主体の幻想のなかで起こることである。もし、それがランガージュの世界で可能であれば、そのとき男性の性的享楽は実現し、性関係も文字記号によって書き込むことができる。そうなれば、性関係は存在することになるだろう。しかし、文字はいくら書き続けても、それを材料にしたシニフィアンのつながりによって、大他者の欠如を埋めることはできない。一の線が、ファルスの働きによって、そのまま性的享楽を実現するのは不可能であり、それは去勢と幻想にかかわりながら、次に引かれる線へと向かう。

　精神分析の現場で、分析主体のパロールは、分析家がそれを読むものとして発言され、分析家のパロールは、それに対する解釈として発言される。どちらのパロールも、お互いに読むものとして与えられ、分析は、パロールを文字として読むことによって進行する。パロールは、ここでは文字を書くプロセスにたとえることができる。そこで、どちらの文字にも多義性は避けられない。ラカンが書字（エクリチュール）のプロセスを紹介している漢字のムは、ほんの一例であるが、その筆順を借りて、パロールから生まれる意味作用の本質的な多義性を説明しようとしているのである。

第三章　漢字の多義性　　253

第四章　音読みと訓読み

　文字の「読み書き」は、言うまでもなく、日本語のなかで大きな役割を
はたしている。フランス語では、これは lire（読む）と écrire（書く）で
ある。ラカンがいくどか使用している écriture（エクリチュール）という
用語は、ふつう書くことや書き方の意味で、日本語の「書字」もそうであ
る。彼にあっては、ディスクールのなかにまず書くという行為があり、文
字は、その残滓として読まれるので、順序は「書き読み」になる。ここま
で、エクリチュールにはおもに「書字」という訳語をあててきたが、書か
れた結果としての文字は、当然ながら読まれるのを予想している。
　精神分析において、文字は、くどいようだが漢字やアルファベットのよ
うな体系的な文字だけを指すのではない。野生動物の骨や、亀の甲羅や、
岩石の表面に刻まれた線も文字である。総じて、ひとが書き、だれか残さ
れた痕跡を読もうとすれば、それは文字になる。日本でも、ひとは漢字に
出会う前に、樹木や土砂や加工品の表面に、むろん文字を書いていただろ
う。しかし、それらの文字は他国語におけるのと同じように、現在の日本
語によるディスクールのなかで、どのような役目をはたしているかを推察
しにくい。そのことからも、漢字の伝来は、その後の日本語による話し方
の特徴を探るうえで、決定的に重要なできごとであろう。
　日本では、漢字が受け入れられた後、漢字の「音」の他に「訓」という
読みが広く定着した。漢字言語には、もともと同音異字の語が非常に多く、
それを表記するためには、そのつど漢字を使用する他にない。そのため、
日本では、漢字の一語一語を日本語として音声化し、その読み方を訓と
呼んでいる。「訓」という漢字にも、むろん中国語の意味がある。しかし、
中国語では、たんに「文字の解義である」というのが基本的な意味である
らしい。共通するところはあるが、こちらでは「漢字の日本語読みであ
る」となったところに根本的な違いがある。また中国語では、訓は解義の
自由な表現で、個人や時代や場合によって表現が変化するのに対し、日本
語の訓は、時代によって多少の変化はあるものの、国語のなかに広く固定

254

されて、個人の自由にまかされる恣意的な読みの表現ではない。

　漢字は、表語文字であり、原則として一字ごとに何らかの字義があるから、その字義に対応した日本語の音声を探ろうとするのは、必然の成り行きだろう。けれども、日本語では、漢字と出会ってから何百年ものあいだ、万葉仮名として知られるように、漢字は日本語を表記するための音仮名として使われていた。いわば、表音文字化した日本語の漢字である。そのように表記されていた漢字が、やがて日本語の訓として読まれるようになったとも考えられるが、専門家によると、6世紀の初頭以前に、日本語で訓が成立していたのは疑いなく、その世紀の半ばには広く定着していたという。また、漢字の音読みは、表音文字として使われはじめた漢字の音声化の流れを受け継いで、そのまま日本語の音声となって現在に至っている。こうして、6世紀に成立した漢字の二通りの読みは、日本語と文字の関係に決定的な方向を与えたのである。

　その後、日本では国語を音声的に表わすために、音節文字と呼ばれる片仮名と平仮名が作られた。万葉仮名では、はじめ漢字をそのまま音声的に使っていたが、片仮名は、簡略化されて日本語の音節をあらわす文字になり、平仮名は、万葉仮名として使われていた漢字のいわゆる草書体の崩し字から、やはり日本語の音節文字となった。

　われわれは小さい頃から、和室の床の間や美術館などで、掛け物あるいは掛け軸の上に表装された書画を見ている。ラカンが魅了されたのは、漢字の草書体から生まれた平仮名によって書かれた掛け軸である。とくに、彼はそれを書き始める最初の線を思い浮かべ、聴講生たちに向かって、あなた方もその線を書いてみたらよい、と言う。しかし、西欧化された人間（un occidenté）に、それが書ける見込みはない。なぜなら、その線をどこで止めるかが分からないだろうから。これには、前章の漢字「ム」を書いたときの最初の線1を思い出すのがよいだろう。その線は、2のところで止まり、書く行為は中断される。そこはランガージュの効果によって護られている関所のような場所である。ラカンが感嘆するのは、書道において平仮名を書くひとは、何の痕跡もない、どこまでも続く砂浜のような白紙の上に、はじめの一筆によって線を引くからである。その線は、どこまで

続くだろうか。

　だが、西欧化された人間には、なぜその線が引けないのか。そこには書道の和紙と、西欧のタイプライター用紙の違いがあるからと言ってもよい。西欧語のアルファベットで文字を書くひとは、白紙の上に線を引き出すのではない。その用紙には、すでに書き始めの行為を中断する場所が指定されている。ラカンは、そのことを掛け物に見る文字の線と比べて、聴講生たちに「（日本語で文字を書くためには）何であろうと、あなた方を抹消するものから身を引き離すことによって、はじめて真似のできる筆運びが必要なのである」と言ったのである。「あなた方を抹消するもの」とは、他でもなくランガージュの効果であり、それによって主体を分割する横線（$\mathcal{S}$）である。掛け物に文字を書こうとするなら、書くひとは、ランガージュによって引き裂かれる以前の主体でなくてはならない。西欧では、ひとが文字を書こうとする以前から、すでにランガージュの効果が、ひとをそこで分割された主体にする壁として立ち塞がっているのである。

　この壁は、シニフィエの壁と言ってもよいと思う。ラカンにとって、シニフィエとは、煎じ詰めれば欲望であるから、その表現は認めないだろうが、その壁は、また意味（sens）の壁、概念（concept）の壁と言ってもよいだろう。シニフィエは、根本的にはパロールによって名指されたものから生まれる表象であって、名指された対象が欠如していることを知らせる欲望の表象である。しかし、シニフィエは、同時にその欠如を塞ごうとする。シニフィエの壁とは、そのためにディスクールのなかでシニフィアンのつながりから生みだされた意味であり、概念である。それによって、名指された対象の名が、あたかも欠如を埋めて、存在しているかのように立ち塞がる。そのようなシニフィエの壁と、それをランガージュによって構築しようとする、歴史的に形成された伝統が、白紙の上に書く文字の最初の線を中断させるのである。

　日本では、漢字がすでに完成された体系的な象形的表意文字として伝えられたという事情から、ランガージュの効果と文字の関係が西欧の例とは異なっている。ラカンは、それを日本語における「僅かな過剰」と呼んでいる。それは文字を書いて享楽に向かおうとする行為が、西欧の場合より

もほんの僅か大きな享楽をもたらすということである。すなわち、それは書くひとそれぞれの特殊な筆運びに任されていて、シニフィアンがもともと備えている個人的な本質が解放されて、ランガージュの効果の普遍性を押しのけているのである。そして、そこからは当然、書かれた文字による意味作用の広がりが生まれ、意味は多義性に向かって進む。最初に引かれた一筆の線によって、ひとが同一化する「一者」はいるのだが、それは唯一者ではなく、あくまでも多数のなかの一者であり、やがて移り行く過渡的な対象aとしての一者である。つまり、シニフィアンは、はじめから究極のシニフィエに向かうように強いられていないので、そこから性関係を実現する享楽が可能ではないかという期待と、それに向かおうとする文字の筆運びが生まれる。

　そうしてみると、ラカンがつねに念頭においているのは、語ることによって一者を存在させようとしながら、そのために中心となる概念の一義性に向けて文字を書き続けさせようとするランガージュの環境であって、掛け物に文字を書く日本語の環境は、その例から洩れている。そこに注目したのである。そこで、一般的に思いつくのは、それぞれの環境における、シニフィアンの効果として生まれるシニフィエの問題であり、より一般的には、それぞれのランガージュにおける言葉の意味の問題だろう。ラカンと同時代のR・バルトは、やはり西欧における言葉の一義性の探求を問題にして、それを（ランガージュの）帝国主義と呼んでいる。彼の対談集から引いてみよう。

　「教条的なディスクールは、あるシニフィエによって支えられています。それによると、ランガージュは、ある最終的なシニフィエがそこにあるからこそ価値をもつのです。そこから、よくご存知の教条的なディスクールと神学的なディスクールがやってきます。この最終的なシニフィエは、しばしば政治的、倫理的、宗教的な、何らかの＜もの＞の姿をとります。しかし、ディスクールは、個人的な面は別として、シニフィエの壁に直面して行き止まりますと、そのときから教条的になります。テロリストのディスクールは、攻撃的ですが、それが受け入れられるかどうかはともかく、シニフィアンとしては生き残ります。つまり、それは多かれ少なかれシニ

フィアンの戯れとして、ランガージュのなかで活躍するのです」（R. Barthes "Le grain de la voix," Seuil, p.153）。

　すなわち、テロリストのディスクールは、シニフィアンを最終的なシニフィエに向けようとするディスクールの末裔であるが、バルトは、シニフィアンとシニフィエの二つの要素が問題をはらみながら統合されている記号（signe）を武器（arme）にたとえて、こう語っている、「記号と武器は、同じものです。戦闘は、すべて意味の（sémantiques）戦いです。すべての意味（sens）は戦いの意味であり、シニフィエが戦いの中核です。戦争は、意味の構造そのものであり、現在、われわれのいる時代は、意味そのものを無くそうとする戦争ではなく、いくつかの意味のあいだの戦争の時代です。……私としては、現代のパラダイムは、まったく厳密な意味で（すなわち、あれこれと目先の政治的立場を越えて）、*帝国主義 / 社会主義*ではなく、*帝国主義 / その他*、という範列的分類になると思います。」（同上、p.121）。*帝国主義*は、記号をシニフィエで満杯にしようとする立場であり、*その他*は、シニフィエに記号化されないところを残そうとする立場である。

　バルトによると、「日本」は、*その他*の文明の好例を提供してくれる。そこでは、社会的なコードは非常に堅牢で、その面では非 - 意味（non-sens）の余地は残されていない。しかし、ディスクールの面では、シニフィアンの扱いが驚くほど自由で、いかなるシニフィエにも向かわずに、何も意味しない余地が残されている。彼は、自著『記号の帝国』にふれて、こう語っている、「ランガージュの社会的コードは、けっして自然化されておらず、記号のシステムとして表示されています。それは非常に強固で、繊細です。しかし、一方でコードは、最終的で、揺るぎのない、閉じたシニフィエにはけっして向けられません。おそらく、それは日本の過去や宗教の歴史に拠るのでしょう。あるいは多神教や禅の伝統に拠るのかもしれません。ともかく、この国は、われわれのしているユダヤ－イスラム－キリストと切っても切れないような独語的（monologique）ディスクールとは縁がありません。日本は、私にエクリチュールの勇気を与えてくれました。あの著書を書いていたとき、私は幸福でした。そこはテキストの、読書の、シ

258

ニフィアンの、あの快楽主義的な、もっとうまく言えばエロティックな空間で、私を少し落ち着かせてくれました。」（同上、p.151）。

　日本では、シニフィアンの動きが驚くほど自由である。このことは、中国から伝来した漢字の「読み」と密接な関係がある。漢字は、あらゆる他の文字と同じようにシニフィアンの材料になるが、日本語では、それがシニフィエに向かうのではなく、そのまま音声による形式的な指示対象としてとどまることができた。そのために、主体は、シニフィアンによって代理表象され、その系に沿った意味作用に委ねられるのではなく、シニフィアンから生まれる意味作用のそとにいるように見える。しかし、もう少し近づいて見るなら、その意味作用は感覚的な刺激の範囲内にあって、ディスクールは、どこまでも見かけにつなぎ留められていて、主体は、見かけとしての形式的な指示対象に対する情動的な反応のなかにいるということである。日本では、ふつうには漢字の訓読みが、音読みを注釈し、解説している（commenter）と思われるだろうが、ラカンは、『エクリ』の「日本の読者に寄せて」のなかで、逆に音読みが訓読みを注釈するとして、次のように書いている。

　「本当に語る人間のためには、音読み（*l'on-yomi*）は、訓読み（*kun-yomi*）を注釈するのに十分です。お互いをむすびつけているペンチは、それらが焼きたてのゴーフルのように新鮮なまま出てくるところをみると、実はそれらが作りあげている人びとの仕合わせなのです。どこの国にしても、それが方言ででもなければ、自分の国語のなかで支那語をはなすなどという幸運はもちませんし、なによりも、それが絶え間なく思考から、つまり無意識からパロールへの距離を蝕知可能にするほど未知の国語から文字を借用したなどと言うことはないのです。誤解を恐れずに言えば、日本語を話す人にとっては、嘘を媒介として、ということは、嘘つきであるということなしに、真理を語るということは日常茶飯の行いなのです」（邦訳、『エクリ』Ⅰ、弘文堂、Ⅳ頁）。

　漢字を音読みして、さらにそれを訓読みするのは、その漢字にどういう意味があるかを表明している。それは分析主体のパロールから文字に出会い、それを解釈しようとすることに通じている。そのさいに、文字を読む

分析家の解釈から、無意識が現出する。そこで、精神分析の立場からは、音読みされた漢字がどのように訓読みされたかは、無意識を探るうえから、音読みが訓読みを注釈しているとするのは不思議でない。だが、問題は日本語で音読みされた漢字が、じっさいにどう訓読みされるかである。ラカンが「リチュラテール」でふれているところをもう一度引いてみると、「日本語では、書字が効果をあげているが、それについて重要なのは、それが日本語で二つの異なった発音で読まれることから、特殊な性質をもった書字だということである。それらは漢字として明瞭に発音される音読み（on‐yomi）と、それが日本語の意味だとされる訓読み（kun‐yomi）である」。文中、漢字を読み書きすることが、日本語のディスクールに特殊な性質を与えているとしているが、それがどんな性質であるかは明言していない。ただ、訓読みが漢字の意味だとされていると言うだけである。ここで、「日本語ではそう言われている漢字の意味（se dit en japonais ce qu'il veut dire）」という点が目にとまる。

　日本語では、ふつう漢字を訓読みして、それが漢字の意味とされる。しかし、それはどういう意味か。馬（バ）を「うま」と読み、月（ガツ）を「つき」と読めば、単純に、それらの漢字の指示対象は、両国語で共通している。けれども、漢字の音声から生まれる表象は、言うまでもなく、いつも実在する対象を指しているとは限らない。むしろ、分析主体のパロールは、つねに実在していない対象を指している。ラカンは、そのことをやはり「リチュラテール」のなかで、こう述べている、「主体は、地上のどこでもそうであるように、ランガージュによって分割されているが、一方の場所では文字に向かうことによって満たされ、他の場所ではパロールによって満足することができる」。すなわち、主体が文字に向かうとき、漢字は音読みされ、パロールは他のところにあって、漢字はそこで訓読みされている。そのことから、「日本語では、機知（mot d'esprit）が日常の言語生活のなかに飛び交っている」。

　日本語のディスクールでは、ランガージュによって分割された主体は、いわば、漢字の音読みと訓読みによって言語生活を営んでいる。これは無意識を探るのに都合のよい環境であるが、通常は漢字の読み分けによる言

260

語生活の二重性に満足して、無意識に目が向かわない。たしかに、シニフィアンには、そのような環境で多義性に向かう自由はある。しかし、シニフィアンから生まれる意味作用の面では、そのつながりによる論理が生まれにくい。そして、そのことに不満をもつ人たちもいる。それが、日本でR・バルトの『記号の帝国』があまり評判が良くなかった理由の一つでもあろう。ラカンは、『エクリ』の「日本の読者に寄せて」のなかで、「無意識は、ランガージュのように構造化されている」という主張をくり返しながら、日本語では、機知が日常の言葉遣いになっているが、かえって、そのことが無意識を気づかれにくくしているようだとし、それに関連して、ある個人的な体験を次のように語っている。「そのため私は或る日本女性が機知とは何ぞやを発見するのに居合わすことができたほどです。そこから証明されるのは、機知が日本ではありふれたディスクールの次元そのものだということであり、またそういうわけで日本語では、自動販売機との諸関係を、あるいはもっと単純に機械的な操作のできる顧客たちとの諸関係を調整するためでもなければ、この言語を占有する人のだれひとりとして精神分析されることを必要としないのです」（邦訳、『エクリ』Ⅰ、弘文堂、Ⅳ頁）。

　ラカンは、この日本女性とのエピソードを、一年後に書いたセミネール（『精神分析の四基本概念』）のための「後記」のなかで、ふたたび、もっと詳しく書いている。「エクリ（書かれたもの）という語を自分の尺度に合わせて『エクリ（écrits）』と書いたことで、ある人が私を破廉恥だと非難したことが思い出される。一人の日本人女性がそれによって怒り、われを忘れたが、そのことは私には驚きであった。まさしくその女性の世話によって、私は彼女の国語が置かれている地点まで導かれたとはいえ、自分がそれでもその場所を足だけで探っていたということを、私は知らなかったからである。私があのエクリチュール、つまり漢字から理解できたのは、せいぜい、ただ敏感な人があのエクリチュールから受けとるものでしかなかったが、漢字は音読みから訓読みにまでシニフィアンを反響させ、そのためにシニフィアンは多くの屈折によって引き裂かれ、そのかけらに、ごく小さな新聞も、街角の看板も十分に意味をもたせ、頼るのである。語る

第四章　音読みと訓読み　261

人は、これにより、無意識の技巧から逃れることができ、無意識はその字において閉じてしまうために、語る人にまで達することはない。私はとうとうそこまで考えるようになった。こういう限界状況で私は自説を確認したのだ」（邦訳、岩波書店、378-379頁）。

　その日本女性は、「エクリ（écrits）」いう文字を目にして、漢字の音読みを連想したのかもしれない。そして、彼女もバルトの著書を読んだある日本人読者たちと同じように、文字が「岩戸のすき間から洩れる光のように」、シニフィアンを多義性のなかに拡散させることに不満であったのかもしれない。しかし、そこにこそ無意識を探るために見逃せない、文字の大きな役目がある。日本語では、漢字の音読みと訓読みのあいだを往復しているうちに、機知が生まれる。それはあまりに日常的で、意味の面ではいわゆる駄洒落であっても、読み替えはくり返されて、止むことがない。読みの往復は、機械的に行われ、その行程におけるシニフィアンのつながりにはあまり頓着しないので、書字の論理的な脈絡はほとんど詮索されることがない。意味は、指示対象そのものになった漢字の形象と、その音読みからすぐに現われてくる。そこで、読みの行程における問題は、あたかも自動販売機とその利用者の関係を調整するさいのように、操作的に解決される。

　たしかに、日本人のなかには以上のようなことから、漢字を音読みのままでつなげるのを嫌う向きもある。彼女も、そのような日本人だったかもしれない。漢字を音読みのまま使い続けるのは、とくにそれがシニフィアンのつながりを枢要の条件とする書字の場合には、非難されるべきである。ラカンが彼女の怒りを買ったのも、そのせいかもしれない。そこには、漢字は、その音読みをさらに訓読みされなければ、日本語の文字にならないという前提がうかがえる。しかし、文字記号としての漢字のシニフィアンは、日本語のなかで、そのつながりから意味作用を生み、その結果として意味を生みだしているわけではないのである。そこで、音読みと訓読みをつなぐペンチは、それによって漢字の形象をいつも焼きたてのゴーフルのように新鮮な姿で出現させる道具として利用されている。最近では、ヨーロッパ語を音読みした片仮名が、訓読みのないまま、新鮮なお菓子として

262

ひっきりなしに差し出されているのは、指摘するまでもない。

「シニフィアン」という片仮名もまさにそうであるが、音読みされた文字は、それが漢字ではなくても、その意味作用は日本語において、当然ながら天の岩戸から洩れ出た光のように拡散する。それとともに、書字は、その拡散した光に沿ってシニフィアンのつながりから逸れ、そのまま享楽の実現に向かう可能性がある。ラカンは、そのことを日本人は嘘つきであることなしに真理を語ることができると言った。彼が「誤解を恐れずに言えば」と書いているように、それはちょっと分かりにくいが、シニフィアンを究極の閉じたシニフィエに向けて整序しようとするランガージュの世界では、ひとは嘘つきであらざるを得ないことを思えば、よく理解できる。ひとは、だれでもランガージュの世界に編入されると、そこで分割される。つまり、シニフィアンによって代理表象される主体となり、それ以前のひとから引き離され、それからは言葉を語る存在になる。これが嘘つきになる始めであり、以後は嘘つきとして生きていかざるを得ない。とくに、最終的なシニフィエに向かおうとする独語的なディスクールが優勢な世界ではそうである。

一方、日本語は、言語形態的にはいわゆる膠着語で、中国語という、屈折語尾をもたない、多くは単音節語の、音韻的にも文法的にも無関係な外国語から文字を受け入れて、それを二通りに読んだので、シニフィアンは、意味作用を生む過程で著しく曲折し、分散して、ついぞ最終的なシニフィエに向かう一本道をたどることはなかった。そのために、日本語では、漢字と、それをもとに作られた仮名を書くという行為によるエクリチュールは、ランガージュの秩序の壁をよけて、直接に、いわば一本線で真理に向かう可能性が残された。それが、嘘つきであることなく真理を語るのがたやすい理由である。しかし、精神分析では、真理は嘘を通してしか現われない。それが、無意識の概念が意味をもつ理由の一つである。ラカンが言うのは、あくまでも、音読みと訓読みによって機知が日常的に飛び交う日本語による言語生活を想像したうえでのことだろう。とはいえ、ひとが日本語で漢字を訓読みすることが、真理を語っているわけでないのは断わるまでもない。また、日本語の環境も、ランガージュによって社会的なコー

第四章　音読みと訓読み　263

ドが支えられているからには、そこにおいて漢字を音読みするという行為そのものと、曲折したシニフィアンの動きが生む言葉の多義性のなかに、嘘が探知されるべきなのも当然である。

日本語は、おびただしい数の漢字を受け入れ、音読みしたが、もともと10に満たない母音の数の少なさから、どの外国語と比べても同音異義語が突出して多いという印象を受ける。極端に言うと、われわれは毎日同音異義語のなかで暮らしているようなものである。そのなかには、訓読みできない単音節語も少なくないが、たいていは訓読みされて、それが漢字の意味だとされている。それは機知を表現するのにとても都合が良い。しかし、訓読みされた日本語が、すべて音読みされた漢字の真理を語っているわけではない。嘘は、漢字の音読みから、その本当の意味を語っているとされる訓読みへの言い替えのなかに、すなわち、二つの読みの関係のなかに探られてしかるべきだろう。ひとが語る存在として、ランガージュの世界に生きているからには、真理を全体として語ることはできず、語るとしても、それはつねに部分的な真理である。だから、そこにはいつも嘘を指摘される余地がある。その意味で、ひとはどこに生きていても、嘘つきであることなしに真理を語ることはできないと言えよう。

フロイトは、その著書『機知』のなかで、ユダヤのある寓話にふれている。それは二人のユダヤ人が、ある地方の駅で出会って交わした会話の場面である。一人が「どちらへ行くのかね」と尋ねると、相手は「クラカウまで」と答える。すると、一人が腹を立て、「おいおいあんたはなんて嘘つきなんだ」と言い。続けて「あんたはクラカウまで行くと言って、私が本当はレンベルグに行くのだと思うように願っていたんだろう。ところがどうだ、あんたはじっさいにクラカウへ行くんじゃないか。どうして、あんたはそんな嘘をつくのだ」と言う。フロイトは、この例を「機知の諸傾向」の最後にあげて、「真理の条件について」のたいへんに貴重な「問いかけ」としている。なぜなら、「最初の男の黙認された主張によれば、二番目の男は真理を語っているときに嘘をついていることになり、嘘によって真理を述べているからである」（邦訳、フロイト全集8、岩波書店、138頁）。ありのままの事実を述べたつもりの部分的な真理は、聞き手の受け

264

取り方しだいで、いつでも嘘になる。フロイトは、この機知を「懐疑的（skeptisch）な機知」と名づけて、それには「特別な地位をあてがうことができる」と述べている。けだし、この機知は、分析者のディスクールを進める過程でけっして見逃せない面を示唆しているからだろう。

　さて、ひとが漢字を音読みと訓読みに読み分けて、嘘をつかずに真理を語ることができるほどのところでは、文字は、ランガージュによって分割されている主体にとって独特の役目をはたしている。ラカンは、それによって主体が、一面では文字に向かうことで満たされ、別の面でパロールによって満たされていると言う。文字に向かうこと（référence）は、文字を参照すること、文字に準拠すること、文字に頼ることであり、パロールによって（de）とは、たんにパロールを用いて、それを使って、という意味である。ここでは、文字とパロールが対置される。文字を読むのはパロールで、そこから意味の効果が生まれる。一般に文字は、主体に最初の（象徴的な）同一化の対象（記号）として現われるとき、それは一の印しと呼ばれる。また、それは一つの目印となるかぎりでのシニフィアンであるが、その後の同一化の支えとなるシニフィアンでもある。しかし、それは記号としての対象を存続させると同時に、それ以前の対象を消し去った印しでもある。だが、漢字は、既述したように、日本語においてはそれ自体が指示対象になっている。そこで、漢字という文字は、ひとがいつもそれを指し示す対象ではあるけれども、最初の同一化の印しとして、その後のシニフィアンの支えとなる文字ではなく、そのつど新たに現われて、ひとがそれに向かい、それに頼って満足を得ようとする文字である。

　それでは、もう一つの面で、ひとがパロールによって満たされているとはどういうことであろう。パロールは、ランガージュの秩序におさまらない。むしろ、それと対立する。しかし、ひとが文字に頼るのは、そのまま漢字が音読みされることではない。また、パロールは、いつも漢字の訓読みによって言表されるものでもない。ひとが、音読みによってランガージュの秩序と法に向かい、訓読みによって享楽に向かうとしたところで、どちらの読みもランガージュの効果から逃れることはできない。パロールも、シニフィアンを素材として、それに支えられているので、たんなる発

声ではなく、象徴界において記号として受けとられる。

　一方、そのつど新たに出現する文字の素材であるシニフィアンは、その光線が屈折し、拡散して、意味作用は収斂することなく、文字は一義性に向かう行程からはずれて、書字（エクリチュール）には、そのまま享楽を実現する可能性が残されているかにみえる。しかし、文字もパロールも、ともに日本語においてランガージュの効果に服しているのは明らかである。それによって、日本の強固な社会的コードが古代から維持されているのである。

　そこで、シニフィアンは最終的なシニフィエを目指すことなく、自由に動き、文字は、シニフィアンの一本道の意味作用によって意味を生みだそうとすることなく、文字どおりの無意味に至るまで自由にふるまうことができる。しかるに他方では、人間どうしの秩序を保つランガージュの社会的なコードは、堅牢で、揺るぎなく保たれている。そのわけが探られなくてはなるまい。しかし、その問いには後にふれることにして、ここでは、ラカンが漢字の二通りに読まれる言語環境について述べているところへ戻ることにしたい。それによると日本語のディスクールにおいて、文字は、つねに「見かけ」の網のなかでつかまれる。そして、そのことが文字を最初の同一化の印しの末裔としてではなく、そのつど次つぎに姿を変えて現われる、いわば移動的対象（transit object）にしているとともに、ディスクールにおけるシニフィアンのつながりに換喩的な性質を与えている。見かけは、主体がはじめてディスクールのなかに登場する場所で、文字は、そこでつねに指示対象としてつかまれる。彼は、そのことによって日本語の言語環境における抑圧の少なさを指摘する。

　ラカンは、ディスクールのなかでシニフィアンのつながりから意味が生まれるための形態を、修辞学の技法の用語を借りて、隠喩と換喩として説明した（第3章、「欲望のグラフ」110頁〜123頁、参照）。隠喩では、シニフィアンの入れかえは、前のシニフィアンが次のシニフィアンのシニフィエになることによって行われるが、このとき前と次のシニフィアンのあいだに抑圧が生まれる。一方、換喩では、前のシニフィアンは、そのまま次のシニフィアンと入れ代わって、シニフィエは変わらない。理論的に

は、主体にとってのシニフィエが、「母の欲望」を介して象徴的に記号化されず、シニフィアンが入れ代わっても、そのままであり続ける。そこで、文字は、シニフィアンとともに次々に入れ代わっても、指示対象として、いつも見かけの場所にある。ディスクールにおいて、それは象徴界に組み込まれた文字であらざるを得ないが、その素材となるシニフィアンは、横線の下に移動してシニフィエになることはない。そのように、シニフィアンの入れかえは、漢字が二通りに読まれる日本語では、それがパロールによって欲望を告げようとするとき、換喩となって表現される。

　ディスクールは、四つのタイプに分類される。それはどの国語（ラング）にも共通している。主体は、ディスクールにおいて、たんに国語を話すだけではなく、文字として書き込まれながら、集団のなかで言語的コミュニケーションを行う。そのさい、どのタイプにおいても、シニフィアンは隠喩と換喩の方法によって言語表現を進めていく。そして、隠喩と換喩は、それぞれがシニフィアンから生まれる意味の効果をもつ。ラカンは、言語学者R・ヤコブソンの理論を借りて、シニフィアンのつながり方を隠喩的と換喩的に煎じ詰めた。また、『エクリ』の日本語版の序文でも、バルトの『記号の帝国』がフランス人たちを魅了したと書いているが、そのバルトは、換喩的な表現法の優勢な日本語のシニフィアンの動きを、昔から隠喩的な方法を押しつけてきたが西欧的な語法の反対例として称揚している。西欧的な語法は、意味を不法侵入させる（effracter）ことに向けられているのに対して、日本語は、意味を免除させ（exempter）、シニフィアンの自由な動きを許している、と。

　バルトの指摘を言いかえると、シニフィアンは、抑圧されずに軽やかに入れ代わるので、主体を代理表象するシニフィアンの下に、抑圧されたシニフィエはない。それゆえ、日本語の世界に生きる主体は、つまるところ何も隠さないのである。このことは、文字を二通りに読むのと密接な関係がある。つまり、漢字は音読みされるが、それを材料にしたシニフィアンは、抑圧されることなく次のシニフィアンと入れ代わる。その結果、漢字が次々に音読みされても、そこに抑圧されたシニフィエはない。漢字は、一つ一つ、それ自体が指示対象としてのシニフィアンのまま入れ代わるの

である。しかし、それではディスクールのなかに、意味としてのシニフィエはどのようにして出現するのか。日本語で、ランガージュは社会的なコードとして非常に強固である。そのディスクールから意味が生まれないはずはない。ランガージュは、ディスクールに対して社会的な文法を提供し、その規則に従って意味を生みだしている。その意味は、必ずしも漢字を訓読みしたパロールだと考える必要はない。むしろ、訓読みとパロールは、ディスクールのなかで関係は薄いが、ともにランガージュのコードに服しているのである。

そこで、漢字の訓読みは日本語の意味を伝えるという通説にも警戒しなくてはならない。意味は、シニフィアンから生まれる意味作用の効果であって、ここでは訓読みという音声によって固定される象徴的な何かではなく、そこに必ず想像的なものが関与している。それには大他者に対する訴えとともに、対象の欠如した欲望を考慮に入れなくてはならない。漢字の訓読みは、あえて言うなら、それを説明することであり、日本語で説明するのと、その効果として生まれる意味は、必ずしもそのままつながるものではなく、漢字にも、それを訓読みした音表文字にも謎が残されている。また、漢字の音読みは、それによって日本語のなかに意味が生まれないわけではなく、訓読みによって意味が決まるわけでもない。バルトは、西欧語における意味の不法侵入と日本語における意味の免除を比べてみせたが、どちらもシニフィアンがランガージュのコードに従って、意味を生もうとする行程をたどるのは共通している。

ラカンは、『アンコール』のなかで、その行程を系（série）と呼び、フランス語の言葉遊びで、それは真面目な（sérieux）という形容詞に近づけた。真面目なものは、必ず系列的な（sériel）な形をとり、系列的なものは、集まり（assemblage）として扱われる。そこで、系としてのシニフィアンをもとに書かれた文字も、当然、集まりとして性格をもち、集まりは、組み合わせをつくる。したがって、文字の組み合わせは、系列にそって、真面目に読まれなくてはならない。それは必ずしも、表意文字としての漢字を日本語に直して読むことではない。精神分析では、それによって漢字の意味が明らかにされたとは考えにくい。むしろ、日本語における文字の意

味は、どうして日本では漢字を二通りに読むのですか、という問いに始まり、次に、日本語では、その読みがディスクールの四つのタイプにおける意味作用と、そこから生まれる意味に、それぞれどのような影響と結果を与えているのですか、という問いに移る。そのあとで、日本語の書字（écriture）に残された文字の意味を、謎として読もうとするのが、分析的な手続きであろう。

　ディスクールの四つのタイプは、音読みと訓読みによって直接の影響を受けるわけではなく、枠組みが全体として変わるわけでもない。シニフィアンの系をたどる書字の行程は、根本的に論理的（logique）である。なぜなら、シニフィアンの動きは、主・シニフィアン（S₁）に対する幻覚的な想像にとらわれた欲望から、次の直接的な感覚から離れた「知」としてのシニフィアン（S₂）へ、思考によって移動しなくてはならないからである。精神分析では、論理は、それによって意味を完成させるための手段ではなく、シニフィアンのつながりを、系のどん詰まりの無意味に至るまで<u>真面目に</u>たどるための手続きだろう。そこは、性関係が書き込めないがゆえに無意味であるような場所であり、また、主体が享楽を断念して、ランガージュによって分割される世界に戻るか、それとも死を選択するかを迫られる場所である。漢字が二通りに読まれるからといって、そこに至るまでの論理的な手続きの原則が無効になることはないはずである。

第四章　　音読みと訓読み　　269

第五章　翻訳の日本語

　ラカンは、「リチュラテール」のなかで、「日本語とは、言語活動（ランガージュ）となった永遠の翻訳（traduction）である」と書いた。精神分析の実践における解釈（interprétation）では、少なくとも、それが行われるまでに二人のひとの対話があった。しかし、日本では、ランガージュは男性であれ、女性であれ、一人の通訳者がいれば十分で、それがいちばん自然である。文楽は、一人の大夫によって語られる。西欧の演劇は、けっして「意味」から離れることはない。R・バルトは、西欧でのやむことのない意味の闘いに疲れていたが、文楽を観て心を軽くした。日本語では、文楽でも俳句でも、言葉は、意味の不在を隠すことはないのだ、と。しかし、精神分析では、少なくとも二人のひとが対話のなかに意味の分からない文字を見つけて、その意味を探ろうとする。ラカンは、一人のひとがみんなに人間の世界について説明するとき、ここでは、そのひとを通訳者（interprète）と呼び、分析者の解釈と通訳を区別している。通訳者とは、また、翻訳者である。職業的な通訳者（interprète）は、専門の翻訳者（traducteur）とは通常の意味は違うが、ここでは、R・バルトを陶酔させた文楽の語り手を、人形のしぐさを説明する一人の翻訳者と見立てている。
　漢字を音読みして、それを日本語として訓読みするのは、漢字を翻訳することだとも言えよう。翻訳は、ふつう、ある国語の単語や文の意味を、別の国語で表現することだとされている。しかし、ラカンは、『エクリ』の日本語版への序文で、「日本人は、自分たちのディスクールについて自問することをしません。彼らは、翻訳したものをふたたび翻訳してしまいます」と言う。そこで、日本では、翻訳文を含めたあらゆる書字に対して、それを日本語で説明する一人の語り手がいて、みんながそれを聴いていると言うのである。ところが、精神分析の現場には分析主体と分析者の、いわば二人の語り手がいる。一方が問いを出すと、他方が答える。すると、一方はまた、その答えに対する問いを出す。こうして、問いと答え、そしてまた、新たな問いと答え、それを止むことなく繰り返し、ついに自分の

生とランガージュの壁との葛藤から身を引かないようになる。二人の語り手は、そういう主体であろうとするので、その語るところは、一人でする説明ではない。翻訳することは、必ずしもディスクールについて自問する（s'interroger）ことではない。しかし、日本語では翻訳したものが、ふたたび翻訳されるとなると、ラカンの言う翻訳は、通常の翻訳の意味からは理解しきれない。

　ひとの言葉やしぐさの意味を、一人の通訳者の説明に任せる。そういうランガージュの世界では、ひとは何も包み隠さない。だが、「結局のところ何も包み隠さないこのような主体ほど、みずからについて何もコミュニケートしてこない主体はない」。通訳者の翻訳が受け入れられたとき、人びとはその説明によって納得したとされる。一人の通訳者の言葉を聴いている人びとは、つまるところそれによって意味が十分に説明され、納得できることを期待している。文楽にかぎらず、二人のひとのあいだでも、あるときはなかの一人が通訳者となり、あるときには聴く人になる。ひとはときに応じて、どちらの立場にもなるが、ラカンは、聴講生たちに、「そのような主体にとってみなさんは、ただ操作すべき（manipuler）相手なのです」と言う。通訳するひとが説明し、聴くひとが納得するのは、ある人が別のひとを操作することである。彼はそうすることと、精神分析することの違いを言っている。

　通訳するひとも、それを聴いて納得するひとも、みずからについて何もコミュニケートしてこない。このとき、ひとがコミュニケートしてくる何かとは、むろん精神分析の立場からみた欲望や無意識であって、あらゆるコミュニケーションの分野にわたるものではない。ラカンは、すぐに科学的コミュニケーションを除外し、それは「日本でもった唯一のコミュニケーションで、そこでは他所と同じように対話によるのではない唯一の可能なコミュニケーションです」と言い、同時に「分析者のディスクールは、科学的なそれではありません」（『エクリ』、日本語版、序文）と言う。そして、「あるディスクールの意味は、別のディスクールからしか得られないのです」とつけ加えている。つまり、科学的コミュニケーションは、世界のどこでも可能であるが、日本語では、そのこと自体が問われない。こ

第五章　翻訳の日本語　271

のことは、日本語のディスクールではそれ自体に問いが向けられないことであって、それがみずからのディスクールについて自問することなく、ふたたびそれを翻訳してしまうことにつながるのである。

　分析者のディスクールは、相手を納得させようとする説明ではない。日本では、分析者の解釈が、分析主体の言動の気づかれない意味を探りだし、それを説明することだとされかねないが、説明は解釈ではない。解釈は、意味にかかわるとしても、それは辞書で説明されているような意味ではなく、いわば分析のなかから立ち現れてくる意味である。とはいえ、日本語による精神分析では、おそらく解釈のなかに、欲望や無意識ばかりでなく、欲動、抑圧、転移、同一化などなど、日常になじみのない用語が頻出するのを避けられないかもしれない。それらは例外なく、ヨーロッパ語から翻訳された漢語である。最近では、本論でくり返し使用しているシニフィアンやディスクールなど、片仮名で音訳された用語が、フロイトのエスやイマーゴと並んで登場する可能性もある。それらの漢語や片仮名になった日本語と、もとのヨーロッパ語の言葉は、意味のうえでどうつながっているのか。これはむろん精神分析にかぎらず、日本語で書かれたものとしてのあらゆる分野（エクリチュール）で、問題になる。しかし、例えば精神分析で、ドイツ語の〈Trieb〉を「欲動」という漢語にして、二語のあいだの意味のつながりについて、いつまで議論しても埒はあかないだろう。

　漢字には一語ごとに意味がある。しかし、われわれはヨーロッパ語を漢語に直して意味のつながりを考えるとき、漢字の表意性に騙されているのではないか。もとのヨーロッパ語とそれを翻訳した漢語とのあいだには、意味のつながりを云々するような関係はなく、アルファベットで書かれた単語に漢字でルビをつけ、それを日本語として音読みしているようなもので、両方の文字のあいだに意味のつながりを探る手がかりはないと言ったほうが近いかもしれない。そこで、われわれにできるのは、もとの用語が使われているテキストを読むとか、何種類かの辞書にあたって意味を探ることであるが、つまるところ、そこから受けとれるのは用語の説明である。それを受け入れながら翻訳を進めるにしても、そこには「翻訳したものをふたたび翻訳する」とされたときの翻訳の問題はそのまま残されている。

272

つまり、どの国語でも、言葉の意味は歴史的に形成された結果として生まれる。辞書や文献の説明を受け入れたうえでの翻訳は、その歴史の経験とはあまり関係がない。そこで、ラカンは、『エクリ』の日本語版の序文の最後に、「『エクリ』は、そこから私の語っている歴史のそとでは翻訳されないものです」と書いたのであろう。

　わが国でも、最近では翻訳の問題が、「翻訳論」と呼ばれる独立した分野で扱われるほど盛んに論じられている。そこには、やはり外国語が日本語に直されるときの意味の問題が中心にある。その分野を代表する論者のひとり、柳父章は、とくに近代以後にヨーロッパ語から日本で漢語に直され、われわれが現在使っている基本語の成り立ちと役目に目を向けている。そして、ヨーロッパ語と、日本語にされた漢語とのあいだの関係は、両者の意味のずれや違いとして考究されている。そこからは、精神分析で翻訳を考えるときの問題とともに、意味について考えるときの手がかりが見つかる。だが、ディスクールにおける意味を考えるときには、ふつうに受け取られている意味の通念をしばらく括弧に入れておく必要がある。あらかじめ、そうお断りしておきたい。柳父章には、「翻訳」を論じた多くの著書がある。そのなかから、ここで明治以降に日本語となった「西欧哲学」の翻訳語にふれた箇所を引いてみよう。

　「翻訳日本語は、確かに便利であった。が、それを十分認めた上で、この利点の反面を見逃してはならない、と私は考えるのである。つまり、翻訳に適した漢字中心の表現は、他方、学問・思想の分野において、翻訳に適さないやまとことば伝来の日常語表現を置き去りにし、切り捨ててきた、ということである。そのために、日本の哲学は、私たちの日常に生きている意味を置き去りにし、切り捨ててきた。日常ふつうに生きていることばの意味から哲学を組立ててこなかった、ということである。」（『翻訳学問批判——日本語の構造、翻訳の責任』、日本翻訳家養成センター、82頁）。日本語は、自立して活用のある動詞や形容動詞など、いわゆる用言を中心に文を組立てている。活用する語には、他に付属語の助動詞もあるが、助詞という、活用しない付属語の働きはとくに重要で、言葉と言葉の関係を示したり、言葉に一定の意味を添えたりする。一方、ヨーロッパ語は、名

詞を中心にして文を組立てている。また、ほとんどのヨーロッパ語には、日本語にない関係代名詞がある。

関係代名詞は、それに続く関係節が先行する名詞を修飾していることを示す標識である。関係節の長さはさまざまで、話し言葉では短いのもあるが、一般に専門的な論文になるほど、またある文学作品では、非常に長い。そのような長い関係節を含む文を日本語に翻訳して、名詞の前におくと、とくに不自然な日本語になる。困ったことに、それが「原文に忠実な」訳文として通っているのだが、じつは、谷崎潤一郎が『文章読本』で言っているように、それは「外国文の化け物」で、多くの人たちがそれに気づかない、日本語のなかの「化け物的文章」なのである。柳父は、そのような文章の例として、日本の言語学者たちの翻訳文を多くあげているが、その結びのくだりで、こう述べている。

「日本の言語学者は、今日でも直訳調の悪い日本文を盛んに生産している責任者でありながら、他方ではその悪い『言語』についてまともに考えたことがない。考えてみると、まことに不思議な現象であるが、視点を変えて見れば、これは日本の学問の成り立ちを典型的に物語っているのでもあろう。そもそも学問が本質的に翻訳的であるということは、学問じしんの否定である。そこで翻訳学問は、一方で『翻訳』を不可欠の前提条件とするとともに、他方、その『翻訳』という素姓をかくす必要がある。それは言わば日本の学問のホンネとタテマエであり、この二面性の上に日本の学問が成り立ってきたからなのである。」（同上、62頁）。

ところで、柳父がはじめの引用文で問題にしていたのは、日本語の「哲学」であった。バルトもラカンも、哲学は、これまで神学とともにヨーロッパ語のディスクールを全体的に主導してきた部門だとしている。ラカンは、哲学が歴史的に、ディスクールにおける意味の最終的な一義性を目ざして、シニフィアンのつながりを強力に追究してきたと考えている。それは古代のギリシアで、世界的にはほんの狭い地方的なディスクールとして始まり、ローマの時代を経て、ヨーロッパに広く受け継がれた。その中心には、その後のヨーロッパ語で、être、sein、be などになった語と、それについての問答があったと言える。なぜなら、哲学は、知（sophia）へ

274

の愛（philos）ゆえに、言葉とそれが指し示すものとの関係をめぐる問答、すなわち真理についての問答をぬきにしてはありえないからである。日本語で、être は「ある」「存在」と訳されるが、それがヨーロッパ語ではたやすく活用して、「〜がある」「〜がいる」「〜である」「存在する」となる。その言葉が指し示すものとは、その意味である。すなわち、「ある」とはどういうことか。哲学のディスクールに一貫しているのは、その問いと答えであると言えよう。

　哲学では、être を「存在」と訳すが、それにあたる日常ふつうに生きている日本語があるかというと、それはない。名詞として使われる être が、動詞として活用し、それが日常のもっとも基本的な言葉となっているフランス語に対して、日本語では、「ある」「いる」のような、指し示す対象がはっきり決まっていない点では意味があいまいな、いわゆる抽象的、観念的な言葉は、名詞化しにくいのである。そこで、哲学で使われる多数のヨーロッパ語の名詞は、漢語にしなくてはならないのである。それらの語は、日本語としては馴染みがうすく、読んでも聞いても自然な語感を与えない。当然、意味は、表意的な漢語からさえはっきりつかめず、よく分からないのである。しかし、「哲学」は、もともとギリシア語からの翻訳語である。ふり返って、日本では「日常ふつうに生きていることばの意味から哲学を組立ててこなかった」という柳父の文を読むと、ひとは日常のことばによって、どこにいても哲学を組立てることができる、そんなことを前提にしているのではないかという疑いが起こってくる。

　その疑いは、われわれは「ある」「いる」のような、じっさいに感覚できる対象をはっきり指さずに、実質的な意味をもたない用言を、あえて名詞にする必要はなかった。そういう日本語で、「哲学した」あるいは「哲学する」のをどうやって想像するのだろうという問いにつながる。哲学は、数学や天文学とは違う。それがギリシアのある時代からヨーロッパの歴史にあるからと言って、世界中のどこでも、いつの時代にも、ある国語の「日常のことば」から生まれてくる必然性も、必要性もあるものではない。そこで、ランガージュの環境と関係なく、ひとはどこでもやろうと思えば哲学できるのだということを前提にして、それが「あるか、ないか」を問う

第五章　翻訳の日本語　　275

ても始まらないし、また、もともと「ない」ものを「ある」と仮想して争っても始まらない。それでは、「これから、日常の日本語で組み立てられる哲学がありうるかどうか」、それには、われわれのディスクールの歴史をよく調べ、考えてから判断しなくてはなるまい。

　さて、近代以降、日本人はヨーロッパ語を翻訳して、それが学問や思想の分野にとどまらず、広く日本語に顕著な結果をもたらした。一つは、翻訳文から生まれた文の構造上の結果で、日常の言葉による日本語の環境にはなじまない、極端には、谷崎の言う「化け物的文章」が現われた。もう一つは、翻訳語としての漢語の問題で、これもふつうの日本語とはかけ離れている。翻訳した文と漢語は、意味が非常に分かりにくい。これは二つの結果に共通しているが、もう一つ、日本人は語感を重んじて、それを言葉の親疎の基準にするが、翻訳文も翻訳語も、日常の語感からはおよそ親しみがない。とくに翻訳語は、個々の漢語によって受ける語感から、とまどいを覚える。そういう翻訳語は、それを多用した翻訳文とともに、不自然な日本語である。語感は、言葉や文の意味と通じ合う。

　日本では、『語感の辞典』という書物も出版されているが、そこでは「語感」を、こう説明している。「ことばが指し示す概念としての中心的意味以外の、そのことばにしみついた何らかの感じや連想などの情緒的情報の総称として、会話にも文章にも用いられる、やや専門的な漢語。……ことばの意味やニュアンスの微妙な違いを感じ取る言語感覚という意味でも使う」(中村明『日本語・語感の辞典』、岩波書店、359頁)。この説明からも、「語感」が「意味」と相関的な言葉であるのが分かる。言語感覚としての語感が、自然な日本語を判定する基準である以上、そこから出てくるのは「良い」か「良くない」の結果であり、語感の良い文や言葉からは、微妙なニュアンスを感じ取れるほどの意味が生まれ、良くない語感からは、それが生まれない。翻訳語や翻訳文が与える語感は、良くないと判定され、翻訳語の漢語には意味がなく、翻訳文は悪文として、ついには誤訳と判定されるのである。それでは、その日本語で「意味」はどう説明されるのか。同じ辞典から引いてみよう。

　「広義には、記号・言語・表情・身振り・動作あるいは作品など、人間

が感覚でとらえることのできる何らかの形で表現されたものに含まれる内容や意図、狭義には、ことばが指し示す概念を指して、くだけた会話から硬い文章まで幅広く使われる日常の最も基本的な漢語」（同上、74頁）。一般的な説明であるが、せっかく「語感」を、言語感覚から生まれる情緒的情報としたのだから、そこから生まれる「意味」は、言葉のすでにある内容ばかりでなく、これから生まれる内容も指すとしたいものだ。ひとがだれかに向かって話すとき、分析者のディスクールが目を向けるのは、そのひとが待っているだれかの応答の内容、それが意味である。そこで、意味は翻訳による説明からではなく、問答による対話から生まれる。だから、精神分析における解釈は、説明ではなく、対話者としての分析者からの応答で、それが新しい意味が生まれるきっかけになるのを期待している。日本語では、哲学も精神分析も翻訳をとおして説明される。ラカンは、文楽の語り手と人形の舞台から、それを感じ取ったが、精神分析も文楽も、ほんの小さな分野で、われわれは日本語の広い場所で、それをつねに感じ取っている。

　柳父の翻訳論は、日常のことば、ふつうの日本語、口語文を、翻訳語、翻訳文に対置して、漢語の翻訳語を多用した日本語の翻訳文は、大体が悪文、誤訳であり、日本人がふつうの日本語で考えるように強く勧めているが、それを目指す道筋について、日本政治思想史家の丸山真男は、「江戸時代の翻訳論」と小見出しをつけた対談で、興味深いことを言っている。丸山は、荻生徂徠と福沢諭吉の「両方の学者にいかれている」とみずから称して、徂徠の一文をあげ、こう注釈する、「徂徠は、漢文式の読み方を批判しながら、オール否定をしていない。ひっくり返って読むのを弱点とみるのではなく、構造のちがうものをちがうとわかるには一度はひっくり返って読む必要もある、というのです。……『静』と『閑』とは、漢語＝古典中国語では意味が非常にちがう、というところから始まるのです、同じ『しずか』にあたる漢語を全部並べて、これは中国語ではこういう意味だというのを掲げる。……中国語ではちがう漢字で表わすのに、訓では同じになってしまうので、和訓で訓読すると、中国の詩や文章の本当の意味を日本人は失いかねない。そういいながら、同時に伝統的な漢字の読み方

にも有利な点がある。むしろ中国人より有利である、という主張を徂徠は
しています。日本人は文法も違い、質的にも異なった中国語をひっくり
返って読んでいるわけだが、翻訳だということを意識しないで読むからい
けないので、もし意識して読むならば中国語の構造というものは中国人以
上に理解できると言うんです。……これは福沢のいう『一身二生』とよく
似ています」。そこで、徂徠は「（結局）中国語を日本語と異質的なものだ
と自覚しなければ、翻訳を読んでいるという意識がないから、『和臭』を
つけて、日本語の匂いをつけて読んでいるのに、中国の古典をじかに読ん
で理解したつもりになっているのだ、と（言うのです）」（丸山真男、加藤
周一『翻訳と日本の近代』、岩波書店、26-27頁）。

　以上は、今日の立場からした注釈だが、谷崎の「化け物的文章」も、広
く不自然という印象を与えるにしても、まぎれもない日本語の文章であっ
て、それを誤訳、悪文と断ずるかどうかは、それぞれの見方によるのは言
うまでもない。一方、丸山は、明治のはじめの「翻訳問題」に関連して、
こう言う、「明治の初めについても同じくいえることは、つまり異文化の
異質性を自覚し、それを完璧に認識しようという欲求が出てきたときに、
比較的にオリジナルな思想が出るのは、ちょっと逆説的だけど、そういう
傾向がある。福沢しかり、徂徠しかりです。『朋あり、遠方より来たる
……』のまま読みつづけていたんじゃ、同文同種論みたいなもので、同じ
文明という意識になってしまう。徂徠はそこを越えた」（同上、34頁）。前
の引用文と同じ趣旨だが、少し気になるのは、明治の初めに異文化の異質
性を「完璧に認識」したいという欲求が出てきたという、丸山の注釈であ
る。そのために、言葉の意味や文の構造の異なる原文を「忠実に翻訳す
る」、「本当に分かる」「完璧に理解する」など、そういう言い草を真に受
けて、日本語のランガージュとしてまかり通らせるのが、他でもなく「日
本語とは、言語活動となった永遠の翻訳である」というラカンの指摘を裏
づける証拠になるのではなかろうか。

　日本語の翻訳文は、中国語、ヨーロッパ語、その他の外国語の文字がな
くては生まれない。それは自明のことである。ラカンは、「リチュラテー
ル」のなかで、「漢字が文字であるからといって、そこにシニフィエの川

を流れるシニフィアンの漂流物を見るなどと言えば、それは滑稽である。そこで隠喩の法則に従って、すなわち精神分析がそこに抑圧を認める言葉の入れ代えの法則に従って、シニフィアンのつながりを支えているのは、文字そのものである」と言う。さらに、その数行後に「不思議なことに、そのことは防衛しなくてはならない抑圧されたものが、そこには何もないという結果を生んでいるようである。なぜなら、抑圧されたものそれ自体が、文字に向かうことによって安住の場所を見つけてしまうからである」と言っている。そこで、ふたたび「リチュラテール」に戻って、「抑圧」という用語に目を向けてみよう。

　この翻訳語は、日本語では、おもに二通りの意味で使われるから、少し注意が要る。日本国語大辞典（小学館）を見ると、「①無理に押さえつけること、抑制し、圧迫すること。②心理学で、自我の要求が外部の条件によって阻止されること。」とあり、他の国語辞典（大辞林、三省堂）にも、「①行動や自由などを無理におさえつけること、『政治活動を―する』、②精神分析の用語。不快な考えや感情を無意識のうちにおさえつけ、意識にのぼらないようにすること。」とある。ラカンの「抑圧」は、むろん②の意味で、フランス語では refourment。①の意味のそれは répression、étouffement などの翻訳語ではあるまいか。いずれにしても、①は、そとからやってくる、政治的、社会的な抑圧で、②は、心のなかで起こる、意識に近づくのを拒まれた欲動にかかわる抑圧である。ラカンは、それをシニフィアンのつながりのなかで享楽が拒まれ、その代償として生まれる意味にかかわる抑圧としたのである。

　そうしてみると、意味にかかわる抑圧が少ないこと、すなわち少し大げさには、洒落や地口を駆使して何でも言いたい放題に言えることと、社会的な抑圧が少ないこととは、まったく違う、別の事柄である。『日本語・語感の辞典』では、「改まった会話や文章に用いられる漢語」としているが、福沢諭吉が『文明論之概略』のなかで、「此の吏人が政府中に在りて上級の者に対するときは、其の抑圧を受くること、平民が吏人に対するよりも尚はなはだしきものあり。」（岩波文庫、210頁）と、こう書いているときは、明らかに社会的な抑圧である。たまたま翻訳された漢語が、同じ日本語と

第五章　翻訳の日本語　　279

して使われるために混乱が生じかねない例は、他にいくつもあるが、「抑圧」の例はとくに注意すべきと考える。

文字は、主体の言語活動において一次的ではない。一次的なのは、あくまでも主体を代理表象するシニフィアンと、そのつながりである。文字は、そこからこぼれ落ちた沈殿物である。隠喩も換喩も、シニフィアンのつながりから生まれ、シニフィアンを素材とする言葉の言い換えを指している。そのさい、隠喩は、あるシニフィアンが次のシニフィアンに向けて主体を代理表象するとき、横棒にぶつかりながらも、それを通り越して、次のシニフィアンと入れ代わる。その結果、あるシニフィアンは、次のシニフィアンのシニフィエとなり、つながりの表面からは姿を消し、隠れた意味になる。ラカンは、このとき抑圧が生まれ、それを「抑圧の法則」と言っている。一方、換喩では、あるシニフィアンが次のシニフィアンのシニフィエにはならないので、そこに抑圧は生じない（「欲望のグラフ」の章で記した116頁の簡略化した図を参照のこと）。

シニフィアンの換喩的なつながりには、隠された意味はない。しかし、だからといって、そのつながりからは意味が生まれないかというと、そうではない。文字は、そのままシニフィアンにはならないが、日本語では、シニフィアンのつながりを支えているのは文字そのものであると、ラカンは言う。ただし、それは「見かけの網」にとらえられた文字である。見かけは、ディスクールにおける場所である。つまり、文字が、あたかもその場所で主体を代理表象するシニフィアンであるかのような役目をする。見かけは、そこから主体のコミュニケーションが始まり、そとの対象が感覚的、知覚的に受けとられる場所である。それゆえ、そこは欲望に近い場所で、換喩は、そこで感じとられた対象の物質的なつながりにとどまろうとするので、欲望と密接した言いかえになる。抑圧に関連して、ここでふたたび隠喩と換喩に戻ってきたのだが、どちらも古代からの修辞学の用語である。それでは、ラカンはディスクールにおけるシニフィアンのつながりを、つまり、そこにおける言葉の言いかえを、なぜ修辞学の二つの用語に絞ったのか。知られるように、それは言語学者R・ヤコブソンの失語症の研究に基づいている。

ラカンの発想のもとは、R・ヤコブソンの論文「言語の二つの面と失語症の二つのタイプ」のなかに明記されている。そのなかから、とくに関連の深い二箇所を引いてみよう、「ディスクールの進展は二つの異なった意味的な線に沿って行なわれる。一つの話題から他の話題へと相似性（similarity）によってか、隣接性（contiguity）によってか、いずれかによって進行する。隠喩的方法が第一の場合に、換喩的方法が第二の場合に、最も適当な呼び名であろう。両者はそれぞれ、隠喩と換喩において最も凝縮された表現を見出すからである」（『一般言語学』、邦訳、みすず書房、39頁）。次に、フロイトの精神分析に関連して述べた箇所である、「隠喩と換喩の両手法の拮抗は、個人内であれ社会的であれ、あらゆる象徴過程に明らかに見られる。たとえば、夢の構造の研究で、決定的な問題は、象徴や時間的順列が隣接性（フロイトの言う換喩的な "置き換え displacement" と提喩的な "圧縮 condensation"）に基づいているか、それとも相似性（フロイトの言う "同一化 identification" と "象徴化 symbolism"）に基づいているかである」（同上、43頁）。ラカンは、この箇所を読み直して、「提喩的」を「隠喩的」に、さらにフロイトの理論につなげて、隣接性の「換喩」を、「置き換え」に、相似性の「隠喩」を、「圧縮」とした。

　とはいえ、以上の説明からも、隠喩と換喩ははっきりした意味がつかみにくい。日本語の『レトリック辞典』（野内良三著、国書刊行会）では、「隠喩」の項に「隠喩とは類似性に基づく『見立て』である。言い換えれば『～を…として見る』ということだ。これが一番簡単な隠喩の定義だろう」とあるが、「換喩」は、「隠喩とならびその重要性を認められてきたが、その実体は必ずしも十分に解明されているとはいえない現状」で、「統一的な原理の探求は回避されてきた節がある。原理的な説明よりは、『論より証拠』式の事例の列挙・分類に終始してきた憾みがある」（同書、71-72頁）とある。それでも、古典修辞学のエッセンスを要約したものとして、H・モリエの次の定義を紹介している、「Ａなる現実を表わす語がＢなる現実を表わす語に取って代わる文彩、その根拠は事実において、あるいは思考においてＡとＢを結びつけている近隣性、共存性、相互依存性にある。」（同上、75頁）。しかし、この説明でも分かりにくいところがある。類似性

による「見立て」の意味は、さまざまに想像できるが、「見る」ということから、まず実在する対象を感覚的に選定するとか、比べて良し悪しを決めるという意味が浮かぶ。だが、「人間は、一本の葦である」という有名な隠喩の例では、両者の類似性は、ふつう感覚的にはぴんとこない。そこには、意識的な思考による観念的、抽象的な意味の共有があるわけで、むしろ、そちらの方が重要である。

　また、著者が指摘するように、隣接性の概念は、それ以上につかみにくい。換喩（métonymie）は、ギリシア語でもラテン語でも、語源的には「名の変更」のことで、ある名が別の名を代理することだから、それでは、ラカンがよく口にする「記号とは、何かの代わりをする何かである」という定義と同じことになり、あらゆる言語記号の言いかえに共通する表現法になる。むろん、それは誇張で、正しくないが、「鴎外を読む」「一杯飲む」「腹が立つ」「狐うどん」「ふんどし担ぎ」「白雪姫」などなど、いつもの例を思い出すだけでも範囲が広すぎて、日常の言語活動では、結局「換喩の結合の原理は千差万別だ」ということになってしまう。「人間は、一本の葦である」は、たしかに隠喩の定義に当てはまるが、ある人が食堂で、「僕は、ウナギだ」と言えば、換喩になる。ウエイターも友人たちも、そこのメニューを全体的な意味として共有しているからで、その人の注文がカツ丼でないのはすぐに分かるが、そこに類似性による「見立て」はない。

　さて、そこから翻訳語と翻訳文に戻ると、例えば、l'être を「存在」「有」などと訳したとき、原語と漢語のあいだに、隠喩的なつながりはまったくない。それぞれの語に、歴史的に形成された結果としての意味はあるに違いないが、翻訳では、たんにそれぞれの語のシニフィアンが移動しているだけである。同じように、vérité を真理、justice を正義、liberté を自由、société を社会と、それぞれのヨーロッパ語を翻訳語に直したからといって、そこにおのずから隠喩的な意味が生まれるわけではない。それらの漢語からは、やがて日本語としての意味が生まれるかもしれないが、それはもっぱらこれからの日本語による経験と思考にかかっている。Droit と権利には、隣接関係はまったくないが、そこに意味の共有が想像されていると思うことはできる。しかし、二語の意味は、それぞれの国のディス

クールの歴史のなかで形成されたのであり、もとにある意味や意味素の共有を前提にしたところで、そこから同じ意味が生まれるわけではない。権利という翻訳語は、いつまでも見かけの網のなかの文字にとどまるか、それともふつうの日本語として、その見かけから感覚的反応を越えた何らかの意味が生まれるかもしれない。いずれにせよ、原語と翻訳語の関係は、換喩的である。

　欲望は、換喩的な表現によって、個々の語に疎外され、そのつど部分的に指示物を指す語の置き換えに頼ることになる。しかし、それらの語の言いかえから、新しい意味作用が生じるわけではない。前にあげた子どものエピソードを思い出してみよう。「犬は、ワンワン」と言いかえ、続けて「猫は、ニャーニャー」と言えば、これは換喩による逐語的な翻訳で、そこに何ら新しい意味はない。しかし、「犬は、ニャーニャー」、「猫は、ワンワン」と言えば、ふつうの翻訳ではないが、隠喩的な言いかえではある。子どもは自分の表現で、シニフィアンのありふれたつながりを動揺させたのである。少なくとも、そこから、子どもにとって新しい意味が生まれるかもしれない。

　隠喩では、「父性隠喩」の式が示すように、母の欲望のシニフィアンであるS₁は抑圧されて、S₂のシニフィエになる（114頁の簡略した隠喩と換喩の式と、107頁の「父性隠喩」の式を参照）。その後、次つぎと下段にきてシニフィエになるシニフィアンのつながりは、上段の表面的、意識的なシニフィアンのつながりとは別の連鎖を形成する。すなわち母の欲望は、はじめに抑圧されて、父の名のシニフィエとなるが、下段において、それが新たに別のシニフィアン連鎖を形成することになる。そこで「父性隠喩」では、隠喩に共通した構造にしたがって、父の名と母の欲望から始まる二列のシニフィアン連鎖が、抵抗を表わす横棒をはさんで形成されるようになる。ちなみに、父の名は、母の欲望を象徴的去勢によって抑圧し、ランガージュの法のもとにおく「名（言語記号）」である。

　一方、換喩では、最初のシニフィアンS₁は、横棒の下に移行せず、次のシニフィアンS₂のシニフィエにならない。つまり、それは抑圧されずに、隣接関係によって次のシニフィアンに移行する。そこで、母の欲望を

第五章　翻訳の日本語　283

シニフィアンとする「主体（へ）のシニフィエ（小文字の s ）」は、そのまま下段にとどまり、母の欲望の原因となる対象が、隣接関係によって次々に名指されることになる。また、主体へのシニフィエは、語る存在のいる場所では隠れたまま表面に出ることはありえないので、換喩はランガージュの世界で、シニフィアンだけの言いかえになる。その意味で、換喩とは、まさしくシニフィアンそのものである。

日本語にみる翻訳の場合、江戸時代までは、中国語の漢字を、おもにそのまま音訳していたか、訓読みによって日本語にしていたが、明治以降、ヨーロッパ文明を受け入れて、そこで重要な意味を担った用語に漢語をあてて、それを翻訳語として多用しているのが目立った特徴である。翻訳は換喩的だと言ったが、翻訳語としての漢語の特徴は、文字が見かけの場所にあって、日本語がそこから生まれる意味作用に意味そのものを委ねていることである。言いかえると、翻訳語の意味は、いつまでも見かけの場所から生まれる意味から移動しないことである。ディスクールにおけるシニフィアンの換喩的なつながりは、見かけの場所にある翻訳語を使って原文を説明することにつながる。

文楽の語り手は、人形のしぐさを日常の日本語で説明し、ラカンは、その語り手を日本のあらゆることを説明する通訳者であると言ったが、二つのディスクールは、翻訳文によるのと、ふつうの日本語によるのとの違いを越えて一つになり、本質的に日本社会全体の説明を実現している。ディスクールが文字に向かって安住しているとは、一面において漢語の翻訳語を使って原語の文全体を換喩的に説明し、それをシニフィアンの隠喩的なつながりによる意味の産出に代えていることである。そして、別の一面では、パロールとして日常のことばを使いながら、他者との想像的な関係を作りあげ、欲望の幻想的な対象を追い続けている。だが、日本語を話すひとが、だれでもそのようなランガージュによって満たされているかと言えば、それは疑わしい。

シニフィアンをシニフィエの一義性に向けようとする中央集権的なディスクールには、いつも、そのつど多義的な意味を部分的な一義性につなぎとめておこうとする中継点ができる。一方、見かけの場所にあるシニフィ

アンに多義性の自由を許し、その意味作用が天の岩戸から漏れ出る光のように拡散するディスクールには、意味の中継点がない。日本語を話すひとは、次々と入れ代わるシニフィアンに、そのつど感覚的に反応し、そのディスクールからは、もっぱらそのことによって意味が生まれている。そこで、日本語のディスクールでは、シニフィアンのつながり（série）によってまじめに（sérieusement）意味を探ることは非常に難しいか、ほとんど不可能である。日本語を話す人のなかには、そのように意味を省みることができない言語環境のなかから苦しみが生まれるのも、けっして不思議ではない。

第五章　翻訳の日本語　285

第六章　「お前」（二人称）の大他者化

　日本語では、ディスクールについてみると、文字がシニフィアンの代わりになっている。それは「文字が、（シニフィアンに代わって）本質的な指示物になっている」からである。このシニフィアンは、「一の印し」と呼ばれる特別なシニフィアンである。その「一」は、続くシニフィアン連鎖の順序を示す、いわば最初のシニフィアンであるが、その後のシニフィアンのつながりのなかで消えてしまうわけではない。ひとの象徴的な同一化は、そこから始まり、その後も想像的な同一化における象徴的目印として、ひとの心的活動を支え続ける基本的なシニフィアンである。

　この印しは、シニフィアンであるから、あくまでも大他者の場所で見つかるはずである。しかし、ラカンは、その場所が、日本語では Tu によって支えられていると言う。Tu は、二人称単数の主語を表わす代名詞で、親しい身近な相手を指す（お前、きみ、あなた）ことから、親称の二人称、主語代名詞と呼ばれることもある。日本語では、それが一の印しとなって、大他者の場所にある基本的なシニフィアンに代わっている。一の印しは、もともと同一化の目印としてあり続けはするが、それが対象として現われるときは、見かけは次々と変わる。それを社会構造の面から眺めると、ディスクールはシニフィエをともなう礼儀の関係によって、ものの言い方を微妙に変化させる。言葉遣いの面では、それは敬語や謙譲語などのいわゆる待遇表現に広く認められ、そこには性別、年齢、家柄、社会的地位などが反映している。同時に、そこにはいつも相手との親疎の程度が、すなわち想像的な同一化の度合いが関与している。

　一の印しは、象徴化の目印として、それがさまざまな姿の対象として現われるとき、たしかに想像的な同一化を促しはするが、大他者は、そもそもシニフィアンの倉庫として、主体をランガージュの世界で規定する場所の名である。それゆえ、性別や世代や社会的地位はもちろん、たとえ超越的な神であっても、それをひとの姿として表象することはできない。あくまでも、目の前の想像的な相手のかなたにあって、ひとがそれにパロール

によって何かを訴えている場所である。けれども、まだ口がきけないか、あるいはまだ言葉が役に立たないひとにとって、訴える相手は、目の前の他者の他にいない。子どもには、相手の向こうに何もなく、その相手は、子どもと一の印しをつなぐ大他者の場所と一つになっている。もし、その状態が長びけば、子どもの心的な現実は、具体的な他者との想像的な関係に色濃く染まったままでいるだろう。その他者は、目の前の相手としての「二人称」であり、子どもにとって、大他者としての「母」である。

　大他者は、具体的なひとではないが、用語上の便宜からも三人称と呼ぶのがよいだろう。大他者の場所が二人称によって支えられていると言うとき、その二人称（Tu）は大文字である。むろん、それはたんに家族のなかの「母」と呼ばれている女性ではない。ランガージュの世界で主体を規定する、社会的な場所としての二人称である。ただし、その場所は、つねに想像的な他者としての具体的な相手の姿として現われる。その姿をとおして、ひとはランガージュによって支えられた象徴的な世界と関係をもつのである。ラカンは、その関係を支えているのが、敬語に見られるような「礼儀（politesse）」だと言っているが、私は「儀礼（rituel）」と呼びたい。儀礼は、「慣習（habitude）」に近く、しきたり、習わしなどとして、言葉の使い方を表わしている。つまり、日本語は一方で、ランガージュが二人称を大他者として想像的な同一化の目印を提供し、他方で、それとは別に慣習が、象徴的秩序のしきたりをランガージュに反映させている。

　大文字の二人称「Tu（お前）」は、われわれの言語活動において大きな役目をはたしている。日本の多くの論者が、それとなく、これに気づいているようにみえる。戦後、フランスで長いあいだ日本語を教えていた森有正は、精神分析とはまったく別の立場から、それを日本語における「二項結合方式（combinaison binaire）」として理論化した。彼は、この方式を次のように定義して、そこに大きく二つの特徴があると述べている。すなわち、「それは、二人の人間が内密な関係を経験において構成し、その関係そのものが二人の人間の一人一人を基礎づけるという結合の仕方である」（『経験と思想』、岩波書店、100頁）。そして、二つの特徴の「一は、その関係の親密性、相互嵌入性であり、二は、その関係の方向の垂直性であ

る」としている。

　相互嵌入性とは、日本語では、お互いに相手のなかにはまり込んでいる
ということだが、むろん心的な現実を指しており、精神分析家の言う「想
像的融合（fusion imaginaire）」に近いだろう。彼も、それを後で「二人の
人間が融合すること」であると言っている。さらに、第一の特徴について
「言っておかなければならないのは、この親密性、直接性は、その本質に
おいて、自然的現象ではなく、意志の問題だということである。すなわち、
二項関係は、人間が孤独の自我になることを妨げると共に、孤独に伴う苦
悩と不安を和らげる作用を果たすのである」（同上、106頁）と述べている。
彼は、関係の垂直性という第二の特徴については、かなり詳しく説明して
いて、少し長くなるが、次に引いてみたい。

　「二項関係の第二の特徴は、この関係が決して対等者間の水平な関係で
はなく、上下的な垂直的な関係だという点である。すなわち二項関係は、
その直接性、無私、他者の排除、その私的性格だけで尽きるものではない。
この関係は水平ではなく、上下に傾斜している。極端な場合をとれば、そ
れは垂直の方向をもっている。親子、君臣、上役と下のもの、雇用者と使
用人、先生と生徒、教授と学生、師匠と弟子、例はいくらでも挙げること
が出来るが、そういう上下関係をもち、その中に二項関係が成立する。し
かもこの上下関係は、単に年長者と若者、有能な者と無能な者、強者と弱
者、優者と劣者、征服者と被征服者、という自然の秩序そのものを反映す
るのではなく、一定の既成の社会秩序を内容とするものである。直接的、
私的な関係はこういう既成の秩序をめぐって結ばれるのである。内容のみ
でなく、関係の両項そのものが既成の社会秩序に規定されているのである。
そういう框の中での関係なのである」（同上、112頁）。

　森は、二人称を大他者化した言語活動について、その特徴を以上のよう
に述べている。それは別名「汝－汝」の結合方式と呼ばれ、対話が「お前」
と「お前のお前」によって成立している、二人称だけの世界の対話方式で
ある、と言う。「『私』が発言する時、その『私』は『汝』にとっての『汝』
であるという建て前から発言しているのである。日本人は相手のことを気
にしながら発言するという時、それは単に心理的なものである以上、人間

288

関係そのもの、言語構成そのものがそういう構造をもっているのである」
（同上、132頁）。森にとって、対話は基本的に「二人称－二人称」か、あるいは「一人称－三人称」の形式によって行なわれるのだが、一人称が二人称の二人称になる対話の世界には、三人称がじっさいには存在しない。「日本語においては、一応三人称を文法的主格にしている文章でも、『汝－汝』の構造の中に包み込まれて陳述される」。

　例えば、「中村」という姓の三人称が「来た」と述べるとき、「中村が来た」と言えばふつうの日本語である。しかし、じっさいの日本語では、この「中村」は三人称ではなく、いまの言述は往々にして不完全である。「中村が来たよ」「中村さんが来ました」「中村さんが来られました」から「中村さまがいらっしゃいました」など、そこに話者と相手と話題の人物の社会関係が、じかに言述の一部にならなくては完全でない。これが日本語における「現実嵌入」である。彼は、それを実現している付属語を、フランス語で機能的接尾辞（suffixe fonctionnel）あるいは屈折接尾辞（suffixe flexionnel）と呼び、それが広く日本語の敬語法と呼ばれている表現を実現させているとする。そして、その表現法こそ「（日本の社会が、上下的、直接的二項関係の連鎖・集合から構成されている）そういう社会構成そのものを内容としている」（同上、126頁）と述べている。彼は、この論文（「経験と思想」）を執筆してまもなく、フランスの日本語学習者のために『日本語教科書（Leçon de jasponais）』を刊行したが、これは1972年に日本でも大修館書店から発行されている。論文のなかでは、その教科書の「敬語（Langage de politesse）」の章の最初の箇所を先取りして、以下のように述べている。

　「日本語において、敬語は、とくに重要な、特権的でさえある位置を占めている。正にこの特殊な相の下に、日本人の現実の社会生活とその言語空間とが内密に触れ合うのである。その情動的（エモーティフ）であることにおいて本質的に日本的である社会構造は、直接に敬語の中に流入し（あるいは敬語において日本語の中に嵌入し、と言っても同じである）、それによってこの共同体（日本の社会）の人間関係を言葉の中に忠実に実現しているのである。敬語は、従って、日本語の単なる一部分ではない。そ

第六章　「お前」（二人称）の大他者化　289

れは日本語のもっとも内奥の機構に根ざしているのである。敬語の積極的、消極的な様々な度合は、緊密に階層化された（イエラルシゼ）共同体にすっぽり浸っているこの言葉の表現に具体的生命を与え、それの運用を決定しているのである。こういう条件の下において、（敬語に対して）中性的な言表は、この言葉にとってはむしろ例外なのである」（同上、127-128頁）。

日本では、森が『日本語教科書』を刊行する20年近く以前に、国文法学者の三上章が、『現代語法新説』（刀江書院、1955年5月、発行。くろしお出版、1972年8月、復刊）の中編（第7、8章）で、「敬語の問題」と題し、非常に明晰な論述によって、その表現規則をまとめている。ここではその内容にふれることはできないが、最初の章は、いわば敬語の文法規則の前提として「敬語の心理」と題し、「——相手に終始する」と副題して、いきなり次のような鋭い観察を披露している。

「敬語は事柄（dictum）と要求（modus）との中間にあらわれる。次の大文字の割り込み方に注目されたい。

Tokyo e syuttyo-sita（「東京へ主張した」—引用者）
Tokyo e syuttyo-sALE-MASita（「東京へ主張されました」—引用者）

断わっておくが、上の短い方のセンテンスも敬語法的に無色なのではない。大文字のていねいに対して、ゼロのぞんざいが対立しているのである」（上掲書、191頁）。事柄（dictum）は、本論のこれまでの使用法からは、言葉が指し示すもの、「指示対象」だろう。また、ここの要求（modus）は、精神分析では「欲望（desiderium, désir）」となるだろう。いずれにしても、敬語法による表現では、心的に中立な立場はありえない。ふつうの日本語表現のような最初にあげている上の短いセンテンスも、じっさいにはぞんざいで、荒っぽい表現になるのである。

三上は、敬語法による表現を、今ではあまり一般に使われていない、両端が銀色の金属で、中間が竹製の煙管（キセル）にたとえている。すなわち、「（いまの例文の下にある）敬語の大文字は中間の竹ラオの部分に当る。喫煙においてラオの役割は消極的である。煙をやわらげたり、ニコチン毒

を多少薄めたりはするだろうが、喫煙になくてはならない部分ではない。伝達において敬語法の勤める役割もだいたい似たようなものである」（同上、192頁）。敬語法は、文の伝達においてなくてはならない部分ではない。ただし、日本語において、それは大きな役割をもっている。また、「（敬語法が）話手の態度を表わすと言われているうちでも、命令、疑問、断定、推定、肯定、否定などと尊敬、謙譲、丁寧さとは性質が非常に違う。前者は話手の内側から出る要求であるが、後者は話手が場面によって余儀なく取らされているポオズにすぎない」（同上、同頁）。ここでも、前者は、そこから話し手の欲望を読みとるべき表現であるが、後者は、見かけのポーズである。ただし、その社会的によぎなくされたポーズは、日本語の対話で無視することはできない。

　彼は、銀キセルの例をまとめて、次のように説明している。

　　　　　火ざら　（銀）―　話手を超越した内容
　　　　　ラオ　　（竹）―　話手の他律的な態度
　　　　　吸口　　（銀）―　話手の自立的な態度

　両端の銀の部分は場面から独立しているが、中間の竹の部分は場面に従属している。敬語の法則は、他の文法規則に比べると、守る必要がやや少ないとともに、いろいろ守りにくい事情がある。少なくとも、適正な適用はむずかしいことが多い。敬語法がつけたりであることは、敬語法を全く知らないか、あるいはほとんど知らない言語のあることからも推測できる。西洋人のパイプはブライアの一本作りである」（同上、193頁）。

　中間の竹の部分が、敬語法の領域で、三上は、それを法則化しているが、日本人にとっても、それはかなり複雑で、厳密には守りにくい。しかし、日本語の世界では、話し手の他律的なその領域が、根本において支配的とも決定的とも言える役目をはたしている。彼が次のように述べていることから、それが推測される。「敬語法は他律的であり、場面次第だというその場面は、『相手』にしぼることができる。適正な敬語を使う事が必ずしも容易でない事情は、敬語決定の基準が相手との上下関係であり、しかも

その上下は話手が主観的に測定するより手のない場合が多いことである。その上に今一つの事情が加わる。上下関係には単に上か下かという二つの方向のほかに、上下の開きの大小があって、これが敬語の強弱に関係する。同窓会の先輩後輩の間柄では、同期は呼び捨て、先輩にはサンをつけ、後輩にはクンをつけるというような差別が起こる。サンとクンとの違いはあるが、同期以外にはとにかく敬称をつける」（同上、201頁）。

　日本語においては、大文字の「お前」（Tu）、すなわち大他者化した二人称が、ひとを象徴界に導く基本的な同一化の支えとなっている。それは、洗練された文法的形式によって、すなわち、しっかりとした社会的規則によって、表現を少し変えただけでも、たちまち礼儀の関係を変えてしまうような言葉の標識となっている。ラカンの言う「礼儀の関係」や「礼儀の規則（lois de la politesse）」は、それをディスクールの面からみるなら、森が『日本語教科書』（第12章）で題した「敬語（礼儀）のランガージュ（langage de politesse）」、つまり日本語の「敬語法」に通じる。森は、敬語法こそが「汝－汝」の二項方式に支えられた社会構成そのものを内容としていて、「日本の社会の中に生きていることと敬語法を駆使するのとは全く同じことである」と言い、それが戦後になってどれほど乱れているようにみえても、二項方式と敬語法そのものはびくともしていないと言う。一般に、それぞれの個別言語（国語）によるディスクールは、歴史的にそのありさまを変えはするものの、日本語では、これまでのところ一人称が「汝」に結合しないでじっさいに使われたことはなく、その結果、ディスクールのなかで一人称を二人称に解消させないための条件となる三人称の働きが隠れて、「一人称－三人称」の結合は見られないわけである。

　ここでもういちど、森が「汝－汝」の二項方式の第一にあげた特徴に戻ってみよう。彼はそれについて、こう述べている「二項方式は、二人が相互に浸透しつつも、一つの共同のものを作り出すのではない、という点に注意しなくてはならない。二人のあいだに共同のものは何もない。二人があるだけである。特殊があるだけであり、共同のものは、二人の相互浸透をさまたげるものとして、むしろ排除されなければならない。すなわち、

二項方式においては、関係は直接的、無媒介的でなければならない。と言うのは共同の所有物は、必然的に第三人称的であって、『汝』にとっては異物であり、第三人称に対応しうるのは、汝ではなく、第一人称だけだからである」（森、上掲書、104頁）。以上の特徴は、彼が「日本語にとって決定的に重要な『人称』の問題」をひとまとめに述べたものだが、その目は心理的な面に注がれている。心理的とは、ここでは想像的と同じ意味であるが、ものの言い方の特徴は、あくまで言葉を道具にしており、言葉そのものは象徴的なものである。森は、「共同の所有物」を、ときとして「社会」と言いかえているが、日本という社会には「世のなか」とか「世間」と呼ばれる何か共同的なものがあって、それが二人のあいだに干渉していないとは言えない。むしろ、その意味の「社会」は、強力に介入していると言うべきだろう。

　「汝」と「汝」の親密な関係がもっとも見やすいのは、親子関係とくに母子関係である。精神科医の土居健郎は、幼い子供が母親に向ける依存感情を「甘え」と呼んだ。日本では、それが成人のあいだにも広く行き渡り、むしろ人間関係をスムースに維持するための潤滑油として働いている、と。その心理的な側面を「二項方式」によって読み直すと、次のようになる。「親子の場合をとってみると、親を『汝』として取ると、子が『我』であるのは自明のことのように思われる。しかしそれはそうではない。子は自分の中に存在の根拠をもつ『我』ではなく、当面『汝』である親の『汝』として自分を経験しているのである。それは子がその親に従順であるか、反抗するかに関係なくそうなのである。肯定的であるか、否定的であるかに関係なく、凡ては『我と汝』ではなく、『汝と汝』との関係の中に推移するのである」（同上、96頁）。「甘え」の起源は、「汝と汝」の関係にある。だから、子と母の関係は、一方的な依存関係ではない。子と母のあいだは、体力や生活力には圧倒的な差があっても、心理的にはどちらも「汝と汝」であって、相互的である。

　しかし、子と母のあいだには、母がすでにランガージュの世界に生きているというもう一つの違いがある。そして、この違いは決定的である。なぜなら、母は欲望することができて、「母の欲望」と言うことができるか

らである。欲望は、ランガージュの世界で、言葉（パロール）とともに生まれる。口がきけないか、うまく話せない子（infans）には、欲望はない。子は、欲求の塊であるかもしれないが、欲望するためには言葉が必要である。そこに、ひとの言葉を使う身体能力の働きと、そとの他人に対する同一化という心的な作用がなくてはならない。その最初の他人が母であり、子は母の欲望に導かれて、その言語能力とともにランガージュの世界に編入されるのである。したがって、子と母の「汝と汝」の関係にあっても、決定的に重要なのは、象徴的なものの働きである。その証拠に、「甘え」がどれほど広く行き渡っても、ひとはけっして甘え切ることができない。もし、そうしようとすれば、それは子と母が一緒に、同時に死ぬことになる。

　日本語においは、大他者の場所が大文字の二人称（Tu）によって支えられ、それが複雑な「敬語法」となって言語生活に反映している。そうだとしても、シニフィアンの倉庫としての大他者は、ディスクールのなかで目の前の相手のかなたにある場所として、そもそもの役割をはたしている。そのことに何の変りもない。「汝－汝」の二項方式とは、心理的には、いわば鏡の関係であって「自分」と、「お前」という鏡に映った「自分」＝「お前のお前）」との関係である。鏡に映った「自分」とは、実在する自分のように見えながら、じつは自分の虚像であって、ひとはその視覚像に騙されているのである。それが「お前のお前」となって、ひとの自己愛に跳ね返ってくるのである。しかし、ひとはその「お前のお前」と、本当に内密な関係を結ぶことはできない。「自分」と「お前のお前」のあいだには、親密になりきる前に、必ず第三者が登場する。それが言葉を使って生きるひとの世界の法である。

　ラカンの「鏡像段階」は、自分の身体と母の身体との区別もつかない子どもが、鏡の前にいて、たんに自分の姿を目にしているのではない。それだけなら、猿や猫にも起こるだろう。ひとの子どもには、それが自分の姿であるのを告げ知らせてくれる第三者が、うしろに控えている。鏡の前にいる子どもは、その姿を目にしてふり返る。すると、「ほら、あれがお前ですよ」と言うひとがいる。そのひとは鏡のなかの姿を支持して、ときには笑顔で褒めてくれる。そのひとを母と呼ぶなら、母はすでに「汝－汝」

の二項方式には還元できない他者である。すなわち、そのひとは自分の想像的なイメージとは違う第三者である。子どもは自己愛に促され、この第三者から受けとった知らせから、自分の想像的なイメージを作りあげ、それはやがて自我と呼ばれる場所（＝審級）を形成していく。自我は、そこでランガージュの世界にいる主体からはっきりと区別されなくてはならないが、同時に、それは個別言語（国語）の文法構造からも区別される、ひとの心的装置の一部を成す普遍的な場所である。

　そこで、「敬語法」が国語のなかで大きな役割をはたし、一人称の「私」は「お前のお前」となって二人称と一体化し、相手に終始している二項結合方式のランガージュにおいても、自我はむろん心の場所としてあり、ひとはそこから意識的な、ときには無意識的な言語表現を行っているのである。

　一方で、森によれば、二項方式の言語表現は、歴史的次元に投影された日本人の「経験の質」となって連綿と続いているが（もっとも、彼は「質」という表現はうまくないと断わっている）、それは「ヨーロッパの社会が古代から中世、近世、近代、更に現代へと質的発展と変貌を遂げたのに対し」、「日本の社会について考えてみると、古代氏姓制度でも、律令制度下の種々の具体的体制、例えば摂関政治でも院政でも、あるいは封建制度でも幕藩制度でも、明治以来の天皇制でも、」「その根本においては、古代の制度の内部的合理化にすぎず、その内閉性を超越する組織転換が甚だ不十分にしか、あるいは全く形式的にしか行われなかった」（同上、98,99頁）ことに現われている。ひとは文字を使って、できごとの経過を書きとめる。しかし、その記録や文書が、そのまま歴史ではない。あるいは、現在や過去のできごとを何らかの仕方で記述する。しかし、それを集めた叙述も、そのまま歴史ではない。歴史とは、言うなればディスクールの変化と反復を含めた、その推移である。「経験」とは、ひとがその推移のなかで味わう心的な現実を指し、その「質」とは、おそらく、古代、近代、現代によって変化した心的な現実の内容を指していると思われる。

　二項方式の言語表現には、文字によって世のなかのできごとを書き残した頃から、その心的な現実に変化がない。言い換えると、そこには「歴史」がない。あるのは、一貫して変わらない「感情」と呼ばれる心的な現

実であり、森は、それを「日本人の自然に対する基本的な感情」と言い、興味深いことに、それを別の言葉で「欲望」と表現している、すなわち、「それは、感情というよりはむしろ一箇の欲望に近いものである。自己が限りなく向うこのような『自然』に内属していたいという感情、あるいは欲求、それはむしろ対人間感情の一種の投影であろう」（同上、76頁）。「欲望」は、日本語において、「感情」として表現される。ひとにとって、それはまさしく初めに味わい、根本的に変わることのない体験の内容であり、二項方式における換喩的表現を支え続けるシニフィエである。それゆえ、その表現は相手によっていかようにも変わりうる。しかし、そこには言語的な事実とは別に、社会的な事実としての象徴体系が、慣習による秩序として厳存しているのである。

　二項方式は、変化しない。「歴史とは思い出である」、これはある批評家の言葉として、よく知られている。思い出は、心に直接浮かんでくるイメージで描かれる。思い出すひとと、過去の登場する人物たちとのあいだには、時間のへだたりがない。聖徳太子から徳川家康まで、政治家だけでなく、宗教家も作家も、思い出すひとの前には、その姿を直接現わす。そこには「あの時代はそうだった」という、いまと比べてその時代を考えるひまも、その時代と比べていまを考えるひまもない。その姿から受けとる刺激は、もっぱら情動的な反応を喚起して、ずっとそこにとどまる。物語や映像は、歴史を認識の対象として表現するものではないが、これまでに多少読んだかぎりの、いわゆる時代小説も、視聴したかぎりの、例えば〈歴史〉ドラマと名のるテレビの連続大河番組も、この50年来、登場人物たちの目まぐるしい見かけの移り変わりにもかかわらず、その内容にまったく変わりがなく、つねに同じである。森は、それを「自然に対する感情」と呼んでいたが、言葉ではっきりと意識されてはいるわけではない。しかし、「自然」の感覚的な刺激に対する情動的な反応が、いつも登場人物に投影されているという印象は一貫していて、そこから生まれる感想は揺らぐことがない。

　そうしてみると、内容のキーワードは「自然」であり、この言葉は、たんに辞書にあるような「外からの現象」ではなく、むしろ、ひとの心に

「おのずから」あるいは「ひとりでに」生まれるもので、欲望の対象を指しているのだろう。そして、日本語は、それに対する感情をひたすら表現するのであるが、もともとそれは実在する対象として規定することも、内容を概念化することもできない。そこで「自然」は、たんに森羅万象の現象というよりも、日本語で「人間」と言うときの意味に近いだろう。そとの「自然」に対する感情が、むしろ自分のなかにいる「人間」に対する感情を反映したもので、その「人間」をそとからの刺激によって知覚するとき、それは「お前」となり、自分を映した鏡となって、ひとはその姿を自分として引き受け、それが「お前のお前」になる。すなわち、日本語においては「お前のお前」が、やがて「自分」の内容になる。それは自我の形成過程としては、少しも不思議ではないが、そうなると、森が長いあいだ西欧の社会に生きて感じ続けていた「日本人の経験に根本的に欠けているもの」とは、やはり経験の内容ではなく、それを伝えるものの言い方、つまりディスクールのタイプにかかわってくると思われる。

　ある面で、それは日本語のディスクールが、シニフィアンに多義性の自由を許しているという、バルトの感想にも通じている。そのために、「自然」という欲望の対象を指す概念ならざる概念を、語る存在として共有しながら、「歴史」を変化と反復をくり返す連続した過程として、全体的に意味づけることができない。過去のできごとは、すべてその場のエピソードとして、現在化されて思い出され、登場人物たちは、そのまま同一化のモデルとなり、彼らのふるまいは無時間的に規範化され、そのまま現在の価値判断に持ち込まれる。その結果、「歴史」は認識の対象にならないので、現在に残された歴史意識を表現する文字は、例えば平安・鎌倉時代を生きた慈円の史書『愚管抄』で中心的な概念であるはずの「道理」なども、そのシニフィアンから生まれる意味作用はまもなく消えて、文字の意味は後世の論議の対象にならず、ほとんど詮索されないまま、現在では知識として大きな辞書に記載されているくらいである。シニフィアンは、そこからこぼれ落ちた文字が多義性の自由のなかに散らばってしまうがゆえに、つながりのある意味作用を失う。それが、経験から欠けているものになるのではあるまいか。

ところで、そのようなランガージュのなかで、（自然）科学（者）のディスクールは、どのようにして生まれるのだろうか。そのディスクールは一つのタイプではないが、それに特有な面があるはずだ。ラカンは、そのディスクールによるコミュニケーションが、日本で可能な唯一のコミュニケーションであったと言い、森も、日本語の二項方式における「歴史」とともに、「科学」を問題にしている。彼も、もちろん「（自然）科学」の内容が、対象についての知（識）であることは認めて、次のように述べている。「（科学の対象は）感覚的に認知し、計量的に限定できる一箇の物体と、それを何と呼ぶかという約束の問題」であり、「一定の約束を守れば、どんな言葉によっても間違いなく表現できる。それは感覚の対象となり、更に計量的に規定しうるもの、その命名、更にそういうもの相互の空間的、時間的関係であり、普通『科学』の対象となるものである。それは記号体系によっても、恐らくより正確に表現出来るものである。勿論その記号体系は言葉によって、定義、分析、法則に関する命題として、表現しうるものであり、その場合は勿論三人称の形をとる」。しかし「その内容は結局、数量的関係の表示を理想とするような方式によって構成されたものであり、三人称と言っても、人間ならびにその働きが三人称で述べられていても、その述べられている当体は『一人称』を中核とするものとは根本的にちがっている。『経験』や『思想』を扱う場合は、それが人文科学、あるいは社会科学と言って科学の名を冠していても、自然科学の場合の科学とはその趣を異にすると言わなければならない」。そこで、結局「科学の対象は、『経験』の中に包括されてはいても、自体においては、それとは異質のものであり、その方法はその限界内に止らなければならない。その対象は『非人称的』であって、記述される時、文法の上でだけ三人称となっているのである」（同上、159-161頁）。

　文中の「経験や思想」とは、ランガージュとディスクールの世界に生きているパロールの主体が、ものを言うときの、その語り方であろう。「自然」とは、欲望の対象であり、ひとはそれについて語ることによって主体になる。「一人称」は、その主体を指しており、二項方式では、「汝―汝」によって「二人称」になった一人称が主体となっている。しかし、そこでも

二人称化した大他者が、ひとを語る主体として支えていることに変わりはない。いずれの場合でも、大他者は、「三人称」がいる場所であろう。ところが、「科学」では、その場所にいるはずの三人称が「非人称的」であるとされる。すなわち、主体は、そこにある欲望の対象を三人称によって語るはずであるのに、そこから引き離されている。それは自然科学と呼ばれても、じつは日本語の「人間」の「自然」の科学ではない。対象が「非人称的」であるというのは、むしろ「無人称的」とするのがよいだろう。「科学」は、三人称がいる場所で、語る主体が消えているか、あるいは消そうとしている。その努力とともに、知（識）を蓄積しようとしているのである。

　精神分析にとって、欲望の対象は、もともとそれ自体としては現われないが、ラカンは、やがてそれを対象 a と記号化する。それはたんなる文字であるが、運算や演算に使うような純粋に形式化された記号ではなく、つねに何かしら具体的なものの表象をともなっている。彼は 1965 年に、こう述べている、「対象 a の理論は、知と主体に照らした、原因としての真理の役割をしっかりとまとめるために必要です」（「科学と真理」、邦訳『エクリ』Ⅲ、弘文堂、417 頁）。この講演は、表題のように、精神分析が対象 a の「科学」と言えるかどうかを、同時に、じっさいに精神分析の実践は、科学の主体以外の主体にかかわっていないが、そのさい精神分析における真理をどう考えたらよいかを話題にしている。引用文では、真理を原因（cause）と訳しているが、それはそもそもひとにものを言わせるもとになっているという意味で、そこから「真理はパロール以外の基盤をもてない」という定義が生まれる。そのさい、ラカンは「真理と知のあいだで主体が分割される」として、そこが精神分析家にとって肝心なところだと言う。つまり、精神分析にかかわる科学の主体においては、真理と知はつながらないのである。言いかえると、事物と知は合致しない。また、たとえ部分的に事物と合致する真理が現われるとしても、それはパロールが対象 a とは合致しないという土台のうえである。

　こうしてみると、精神分析における対象 a と自然科学の対象とは、真理へのかかわりをめぐって非常に違うことが分かる。精神分析は、語る主体と知のあいだに断裂があるのを認めて真理にかかわろうとするが、科学は、

みずからの語る主体をディスクールのそとに出して、部分的な知を積み重ね、真理にかかわろうとしている。いま、（自然）科学する主体をたんに科学者とし、精神分析する主体を精神分析者としてざっと比べてみると、科学者は、記号を操作する主体であり、計算する主体であるが、精神分析者は、ランガージュによって分割された主体であり、欲望する主体である。そこで、知に対する両者のかかわり方をみると、科学者にとって、知は記号操作の効果であり、主体は記号（文字）に還元されて、そこには知にかかわる欲望する主体はいない。一方、精神分析者にとって、主体は知にかかわるが、その主体は欲望の原因（対象a）によって知から切り離され、両者を結ぶのは幻想だけである（$\mathcal{S} \diamond a$）。

そこで、「汝－汝」の二項方式は、ディスクールのタイプを変えるわけではなく、主体そのものを左右するわけではないが、それならば、その言語環境において、科学者が文法的に三人称とされる記号を操作するのは可能だろうか。その答えは、近、現代の日本を見れば明白である。大他者は、二人称の大他者化（Tu）によって、その場所としてのあり方を少しも変えない。シニフィアンと主体のかかわりは、二項方式とは別に、科学する主体を生み出しているし、そこから精神分析する主体が生まれるかもしれない。ただし、科学する主体にとって、対象aはシニフィアンから切り離された文字となり、それが計算の道具である記号となって、欲望する主体は、それに還元されて消え去るのである。そのことは、個別言語（国語）の文法構造や言語習慣にかかわりなく共通している。

さて、精神分析では、パロールは真理にかかわり、ランガージュは法にかかわる。煎じ詰めるなら、パロールは、対象aを言葉にしようとして失敗する欲望の次元を指し、ランガージュは、パロールに対象aの享楽を禁じる言語の装置を指している。その結果、パロールは沈黙をふくめて、つねに言われるのに対し、ランガージュは書かれて、文字を残す。そこで、日本語の敬語法のようなランガージュにおける文法と、ランガージュの法が残した文字とは区別されなくてはならない。ラカンは、日本語について、語る主体が同一化のために大文字の二人称（Tu）に向かうと同時に、一方ではシニフィアン連鎖のなかで抑圧されたものが、文字に向かうと言って

いる。

　文字は書かれる（s'écrire）とともに、読まれる（se lire）ものである。
読まれるものとしての文字には、日本語の音読みと訓読みをふくめて、そ
こに社会的事実としての法が書き込まれている。その事実は、言語的事実
とホモロジー（相応、相同、同等）的な関係にあるとともに、分けて考え
られる面があると思う。とくに、身近な社会的事実としての法の働きの面
では、そうである。むろん、それは議会で可決された法律の、たんなる形
式的な面について言うのではない。例えば、究極のシニフィエに縛られな
い自由なシニフィアンの幸福は、ひとの社会生活における幸福とは別であ
り、シニフィアン連鎖によって抑圧されたものが文字に安住の場所を見出
すというのも、文字が読まれることを考えてみると、ひとが日本語でそれ
を読むことで安住しているというのは疑わしい。社会的事実としての法は、
ランガージュの法と相携えて、無意識の禁圧を生み出しているのである。

第六章　「お前」（二人称）の大他者化　301

第七章　　　言語活動と慣習

　「リチュラテール」は、こう結ばれている、「書字（エクリチュール）の苦行は、おそらく性関係がそこから始まる『それは書かれている』に、どうしても行き着かざるをえないように思われる」。

　ひとは、そこを世間と呼ぼうが集団と呼ぼうが社会と呼ぼうが、群生動物として、群れのなかで生きている。現実的なものは、そこから追い出されている。自然は、現実的なものと思われがちだが、ひとと接触した自然は、たとえ名前がなくても、すべて象徴化されて、現実的なものから引き離されている。自然を、ひとが手を加えないすべてのものという通常の意味にとっても、ひとは、自然から出発することはできない。端的に、自然は何も書かない。ひとは鳥や昆虫も書き、ときには石が書くとも言うが、すべて、それらはひとが象徴化した痕である。

　性関係は、書かれることから始まる。ラカンはそう言うが、関係とは、むろん、ひとだけに起こる現象（観念）で、他の動物たちにはない。ひとの性関係が問題になるのは、ひとが話すからである。さらに、その話がディスクールとなり、その効果が文字となって残るからである。関係は、それが文字となって残されたとき、はじめてあるか、ないかが問題になる。ただし、「夫と妻のあいだに性関係がある」という文字が残されただけでは、関係の観念を満たすのに十分ではない。文字は、ディスクールの効果ではあるが、ディスクールの主役は、あくまでもシニフィアンである。ひとが文字を読むためには、文字はシニフィアンに戻され、それに照らされなくてはならない。それによって、はじめて意味作用が起こり、意味が生まれるのである。関係の観念は、意味とともに生まれる。文字がたんに残されているだけでは、そこに何の意味もない。

　そこで、「性関係は存在しない」とは、たとえ「夫と妻のあいだに性関係がある」と書いたところで、そこからは真理に向かう途中の意味が生まれないということである。すなわち、性関係についての文字は、それをいくら書いたところで、その書字（エクリチュール）は、意味を生むまでに至

らないということである。書字は、つまるところ論理に従って意味を生むのだが、その書字は、シニフィアンのつながりに支えられている。ランガージュの世界は、意味の場所である。その世界で文字に意味があると言えるのは、シニフィアンが、その効果としてのシニフィエにつながると言えるときである。性の意味については、それをめぐるシニフィアンが、そのシニフィエと、つまりその対象と、すなわち欲望の原因としての対象aとつながるなら、意味があると言える。しかし、ランガージュが支配する象徴の世界で、性の欲望をめぐるシニフィアンは、対象aとつながらない。そこでは、性の享楽は実現できない。シニフィアンと対象aをつなぐのは幻想だけで、文字は、それを書き込むことはできず、その手前でふたたびシニフィアンにもどり、書字は、現実界の境域と象徴界のあいだで堂々巡りをくり返すのである。

　ところが、ラカンは、性関係が「それは書かれている」から始まるかもしれず、成り立つかもしれない（s'instaurerait）と言う。むろん、それは日本語についてだけではない。ただし、「それは書かれている」から性関係に向かう道のりは、書字の苦行（ascèse）である。性関係は、とどのつまり書き込めないだろうが、それでもそこへ行き着こうとする難行には、禁欲がつきものである。それは「掛け物」に見られるような、日本語の書字の筆運びが例証している。しかし、その書字も、ランガージュの法に直面して目指す享楽を諦めざるをえない。書字は、文字という結果を残して、享楽の手前から象徴の世界へ引き返さざるをえないのである。

　日本において、文字を書くのがとくに難しいというのは、ラカンが「掛け物」から感じとったように、文字をどこから書きはじめ、どこで筆を止めるべきか分からないからである。それでも、シニフィアンによって分割されている主体としてそこに住む人は、くり返し書き続けなくてはならない。それがすなわち書字の苦行であるが、そこで左から右へ一本の線を引くのも、西欧化された主体にはできそうにない。西欧では、文字を書き始める前に、主体は、すでに文字によって抹消されているからである。つまり、そこのランガージュは、書字が主体を現実界から引き離す役目をはたす仕組みになっているからである。日本における書字は、たとえその仕組

みから遠ざかってはいても、主体にはランガージュの法によって享楽が禁止されていることに変わりがない。けれども、主体は、性関係が「書かれている」の出発点から、享楽に向かって書き続け、現実界の手前で挫折を繰り返さざるをえないのである。

　ところで、文字には書かれる（s'écrire）一面と、読まれる（se lire）一面がある。そこで、書字には、文字を書くとともに、当然それを読むという行為も予想されなくてはならない。文字は、紙や布のうえに残された痕跡としては、象徴的なものではない。ひとに読まれて、はじめて象徴になる。ひとが読まなければ、あるいは読もうとしなければ、文字はない。また、文字は、たとえ読まれたとしても、他の文字とのつながりはない。文字を材料にしたシニフィアンにおいてはじめて、その連鎖として、つながりが生まれる。それゆえ、文字は単独の、自立的な本質をもつ。日本語では、歴史が記録として残された頃から、文字は、やがてそれをもとに作られた仮名を除いて、つねに「それは書かれている」漢字として伝えられた。そして、その頃から日本語の言語活動（ランガージュ）において、文字を書くこと、読むこととは、大きな役目をはたしていると考えられる。しかし、伝えられた文字が中国語の漢字であったことの意味は、多くの面からさまざまに指摘されてはいるが、さらにもう一つの面から探ってみよう。

　漢字は、「すでに書かれている」文字として、日本に伝えられた。それは日本で読まれ、日本語のディスクールのなかで、シニフィアンの材料となり、そのつど主体を代理表象するつながりを作った。その行程で、意味作用が生まれ、そこから何らかの意味が出現した。ラカンによると、意味の効果は、象徴界と想像界が交わったところから生まれる。また、そこは無意識の生まれるところでもある。つまり、意味は、文字を読みながら、それと気づかれずに、出しぬけに生じる。してみれば、日本語における漢字の音読みと訓読みは、意味の次元においてはまったく同等ということになる。ある漢字が音読みされると、それが文字として想像界に侵入すれば、そこから意味が生まれる。意味は、ただ訓読みから生まれるわけではない。

　音読みと訓読みに共通しているのは、漢字が二通りの読みによってシニフィアンとなり、そこから何らかの意味が生まれることである。漢字は、

304

どちらの読みによってもシニフィアンとシニフィエをもつ日本語の言語記号となり、象徴界の構成要素になる。言語記号とは、ふつう言語学上の呼び名とされているが、それは象徴でもある。記号を、大きく信号（シグナル）と象徴（シンボル）に分ける見方からは、言語記号は、記号であると同時に象徴であるということになろう。しかし、精神分析では、記号と象徴をはっきり分けなくてはならない。同じ立場からではないが、E・オルティグによる次のような両者の区別（定義）は、非常に明瞭である。「一般的に言って、象徴とは、言語の慣用や社会的契約、自由人の相互確認などの印しを構成する材料である。あるいは、象徴とは、コミュニケーションの、または連帯の体系、主体間の相互性の法則を構成するかぎりにおいて、相互的関係として考えられた言語の構成要素である。記号が、シニフィアンとシニフィエとの統一であるのに対して、象徴は、あるシニフィアンと他のシニフィアンとの関係を扱うものである。記号が、シニフィアンとは別の系列にあるシニフィエを提示するのに対して、象徴は、与えられたすべての実在に対する徹底的な他者性のなかで、ただそれ自体によって予測されているシニフィアンの中味の系列に属している」（『言語表現と象徴』、邦訳、せりか書房、84 頁）。

　言語は、精神分析にとって、広義の記号と同じではなく、そのなかの象徴に属している。象徴的なものは、すべてが言語でないとしても、ひとが語る存在であるかぎり、つまりは言語に帰する。しかし、象徴的なものとしての言語は、あらゆる実在的なものとは別のものであるとともに、想像的なものとはっきり区別されなくてはならない。そこが精神分析の実践的、理論的な要点である。想像的なものは、イメージによって作られている。おびただしいイメージを集めて巨大な寄木細工を作ったり、あらゆるイメージに共通する原型を探したりするのは、原理的な誤りの結果である。オルティグは、宗教学者のエリアーデや分析心理学者のユングを批判して、こう言っている、「（彼らには）始めから、想像的なものの心理的なはたらきと、象徴の社会的なはたらきとが混同されていたのである。象徴の社会的なはたらきとは、つねにディスクールに対して課せられ、またディスクールなしには分析されえないような、形式的構造の間接的表現なのであ

る」（同上、276 頁）。

　精神分析においても、象徴的なものを想像的なものに還元するのは根本的な誤りであるが、一方、ディスクールにおける象徴的なものの働きは、想像的なものの心的現実と、言語の象徴的次元における概念や真理との中間で行われている。つまり、象徴的なものは、あくまで想像的なものと区別されながらも、両者はディスクールにおいて混じり合っている。そこから意味作用の結果として生まれる意味の曖昧さと、無意識を読む難しさが生じる。オルティグは、象徴的なものの一般的な性質について、最初に、それは想像的なものについての心理学と結びついていると言い、次に、それはつねに制度や階級を表わす称号などの社会的事実を示す性質をもっていると言う。そして、最後に、象徴の働きは、それがいつも命令、社会規範、禁止、約束、信仰、帰属を含むかぎりにおいて、ディスクールと一つになっており、すべての事柄がもし想像的なものの心理学に還元されるならば、もはやあらゆるものの象徴は消滅してしまうと言う。なぜなら、象徴の本質は、ローマの昔から、伝達、忠実さ、連帯性を表わす一つの形だからである。

　以上、オルティグの所説に従ってくどくど述べてきたのは、日本語の敬語法や漢字の読みについて考える場合にも、ディスクールにおけるそれらの言語的事実と想像的なものとを混同せずに、社会的事実を言語的事実のホモロジーとして考えながらも、その社会的事実をいったん言語的事実と分けて、命令、禁止、信仰、社会規範の面から見なくてはならないと考えるからである。それらの社会的な事実を象徴的なものとして括ってみると、前章でふれた森有正の二項結合方式も、その方式の二つの特徴として想像的なものと象徴的なものとを分けている。そこでは、前者を親密性、相互嵌入性、直接性、無私、他者の排除などの私的な面とし、後者を親子、君臣、師匠と弟子、雇用者と使用人、上司と下の者など、上下の垂直な社会関係としてまとめていた。しかし、後者の社会関係でも、そこにおける想像的な心理的側面と象徴的な社会的側面をさらに分けなくてはならない。前者は、鏡に映った姿、すなわち自分と「お前のお前」である自分との関係であり、それは自分の身体と母の身体の区別もつかない子どもの心的現

実を土台にしており、後者は、その想像的融合状態から子供を引き離そうとする命令、禁止、信仰など、つまりは母子相姦の禁止として働くそとからの社会的な力を背景にしている。

　そうしてみると、二人称を大他者化した二項結合方式の言語世界では、想像的なものは「母子の性関係は可能である」の方へ向かい、象徴的なものは「母子の性関係は禁止されている」と告げる。そして、そこにおけるエクリチュールの苦行は、その中間にあって文字を書き続けなくてはところからくると言えよう。そこには、家族のなかで母子相姦の禁止を命じる男性がいない。すなわち、「母の欲望」をそとからの「父の名」という言葉に換える、父と呼ばれる具体的な男性がいない。心理的には、女性と子どもだけがいて、男性と大人がいない世界である。言葉は、天照大神という女神を中心とする多神教のなかで、意味が拡散したまま、それを一つに収斂させようとする男神はいなかった。しかし、一方では、どこでもひとが語る存在として生きているところがそうであるように、その言語世界では母子相姦を禁止する法が働いている。

　そこで、われわれは、バルトが言うようなディスクールにおけるシニフィアンの自由と、森の言うような上下の位階序列を骨子とする社会関係における自由とを分けて考えなくてはならない。バルトは、ランガージュの帝国主義のそとにある日本で、シニフィアンはいかなるシニフィエにも向かわず、何も意味しない余地が残されていると言う。また、彼は帝国主義の生国からそこへやってきて、エクリチュールの勇気を与えられ、その国のエクリチュールについて書いているときに幸福だったと言う。しかし、日本語のシニフィアンには、ディスクールのなかで最終的なシニフィエに向かわず、あちこちに飛び交う自由があるとともに、それはまたたく間に多義性のなかに溶解して、あとに何の意味作用も生まずに無意味の霧のなかへ消えていく一面がある。そして、そのことを必ずしもエクリチュールの幸福と思わないひとがいるのも当然である。なぜなら、何を言おうと、そこでは真に受けてもらえないから。前章で述べたように、真に受けるとは、真面目に（sérieusement）、つながり（série）のなかから意味が生まれるように、ということだが、そこでは言葉が見かけから、個々の感覚的

第七章　言語活動と慣習　307

な刺激によって意味を生むだけであるから。したがって、そのようなランガージュの環境におけるエクリチュールの幸福と、序列の垂直的な社会関係における幸福とを混同するわけにはいかない。たとえ、「我」が想像的に「汝の汝」となるにしても、その「我」が垂直的な社会関係のどこで、何を書いてよいか分からないまま、途方にくれている場合があるのは当然だからである。

　ここで、ふたたび「抑圧」を「行動の自由などを無理におさえつける」抑圧と「不快な想念や感情を無意識のうちに遠ざける」抑圧に分けてみよう。前者は、政治的、社会的な抑圧（répression）で、後者は、心理的で、ラカンではディスクールにおけるシニフィアンの移動にともなう抑圧（refoulement）であるが、ここでは前者の抑圧に目を向けてみよう。社会的な抑圧は、抑圧する側とされる側が想像され、さらに権力（pouvoir）という、支配する側と服従する側のあいだに働く不平等な強制力の観念につながる。垂直的な社会関係では、当事者たちはまさに不平等で、地位は対等でなく、優位者と劣位者とに分かれて、権力はつねに上から下への強制力として働き、上は抑圧する者、下は抑圧される者と考えられそうである。だが、その考えにはどうしても、社会関係の象徴的な面を想像的なものに還元してしまう恐れがつきまとう。強制力の発生源を突き止め、それを実在する対象として想像しようとするのである。けれども、社会的な権力は、むしろ関係そのものを示す概念ではないか。その点について、次に紹介するM・フーコーの定義は示唆に富んでいる。

　彼は、1977年、『性の歴史、1、知への意志』の出版直後、ラカンの若い聴講生たちの質問にこう答えている。「権力なるものは存在しません。つまり、私が言いたいのはこういうことです。ある一定の場所に、あるいはある一定の点から来た、権力たる何ものかがあるという考えは、私には細工を施された、そして、いずれにせよ相当の数の現象を考慮に入れていない分析に基づいていると思われるということです。権力とは、実際には諸々の関係、多かれ少なかれ組織された、多かれ少なかれピラミッド状の、多かれ少なかれ連携を持たされた諸関係の束です」（『同性愛と生存の美学』、邦訳、哲学書房、117頁）。権力は、あるところから発せられるので

はなく、そとからやってくるのでもない。だが、そう思わせるところに象徴的なものが想像的なものに呑み込まれてしまう落とし穴がある。権力は、ひととひとのさまざまな関係が集まった、開かれた束であり、そう考えるためには、権力を多かれ少なかれひとの行動を拘束し、強制する、社会的なシステムと見なくてはならない。そして、そのシステムは、ディスクールの特殊な一面をなす装置というわけである。

　ちょうど同じ頃、R・バルトは、コレージュ・ド・フランスの開講講義で、冒頭から権力について語っている。彼も「現代の『無邪気な連中』は、権力は一つであるかのように語っている」が、そうではなく「権力は、社会的交流のきわめて些細な機構のうちにも存在する」として、権力が宿っている組織体は、「たんに政治の歴史や有史以後の歴史だけでなく、人間の来歴全体と密接に結びついて」いる。そして、「人間が存在しはじめて以来ずっと権力が刻みこまれているこの対象こそが、ランガージュ（言語活動）である——あるいはもっと正確には、ランガージュの強制的表現としてのラング（それぞれの具体的な国語——引用者）である」（『文学の記号学』、邦訳、みすず書房、12頁）と語っている。さらに、彼は「ラングは、その構造自体によって、宿命的な疎外関係をもたらす。話すこと、ましてや論ずることは、あまりにもしばしば繰り返し言われているように、伝達することではない。それは服従させることである。」として、ファシズムを絶対的な政治権力の例としてあげ、こう言っている、「あらゆるランガージュを遂行させるものとしてのラングは、反動的でも進歩的でもない。ラングは、たんにファシスト的なのである。というのも、ファシズムとは、何かを言わせまいとするものではなく、何かを強制的に言わせるものだからである」（同上、14、15頁）。このくだりは、彼の有名な言葉となり、よく話題にされる。私も以前に取りあげたが、もういちどふり返ってみたい。

　権力には、あることをしてはならないと命じる禁止の力があって、それがたしかに自由を抑圧する面として目立っている。しかし、もっと強いのは、それがあることをせざるをえないように仕向ける強制の力である。この力は、ひとにそとからの禁圧のせいで何かができないという感情よりも、

第七章　言語活動と慣習　　309

むしろ自分はすすんで何かをやっているような、自発性の感情を喚起させるところに特徴がある。このことは、個別の国語としてのラングによって、みごとに例証されている。ある国語は、ひとがそれによって言えることしか言わせない。まったく自明なことであるが、ひとは、ふだんそのことを感じていない。自分はすすんで何かを言い、言いたいことを、そのラングで言えると思っている。バルトの言葉は、ラカンの「ランガージュは、われわれに存在（l'être) を押しつける」（『アンコール』）という指摘に通じる。それは「語る存在」としての、ひとの存在ではない。ひとは何かを言いながら、言っているものごとが、じっさいにあるのだと思い込むのである。

　ところで、ある国語によるディスクールは、その国語の文法にしたがって遂行される。しかし、森有正はパリでの長いフランス語教師の経験から、「日本語は、文法的言語、すなわちそれ自体の中に自己を組織する原理をもっている言語ではない」（前掲書、118 頁）と言った。だが、本当に日本語に文法がなかったら、格の規則も敬語法もない。敬語法では、現実の人間関係が、そのまま言葉の世界に嵌入してくる。しかし、敬語法の複雑な使用法も、日本語を非・文法的なラングにしている一面はあっても、ディスクールにおけるその運用を無・文法的にしているわけではない。二人称の大他者化につながる「汝－汝の二項方式」も、日本語の文法にしたがって実現されている。また、漢字の音読みと訓読みも、日本語の文法にしたがって、仮名とともに文のなかで使われているのである。それらは、日本語の言語的事実である。

　一方、森が二項方式の第二の特徴としてあげた「関係の垂直性」は、「たんに私的性格だけで尽きるものではない」とされているように、人びとのあいだの社会的事実を指している。日本では、それが政界、財界、官界から学界、スポーツ界、芸能界までに行き渡り、いわば社会全体が、上下の番付表による関係にしたがっている。そして、それらが多かれ少なかれ閉鎖的な、多かれ少なかれ組織された、限定された者どうしの「すでに在る秩序」を実現している。フーコーが定義した「関係の束」としての権力は、そこに認められるはずである。それぞれの分野は、多かれ少なかれ閉じた関係の束として組織されながら、それらが全体として大きな諸関係

の束を作りあげているのである。権力は、そのなかで働き、自由な行動を制限し、束縛して、人びとを抑圧している。前章の末尾で「関係の垂直性」を命じる「社会的事実としての法」と呼んだものは、ここでは権力から生まれる法、権力の法と呼べるだろう。

そこで、人称や敬語法をふくめた日本語の文法規則と、その運用を命じる権力の法とは分けて考えなくてはならない。個別のラングには、すべてそれぞれの文法がある。それはランガージュの法であるが、その法とラングにじっさいの運用を命じている社会的な法とは別である。文法が複雑で、融通性に富みながら、それのもとで活動するシニフィアンは、最終的なシニフィエに向けられることなく、無意味のままである自由が許されている。それは、日本の政治や宗教の伝統や、昔から続く人びとの関係に拠るのかもしれない。しかし、それは権力の法が人々に行動の自由を許していることではない。行動の自由には、むろん言論の自由もふくまれている。たとえ日本において、法律で言論の自由が保障されていても、それだけでは十分でない。言論には、言われたものの内容とともに、ものの言い方がふくまれる。ものの言い方とは、まさしく文法の運用の面にかかわる。それを隠然として強制的にある方向へ向けようとする。そこに権力の法の社会的な働きがある。日本語の言論には、そこで、表面の多岐にわたる内容にもかかわらず、どれも同じ言い方をしているという面が目立つのである。

権力の法は、さまざまな社会組織のなかから、それが人間関係の束となり、集まって一つになったところから生まれる。もちろん、それは成文化された法ではなく、人びとに意識されないことさえあるが、成文法以上の強制力をもって人びとを支配している。その法は、過去から受け継いで、日常生活の隅々にまで及んでいるとしても、やがて変わらないわけではないが、ここでは「慣習」と呼んでみたい。これは西欧語からの連想で、慣習（habitude）のラテン語の語源（habitus）は、存在の仕方（あり方、manière d'être）、外見（aspect extérieur）、体格（conformation physique）などを意味するようである。

ひとの同一化の始まりは、母と子のあいだに起こる。それは、「お前（Tu）」を大他者化しているところだけではない。ただ、日本では大他者

としての「母」が、その後の同一化の経過のなかでも姿を残して、成人の心的な現実においても大きな影響力をもち続け、それがあらゆる組織の垂直的な社会関係に投影されている。母子の親子関係の特徴は、動物たちのなかにも広く認めることができる。自然のなかで生活力を身につけた母が子を守り、成長を助ける。だが、ひとの母子関係も同じだからと言って、動物たちとの違いを無視することはできない。ひとの母は、言葉を話すことができる。母は象徴界に生きており、母子のあいだには象徴的なものが介入している。それが母と子の関係を自然からはっきりと引き離し、母は言葉とともに、子の前に大他者の具体的な姿として現われ、子の生存を見守っている。子は、その条件のもとで、母から恩恵を受ける受益者である。

　日本語では、とくに今次の終戦まで、「恩」は、大衆的にも親しい観念だった。それは他人に利益を与え、ありがたいと印象づけることで、中国で最古の字書には「恩は恵なり」とあり、恵みを施すことであるという。私が勤めていた私立大学では、戦後70年以上経った頃にも、正門を入ってすぐのところに「報恩奉仕」と刻んだ石柱が立っていた。校内では、その銘について問題にされたり、議論されたりするのを聞いたことがないので、ずっと不思議に思っていたが、その意味は、受けた恩に見合うことを、損得ぬきにお返しする社会行動のことだろう。江戸時代の良く知られた儒者も「恩を知らざる人には忠孝なし」と言っているように、「恩」は、君臣、父子など、社会的な上下関係の基底にあって現実の秩序を支えている道徳観念である。そこにあるのは、施恩―受恩―報恩の順序とそのくり返しだが、始まりを求めるなら、そこには母子関係がある。すなわち、子を産むことが恩を施すことである。そこで、子は生きていることが、受恩の結果である。

　「恩」は、そこで、自然の現象に割って入り、社会関係の根本を示そうとする用語である。というのも、動物たちも子を産むが、「恩」はその自然的な事実を、ひとの倫理的な徳目箇条にそのまま仲介する媒介者を考慮せずに、つなごうとしているからである。だが、じつは「恩」という用語そのものが、媒介者である。校内の銘を口にするひとには、その媒介者を象徴的に使いながら、一方でそれに気づかないまま、自然と道徳をひとつ

にしてしまう危険がある。森によると、二項方式の結合関係では、お互いの「自然に対する基本的な感情」のなかにその危険のもとがある。「自然」とは、目の前にいる二人称の「母」という相手であり、その相手のなかに帰属していたいという願望が、日本人の心的な安定を目指す感情を動かしている。それによって、「恩」という観念が、あくまでも人為的な用語であるのを忘れてしまうのである。

　ひとは、「母」のなかにいるときは、それに気づかない。しかし、それが「母」という名をもつのを知ったとき、ひとは、すでにそのなかにいない。同じように、「恩」はひとの自然的な秩序の根本であり、「鳥獣すら、（自然の秩序を）知っている」として、自然と恩をひとつにしたとき、ひとは、すでに自然と恩のそとにいる。だが、たとえ「汝－汝」のひとりが一人称として、それに気づいたとしても、それならば、ひとはどこにいるのかという問いに答えるのは難しいだろう。ここでは、その答えをわきにおいて、二項方式では目の前の自然現象や他人との直接的、無媒介的な関係が、どのような表現によって口にされるか、その方式によるものの言い方の特徴に目を向けることにする。

　「自然」は、以上のように、ひとの感情からお互いの直接的な関係を表現する用語として使われている。それは一面において、あらゆる言論を越えた、名づけることもできない何かであり、他面では、それが人間の社会秩序となっているのである。すると、唐突な連想ではあるが、「自然」はある点で、昔からの「一なる存在」に通じるかとも思える。それは古代ギリシアで、歴史上はじめてパルメニデスが語ったとされる、言葉で説明されることもなく、感覚されることさえないものであるが、結局、ディスクールの歴史における二つの用語の運命は、相当に異なるようである。そして、その理由はやはり、日本語と西欧語におけるシニフィアンのつながりの効果に、それぞれの特徴があるからだろう。言いかえると、日本語の換喩的表現におけるシニフィアンのつながりが、「自然」の多義性を残し、それをどう言い換えても、そのつど単独の説明を可能にするのである。

　ディスクールは、シニフィアンのつながりからできているが、そのさい創設的なシニフィアン（S_1）と、知としてのシニフィアン（S_2）のつな

がり（$S_1 \rightarrow S_2$）は、とどのつまり論理的な性格をもっている。とくにエクリチュールでは、それによって残された文字は、それらに一定のつながりを命じる大他者の大他者はいないのだから、つねにそのときの組み合わせによっている。それが論理であるが、隣接性を旨とする換喩と、近似性による隠喩とは、論理の性格が異なる。換喩では、隣接する言語から言葉へ、意味は横すべりして、いわば逐語的に言い換えられていく。そこで、論理は意味よりも連想によって支えられるところが大きく、端的に、母に代わる対象を次々に名指しても、そこから新たな意味作用は生まれない。一方、隠喩では、母の欲望を名指す創設的なシニフィアン（S_1）は、続くシニフィアン（S_2、Sn……）によって次々と抑圧されて、そのつながりを作る。そこで、隠喩における意味作用は、シニフィアンの抑圧の過程から生まれ、意味は、その結果として生まれるのである。

　バルトのような知識人を息苦しくさせた教条的なディスクールは、シニフィアンを次々に抑圧しながら最終的なシニフィエに向かおうとする隠喩的な言い換えによって進められていた。隠喩は、シニフィアンをシニフィエから解放することができず、そのディスクールは、意味に頼る本質を変えることはできないでいるが、現在では、とうていその一義性を保証するような大他者を想像することができない。そこで、教条的なディスクールの世界は、いくつかの意味の戦場になっている。しかし、日本語は、換喩的な言い換えが優勢なラングで、もともとシニフィアンをシニフィエに縛りつけようとはしていない。揺るぎなく根底にあるシニフィエは「母の欲望」であって、シニフィアンは、飛び越えることのできない横棒の上を、軽快に横すべりしている。バルトの目には、そこで日本語の言語環境が、記号（シーニュ）のユートピアと映ったのである。

　父性隠喩における「母の欲望」は、けっして口にされることはない。それは言えないものである。俗に母性社会、父性社会と呼ばれているような環境とは無関係に、「母の欲望」が口にされるのは、「父の名」との同一化があってからである。換喩的な言い換えでは、「母の欲望」をシニフィエにとどめ、すなわち言えないものをシニフィエにしたまま、シニフィアンは「父の名」としてその上を滑っていく。たしかに、そこにはシニフィア

314

ンの抑圧はなく、言葉にされるべき最終的なシニフィエもないので、ラングにも文字にも、多義性の余地は広く残されている。しかし、換喩的な言い換えが優勢な言語環境でも、ラングは必ずしも自由ではなく、幸せでもない面があるのは見逃せない。くり返しになるが、そこでは何を言っても、言葉は真に受けて（sérieusement）もらえない、つまり、つながり（série）のなかで受け取ってもらえない。抑圧されないシニフィアンは、多義性のなかに溶解し、ディスクールの歴史のなかからは、シニフィアンのつながりから生まれる意味作用の効果は見つからない。

　一方、ランガージュを権力という、社会的事実の別の面から見ると、抑圧の意味はがらりと変わる。抑圧は、支配する者と服従する者との力の不平等から生まれ、権力は、両者の関係として機能している。二項結合方式の社会的土台である上下の垂直的関係は、そのような権力の範例と言えよう。そして、個々のおびただしい上下関係が集まり、全体として日本語を話すひとたちの社会の慣習を作っているのである。その始まりは、母と子の関係のうちにある。また、その心的関係は、むろん相互的であるが、それが二項結合方式によって、将来のあらゆる社会的な上下関係に枝分かれしていく。日本語のランガージュは、ごく大雑把に、以上のような権力と抑圧と慣習という、社会的事実の一面に対応している。

　「母の欲望」に同一化したひとにとって、難題は、ディスクールのなかでそのひとにとってのシニフィエを、シニフィアンのつながりとしての論理によってはうまく口にできないことである。その論理は、多分日本語で「理屈」と呼ばれるつながりに属している。そして、あえてそれによってものを言おうとすると、周囲から「理屈じゃない」と言ってたしなめられる。そのとき、「そうおっしゃるのも理屈ではありませんか」と、やり返すことができない。それは日本語でははじめから用意されている最後通告であるとともに、忠告でもあるから。「理屈」の道筋は、その先へ進めないのである。

第八章　無意識への問い

　ラカンは、1964年の「精神分析の四基本概念」に関するセミネールで、はじめに「無意識」を取りあげている。「それは、フロイトがもう言ってしまった用語で、今さらだれも変更することはできません」。とくに無意識にふれているのは、二回目の講義（「フロイトの無意識とわれわれの無意識」）であるが、その用語について、ちょっとした言葉遊びをしている。

　フロイトの無意識、Unbewussteは、フランス語でinconscientである。ドイツ語の語頭のUnは、否定を表わす「無」である。それをフランス語のunとすれば、一つを表わす「一」になる。ラカンは、この「一」について「無意識の経験によって導入される『一』、それは割れ目、線、断裂という『一』であることにみなさんは同意することになるでしょう」（邦訳、岩波書店、32頁）と言う。フランス語で、Inconscientをun conscientにすれば、それはある一つの意識である。その意識は、欠如（manque）を表わしているが、たんなる非（non）でも、不在（absence）そのものでもなく、断裂（rupture）、割れ目（fente）、開口（ouverture）の線が、欠如や不在を出現させる意識である。

　「一」には、閉じられた「一」と、開かれた「一」がある。閉じられた「一」は、フランス語のunにあたる意識で、意識の一つのあり方である。ただし、その意識（conscient）は、意識されたものであり、気がついているという心の働きや、その状態を表わす意識（conscience）とは区別しなくてはならない。意識されたものが、閉じられた「一」になるのである。開かれた「一」は、意識のもう一つのあり方で、ドイツ語のUnにあたる（無）意識であり、断裂や割れ目を蒙った意識である。これは閉じられた「一」が、何かまとまった統一体を実現しているかのような意識であるのに対して、つながりのない切れ目や断裂を示している、もう一つの意識である。一般に、意識はギリシア語やラテン語の昔から、今日の哲学や心理学まで意味は広いが、日本語では「良心」と訳される意味に加えて、ものごとに対してはっきり自覚をもった心の働きの全体を指すことが多いよう

である。しかし、それを気がついている、いないを含めて、心の働きの全体を指している用語だとすると、閉じられた「一」と開かれた「一」は、どちらもその意識に属しているのである。すなわち、フロイトの無意識は、古代からの「意識」の切り離すことができない一面である。

ラカンは、10年後のセミネールでは、上の断裂や割れ目を「穴（trou）」と言っている。「無意識、それは現実界です（L'iconscient、c'est le Réel）。つまり、現実界が穴を開けられている（troue）かぎりで、それは現実界です」（1975年、4月15日）。これは10年前のセミネールの次の定義に対応している。「無意識とは、主体に対するパロールの効果です」（1964年、4月29日）。つまり、パロールが閉じて、現実界とのあいだに穴を穿つ。それは、現実界のなかに穴が開いているという意味ではない。パロールと現実界とのあいだに、切れ目や割れ目としての穴が穿たれているのである。

パロールは、ランガージュとともに、ひとが話すという事実の一面である。無意識について、ラカンがしばしばくり返し、よく知られているのは、「無意識は、ランガージュのように構造化されている」という定義である。これをディスクールという、ひとが話すもう一面からみると、「無意識とは、大他者のディスクールである」につながる。この定義もよく知られているが、やはりランガージュと現実界とのあいだの切れ目を示唆している。大他者は、シニフィアンの宝庫であるが、現実界との切れ目は、シニフィアンによって穿たれた穴を意味している。このように、無意識は、ランガージュ、パロール、ディスクールという、ひとが話すことの三つの面に関与しており、その事実こそ無意識の前提条件である。それが、1965年（「科学と真理」）の「無意識とは、言語活動（ランガージュ）である」という最広義のテーゼになる。「要するに、無意識とは、ひとが話すという事実、それだけのことです」、と。

以上のような定義の他に、もう一つ、「無意識の現実性、それは主張するのが難しい真理ではありますが、性の現実性です」（1964年）、これも見落とせないテーゼである。つまり、無意識の現実らしさと性の現実らしさは、同じ現実らしさである。しかし、その主張は、どうして支えるのが難しい真理（vérité insoutenable）なのか。それは、「性関係は存在しな

第八章　無意識への問い　　317

い」というテーゼにつながる。すなわち、性関係は書き込むことができない。もし、性関係について、言うこと（古代から「知」と呼ばれていること）と事象が一致すれば、それは真理として書き込むことができる。しかし、それはできない。精神分析にとって、欲望とは、性の欲望である。生命の維持にかかわるその他の欲望は、欲求として扱うことができる。欲望は、その対象に向かうが、性の欲望の対象は、その欲望の原因であり、対象aと記される。しかし、この対象は、それとして言うことも、書き込むこともできない。

　言うことのうちで、だれかに訴えている言葉は、パロールと呼ばれる。訴えは、いつもそれに対するだれかの応答を待っている。しかし、欲望は、その言葉から抜け落ちている。そこで、欲望とは、パロールに書き込まれた欠如と言われる。性の欲望は、それゆえに書き込むことができない。だから、それを述語にして言表する真理として支えるのが難しいのである。ラカンは、1973年の「テレヴィジオン」で、はじめに「私はつねに真理を語ります」と発言して、視聴者の意表をつき、「ただし、真理のすべてではありません」と続けて、「真理のすべてを語ることはできないからです」と、その理由を述べた。公刊されたテキストには、その横にS（$\cancel{A}$）と記入されている。すなわち、「母の欲望」を、まだ「父の名」によって抑圧されていない主体（S）は、すでに大他者のなかの欠如に直面している。これは、ランガージュの世界に生きるひとにとって、全体的な真理は存在しないという意味である。

　精神分析にとって、真理は、つねにパロールとともにある。したがって、ラカンにかぎらず、ひとはいつも真理を語っている。しかし、その真理は、つねに部分的である。欲望を訴えているパロールには、欠如が書き込まれており、つねに言い落しているところがある。それは、いつか言えるというものではなく、ランガージュを土台にしたディスクールの本質である。そこで、ディスクールに素材を提供しているシニフィアンの宝庫である大他者にも、当然ながら欠如がある。ひとは、まだランガージュによって分割された主体となる以前から、すなわち、「父性隠喩」の公式が表現しているように、主体のシニフィエである欲望と、母の表象とが分離される以

前から、象徴界と重なる大他者の欠如に直面している。それが、一般に文化と呼ばれる象徴的なものの世界に生まれたひとの運命である。

　ここで、「無意識とは、大他者のディスクールである」という定義に、ふたたび戻ることにしよう。大他者は、家族のなかで母や父と呼ばれるような姿の見える他者ではなく、その向こうにいて、しかもひとのあり方を規定する者である。生活の現場では、ひとが「わたし」として話しかける相手は、目の前にいる「あなた」である。しかし、じっさいに話しかけているのは、他者のかなたにいる大他者に向かってである。このことは「わたし」が相手の「あなたのあなた」になって話しかけているとされる二項関係の言語環境では、すぐには分かりにくいと思われる。しかし、他者も大他者も、じつはディスクールのなかでパロールをやりとりする場所を指している。他者は、「わたし」が「あなたのあなた」になって、いわば「わたし」の姿をそこに映している鏡であり、「わたし」は、その相手とのやりとりを続けているうちに自分の姿をはっきりさせていく。それが、やがて「自我」と呼ばれる心の領域になる。

　そのことについて、身近に思い浮かべた例をあげることにしたい。ある女性が言う、「ひとの命は、線香花火のようでございます」、だれかが答える、「その通りです。燃えて散る間に舞台が変わりますよ」。このやりとりは、前にあげた「きみは私の妻だ」「あなたは私の夫よ」という例に似ている。大他者は、ある女性の言葉に対して「燃えて散る間に舞台は変わる」と言って、その訴えを肯定的に受け入れた。それは「私の妻だ」に対して「私の夫よ」と言って、大他者が夫の訴えを肯定的に受け入れた例に似ている。やはり前にあげた「お座敷小唄」の例で、あるひとが「私は世のなかの不平等や差別に我慢ができません。地位の高い人や金持ちを見ると、嫉妬と憎しみに襲われて、いつも攻撃的な衝動を抑えるのに苦しんでいます」と訴えている。それに対して、大他者は人生を「雪」に喩え、「溶けて流れれば、みな同じですよ」と言う。この答えも一応、あるひとの訴えを肯定的に受け入れているとみられる。だが、それとともに諭しや、勧告もうかがわれる。

　言葉のやりとりでは、返事はいつも、じっさいに相手の口から言われる。

妻と夫の場合にかぎらず、例えばあるひとが「あなたは私の師匠です」と言えば、目の前にいる相手から「お前は私の弟子だ」という応答が返ってくる。しかし、あるひとの言葉は、じつは大他者に向けられている。それはあるひとの言葉によって、そのひとがあらかじめ相手の返事を想像し、多かれ少なかれそれを確信しているのが分かるからである。そして、その確信を保証してくれるのが、相手の背後にいる大他者である。言いかえると、そこに師匠と弟子の上下関係をあらかじめ承認しているような第三者がいる。それが大他者であり、弟子は、暗黙のうちに第三者から、弟子としての承認をもらっているのである。しかし、だからといって大他者の保証や承認は、弟子にとって絶対的ではなく、不動なものでもない。弟子は、あるとき目の前の相手の返事から、大他者のなかに欠けているものがあるのに気づくだろう。それは避けることができない。大他者の欠如を補ってくれるような、大他者の大他者はいないのである。

　ラカンは、『エクリ』の巻頭（「本論文集のはじめに」）で、「ランガージュにおいて、われわれのメッセージは逆立ちした形で、大他者からわれわれのところへやってくる」（邦訳、弘文堂、1、2頁）と言い、本文ではさまざまに言い変えてくり返している。つまり、あるひとが「あなたは私の師匠です」と言うと、そのひとのメッセージは「お前は私の弟子だ」という言葉によって、大他者から返ってくる。これはじっさいの会話を想像すると、すぐに分かるとは言えない。なぜなら、あるひとはその返事が、目の前にいる相手からの答えであるのを疑わないからである。それは単純な事実だが、そこに無意識のもとがある。ラカンは、上のことを言い変えて、「ひとのパロールはいつもそのなかに、そのひとにとっての答えを含んでいる」（同上、406頁）と言う。ただし、その答えは暗黙のうちに告げられるので、いつも目の前の相手からの答えであると思い込んでしまうのである。

　とはいえ、その思い込みは、たんなる幻影（illusion）とは言えない。そのひとの訴えは、すでに相手からの答えを予想して、それを多かれ少なかれ信じている。相手の彼方にあって、そのひとにそう信じさせているような何者かがいる。それが大他者で、根拠のない架空の他者ではなく、いわ

ば、ランガージュの領域全体をカヴァーしているような他者である。ところが、現実には、あるとき目の前の相手が「お前は私の弟子ではない」と言い、その理由を並べ立てることもあろう。そのときの相手の言葉も、大他者からの応答であると、つまりそのひと自身のメッセージだと言えるのか。むろん、その通りであって、そこに大他者の他の一面がある。そのひとは、「私は弟子である」という自我に据えられた確信から、相手の答えを予想していた。しかし、その確信の根拠は、相手の彼方にいる大他者のもとにしかなかったのである。それゆえ、自分のメッセージを大他者から、方向を逆さまにして受けとるよりなかったのである。

　相手の答えは、自分が待っていたのとは違う。しかし、それは現実に相手の口から言われた。そこにランガージュの落とし穴があり、大他者のメッセージがひとに届きにくい難しさがある。それは「盗まれた手紙」のなかで、「大他者からのメッセージは、想像的関係の壁にぶつかる」と説明されている（シェーマL、96頁、参照）。その壁は、ランガージュによって建てられる。想像的関係は、無意識を生むが、これは上に述べたように架空の産物ではなく、象徴的な秩序がそこに関与してくる。「あなたは私の師匠です」、こう言ったひとには、すでに社会的垂直関係のなかで下位にある「弟子」というレッテルが貼られている。無意識とは、そのパロールに対する応答が、目の前で「わたし」を映し出している鏡の他者との想像的関係に妨げられて、それが大他者から主体に届けられたメッセージであるのが知られないことである。

　そのひとは、すでに社会関係における「わたし」の位置を知っている。しかし、他者を前にして、こちらのパロールが大他者のメッセージとなって返ってくるのを知らない。そして、そのメッセージの根拠は、目の前の他者のなかにではなく、ランガージュの領域にしかないのを知らないのである。そこに、無意識における知の躓きがある。知は、想像的関係の壁に遮られて、大他者のメッセージと主体のあいだを分離させてしまうのである。ディスクールは、ランガージュから言葉の材料を借りてくるが、大他者の欠如は、ディスクールのなかで明らかになる。そして、主体を代理表象するシニフィアンが、その欠如を埋めようとする。それは、主体を代理

しながらも、主体の欲望から生まれる幻覚によって主体そのものとされる
シニフィアン（S_1）である。その欠如を埋めるためには、絶対的な他者で
ある大他者に「一」のシニフィアンを措定すればよい。そのしぐさが、文
字を書き込むことである。「文字は、（こうして）根本的にディスクールの
効果である」。

　『アンコール』の第四講（「愛とシニフィアン」）から、文字が書かれ、読
まれるいきさつを、かいつまんで追ってみよう。書き込まれた文字は、創
設的なシニフィアンとされる最初のシニフィアン（S_1）に別のシニフィア
ン（S_2）を次々とつないで、そのすき間に主体を生んでいくディスクール
の効果として残された滓である。つながれたシニフィアン（S_2）は、知と
して位置づけされる。知は、シニフィアンのつながりとして読まれなくて
はならないが、それはまったくでたらめなものではなく、つまるところ論
理的（logique）である。言いかえると、つなげるとは世界の対象をひとま
とめに扱い、それぞれを「一」にすること、すなわち絶対的に分離されて
いるものを取りまとめ（assembler）、その「取りまとめたものを一つの文
字として指し示すようにすること」である。文字は、その組み合わせ、集
合（assemblage）であって、無意識は、その組み合わせのうちに位置づけ
られる。

　ラカンは、そのように、「無意識は、ランガージュのように構造化され
ている」という定義の「ように（comme）」から、主体と無意識の関係を
より明確にしようとして、「無意識は、集合論（théorie des ensembles）で
扱われている集合（assemblage）が文字であるように、構造化されてい
る」（同書、p.46）と言う。しかし、そのような集合としての文字は、主体
とシニフィアンの分離の結果として、すなわち享楽が不可能である結果と
して残されたものである。したがって、文字のつながりによって構成され
ている知が、享楽を実現することもない。主体は、知によって分割され、
残された文字は、ありのままに、現実的に読まれることはない。なぜなら、
主体は分割のあいだにありながらも、文字は書かれることをやめないから
である。そこで、無意識とは、そのようにして書かれた文字が、意味の分
からないままに残されている知の場所とされるのである。

シニフィアンのつながりは、でたらめではないが、認識する主体を表象するものでもなく、実証的な主体を代理するものでもない。認識や実証から生まれるのは、鏡像に対する自己愛的な自我が目指している知である。しかし、それは主体と知が分離され、ランガージュが真理と切断されているのに気づかない知であり、どれほどシニフィアンの分節を続けても、つまりは対象として知覚されるものに送り返されて、大他者のなかに閉じた領域を作ってしまう。それとともに、ディスクールは、そもそもそれが構成される原因である大他者の欠如と現実界の不可能に目を向けないまま続けられる。そのようなディスクールは、むしろ一般的で、広く行われており、ラカンは、それを『アンコール』のなかで、ディスク・ウールクーラン（disque‐ourcourant）と呼んでいる。この造語は、ディスク（レコード）とルクールマン（甘い言葉のささやき）とクーラン（ふだん流れている）の３語をつないで、「日常のディスクール」の特徴を伝えている。

　それはまた、いわばシニフィアンの内容にこだわる想像界のディスクールで、シニフィエを実在する対象として探し続けている。しかし、象徴界はシニフィアンの差異と、そこにおける布置とで成り立っている。例えば、男・女という語のシニフィアンも、「男とは何か」「女とは何か」という内容（概念）によってではなく、象徴界における差異によって規定されるので、両者の性関係について、それは存在しないとされるのである。日常のディスクールは、そこに目を向けないために無意識へのアプローチは妨げられ、むしろそれと根本的に対立している。また、そのディスクールは、同時に現実界に近づくのを避けているので、シニフィアンの網（オートマトン）のなかをいつまでも回り続けるのである。

　一方、精神分析は、ディスクールを大他者の欠如とランガージュの壁に向けて、シニフィアンの日常的に強制されたつながりを揺さぶろうとする。ただし、大他者の大他者はいない、そしてメタ・ランガージュは存在しないので、大他者とランガージュの領域のなかで、そこから主体が切り離されているのを気づかなくてはならない。分析者のディスクールは、創設的なシニフィアン（S_1）が知（S_2）に届かない位置におかれている。しかし、そのディスクールがなければ、主体は日常のディスクールのなかで、

第八章　　無意識への問い　　323

同じものの言い方をくり返すばかりだろう。ラカンは、『アンコール』の第三講で、こう語っている、「分析者のディスクールがなかったら、みなさんはムクドリのように話し続け、ディスク・ウールクーラン（日常のディスクール）を歌い続けるでしょう。それというのも、このレコードが回り続けるのは、*性関係は存在しないためです*」。

ディスク・ウールクーランは、それ自体が症状であるが、例えば自我の症状と神経症の症状をみると、前者は多かれ少なかれパラノイア的で、その言葉から大他者を追放し、自分がディスクールの主人であると思い込もうとするが、そのディスクールは大他者によってはじめて承認され、それが真理として主張する言述も大他者によって認められるのを忘れているという矛盾にとらわれている。後者は象徴的去勢を拒んで、「母の欲望」から離れず、さまざまないわゆる防衛機制に頼るが、一方では大他者の承認を求めて、「父の名」を理想化する。しかし、それらがシニフィアンの場所であり、シニフィアンの機能の結果であるのを忘れて、実在する対象として想像しようとするので、大他者の享楽とみずからの去勢のあいだで苦しむのである。

いずれにせよ、そのディスクールは、ずっと大他者に承認されて、流れ続け、語る主体に対して耐えがたい苦痛を与えないかぎり、いつまでも閉じたシニフィアンの網のなかを巡回し続ける。人生を雪や線香花火と言い換えて大他者に訴えた例では、大他者がそれを諾とし、その応答によって語る主体も欲望を宥め、人生を耐えうるものとするなら、日常のディスクールに裂け目は生じないだろう。しかし、その応答が常套句のようにくり返されるかぎり、人生の舞台は変わっても、ディスクールの舞台は変わらない。

精神分析は、そのディスクールの舞台を動かそうとする。むろん、それは机上の空論を広げるためでも、目新しい理論を作るためでもない。老子に「天網恢恢疎にして漏らさず」という金言があり、天の網の目は粗いようで、ひとの行動を見逃さない。悪事を働いた者には、必ず相応の報いがあるというのだが、シニフィアンの網（オートマトン）には、この金言とぴったり一致しないところがある。たしかに、この網は、日常のディス

クールのなかで滞りなく巡回しているかぎり、そこから危険なものはこぼれ落ちない。しかし、精神分析は、その網の目に、中国や日本では「天」と同一視されている象徴界にあいた裂け目を認め、それを現実界と呼んでいる。日常のディスクールは、ランガージュによって象徴界を構成し、それによって語る主体を支配しながら、ふだんは、その網の裂け目をうまく隠しているかのようである。しかし、それは老子の天の網とはちがい、ひとの行動の大事なところを見逃しているのである。そこに、ランガージュの構造に対応した無意識が生まれ、そこから、語る主体のさまざまな症状が生まれる。それゆえ、精神分析は、ディスクールの舞台そのものを動かそうとするのである。

　ところで、ラカンは 1972 年のはじめに、『エクリ』の日本語訳のために「日本の読者に寄せて」という一文を書き、日本の読者にも無意識に関心を寄せてもらいたいという希望を表明している。「いまや、他の国におけるとおなじく日本でも、分析者のディスクールは、他のディスクールが存続するために、という意味は、無意識がその意味をさしむけるために、ということですが、必要になるのだ、ということを考えてみましょう」と。しかし、その勧めに応じようとして、ちょっと立ち止まってみると、日本語で無意識について考えるとはどういうことか。それは、まるで雲をつかむような話で、どこから、どう手をつけてよいのか分からないという気分に襲われる。日本語では、他の国のランガージュと同じように、日常のディスクールが支配的である。そこでは、分析者のディスクールは措いて、他の三つのタイプは、それとして認めることができる。分析者のそれにしても、ありうるものとみなくてはならない。ヒステリー者のディスクールについては、ソクラテス・プラトンからヘーゲルまでのエクリチュールによる文字の跡はないが、身体に転換されたそれについては、他の国とも同じように身近に認められる。

　そこで日常のディスクールと、それが日本語で書かれ、文字として残されたエクリチュールについてみると、ここでは主人と大学人のディスクールとが支配的であるようだ。それでは、日本語で、「真理」と「知」の関係はどのようであるか。真理は、パロールとともにあり、現実界に由来して

第八章　　無意識への問い　　325

いる。知は、シニフィアンの網のなかにランガージュとともにあり、現実界との関係を調整している。しかし、そのシニフィアンであるが、バルトは、既述したように、それが日本語では最終的なシニフィエに向かわず、驚くほど自由で、多義的な意味作用が許されていると言う。しかし、彼のシニフィアンは、網となってランガージュを支えているシニフィアンと厳密に同じと言えるかどうか、ラカンのディスク・クールウーランに照らして、もう少し近づいて見る必要がある。

　ところで、ラカンは日本語を、翻訳となったランガージュであると言った。知は、その翻訳から与えられるとしても、それはシニフィアンの網のなかで起こることである。しかし、翻訳となったランガージュは、本当にその秩序を日常のディスクールのなかのシニフィアンによって支えられているだろうか。そのディスクールを支えているのは、たしかに文字であるが、それは記号としての文字であり、シニフィアンとは言えないのではないか。これは、かなり根本的な疑問で、シニフィアンの本質につながる。つまり、シニフィアンは、単独で、個別的にはありえず、その切れ目のあるつながりによって、はじめて主体を代理表象するものとしてある。翻訳は、もとの文字のつながりを追っているようにみえる。だが、もともと個別的な性質をもつ文字は、それぞれが記号として、そのつど個々に与えられるのではないか。記号には、それが何かの代わりであることから、いつも対象に送り返されるという本質的な一面がある。翻訳された文字は、それが記号として対象物を探しているかぎり、たとえ観念的、抽象的内容をもつとされても、ただちにシニフィアンになることはない。翻訳における文字のつながりから生まれる意味の多義性と、シニフィアンの自由なつながりから生まれるとは多義性とは、同じだと考えてはなるまい。とくに漢字は、多くが表意的で、文字（記号）とシニフィアンの違いを教えてくれる。

　本論Ⅱの第四章でふれたように、漢字の馬（バ）を「うま」、月（ガツ）を「つき」と読めば、具体的な指示対象の共通性から、訓読みは、漢字の翻訳だと言ってもよさそうである。しかし、そこで漢字とシニフィアンの違いに注意しなくてはなるまい。漢字を訓読みしても、その漢字は、まだ記号として止まり、シニフィアンになってはいない。真、善、美などの漢

字は、いっそう個別的な文字（記号）のままで、それらを翻訳文のなかで
どのようにつなげても、シニフィアンとしてそのまま主体を代理表象して
はいない。表意的な漢字を中心にした翻訳文は、そこに漢字がいくつ並ん
でいても、シニフィアンにおけるように、前後の漢字の抑圧から意味が生
じることはない。記号は、ひとが何よりも感覚によって受けとるものであ
る。それが記号のままにとどまるならば、それに対してひとは感覚的に反
応し続ける。シニフィアンのつながりは、本論Ⅰの第三章（B）で述べた
ように、隠喩と換喩の道に沿っている。漢字が翻訳語として、音読みと訓
読みによって受け入れられているかぎり、ディスクールのなかで、意味は
シニフィアンの隠喩的なつながりからは生まれにくく、感覚を介した換喩
的なつながりが支配的であるだろう。

　ディスク・ウールクーランは、どこの国でも、まさに記号によって構成
されたディスクールである。というのも、そのディスクールは、つねに言
語（記号）がそのまま実在する対象に対応することを求めているからであ
る。言い換えると、そこでは言われたことに意味があるかぎり、言葉は実
在する対象のもとに送り返されるからである。言葉と対象とが、そこで想
像的につながっているのである。だから、その日常的なディスクールは、
想像界のディスクールと言われるのである。むろん、言葉と対象の関係は、
思い込みによって誤認されているのだが、日常の生活に無益というわけで
はない。むしろ感覚的な印象や、それに伴う情動を、あるいは世のなかで
起こったことの情報を詳しく、正確に伝えるのに大いに役立っている。け
れども、それは象徴界に目をやらず、それに背を向けている。あるいは、
大他者の絶対的な他者性と対立している。それゆえ、日常的ではあるが、
現実的ではない。そこには、ランガージュの法が、人びとの関係の束から
生まれる権力として働いている。無意識は、そこから生まれるのである。

　日本語では、二人称（tu）を大他者化（Tu）することによってディス
クールを進めることができる。そこには、さまざまな社会関係を一つにし
た関係の束があり、それが権力として働き、ランガージュの法となって
ディスク・ウールクーランを生み、それがくり返されて、広く行きわたり
日常のディスクールを出現させているという背景がある。ディスクールに

第八章　無意識への問い　327

は、もともと四つのタイプがあり、日本語では、そこにおけるシニフィアンのつながりにおいて、抑圧をともなうフロイトの「圧縮」による隠喩的な表現法よりも、「移動」による換喩的な表現法が優勢である。そのことは、ディスクールの効果としての文字のつながりから生まれる意味作用について、とくに中国語から借用した漢字の使用法による意味作用について認めることができる。日本には、漢字についての厖大な知が蓄積されているが、そのシニフィアンは見かけの場所を移動しながら、対象とのつながりを求め続けている。

　ディスク・ウールクーランは、日常のディスクールとして、想像界のディスクールであるが、それは鏡に映る自分の姿への情動的な反応から、やがて自我に向かい、それを対象としてあらしめようとしている。しかし、パロールから生まれる欲望のディスクールは、その先の現実界に向かおうとする。想像界のディスクールは、したがって欲望のディスクールではない。あいだにはランガージュがあって、それが壁となって両者を隔てている。そこで、「ひとは想像のディスクールによって仕合わせである」、あるいは「仕合わせでない」、どちらも、ひとの症状であるが、そこから無意識の働きと葛藤とが見てとれる。ディスクールのあいだのランガージュの壁には、意味の分からない文字が謎として残されている。謎の意味を探ろうとするディスクールは、そのかなたの現実界に向かおうとするが、それは必ず失敗する。現実界のディスクールはない。あえてあると言っても、それは意味にかかわらない。

　そこで、「ひとは無意味のディスクールによって仕合わせである」、あるいは「仕合わせでない」。こう言えるかというと、どちらにせよ、それはできない。ディスクールは、つねに象徴界にかかわる。想像界のディスクールは、象徴界に背を向けているが、それを構成するイメージ（心像）だけではディスクールにならない。ディスクールであるためには、必ず象徴界の材料（言葉）を使わなくてはならない。現実界のディスクールには、その材料が使えないので、それは語るひとの世界のそとにある。ディスクールの四つのタイプは、どれもが主体を規定する三つの領域にかかわっている。現実界は、象徴界のそとからそれにかかわり、想像界は象徴界と

対立しながら、そのなかにある。三つの領域は、いずれも対象aをめぐって、それぞれの相互関係から意味と享楽を生み、それによって無意識がランガージュとして、それぞれのディスクールのなかに形成されるのである。

ディスクールは、意味にかかわりなく進めることはできない。意味は、ディスクールのなかで、大他者への訴えに対する応答として与えられ、想像界のなかに保持されるが、その効果は象徴界のなかに現われる。それはディスクールの行程における意味作用から、圧縮によるシニフィアンの抑圧から生まれるか、移動によってシニフィアンが入れ代わるさいの感覚的な興奮から生まれるか、いずれにせよ享楽と相関した関係にある。享楽は、知を現実界から切断するランガージュの法によって、その十全な実現を禁止されている満足である。意味の効果は、想像界と象徴界の交点にあって、そこが無意識を形成する場所である。

無意識は、ランガージュのように構造化されている。ここでは、そのランガージュの背景となっている<u>慣習</u>と呼んだものの力をとくに挙げておきたい。そこには、語る人びとのさまざまな社会関係の束が、権力として現出している。ディスク・ウールクーランは、無意識のディスクールである。人びとは、そのディスクールを慣習によって、無意識のディスクールとして強制されている。日本語では、それが二人称を大他者化した二項結合方式によって進められ、そのために換喩的な表現が支配的である。それはシニフィアンが「母の欲望」をシニフィエとしたまま、見かけの場所で次々と入れ代わり、意味の効果は、そのさいの感覚的な反応から、情動となって出現する。

そこで、「ひとは無意識のディスクールによって仕合わせである」、あるいは「仕合わせでない」、ひとはどちらかの症状によって生きている。ここで、二つの症状のあいだに割り込んでいる<u>慣習</u>を忘れてはならないと考える。慣習によって支えられた無意識のディスクールは、現実界から切断された既存の知を広げていく。それは象徴界における意味のディスクールである。二項結合方式では、それは主人のディスクールで、「理屈じゃない」を根拠にしつつ、目に前の相手の二人称となった主人が、創設的なシニフィアンを断言的にくり出し、相手を支配しようとする。また、大学人

のディスクールは、見かけの場所をとる既存の知から出発するが、主人はいないので目の前の相手（学生）を、満足をもたらす幻想的な対象（a）として、それに向かわざるをえない。そこで三人称のいない二項結合方式では、いきおい目の前の相手を自分の目標を実現するために操るべき対象にする。ここでは、大学人のディスクールは、もっぱら操作的な話法になる。「お前」（Tu）を大他者化した世界では、以上二つのタイプが優勢である。当然、そこからは経験主義、現実主義、実利主義が主流となるだろうし、それらの流れはともに快楽主義のディスクールに向かうだろう。

　一方、無意識の土台となる意味のディスクールは、ディスク・ウールクーランとして日常のディスクールになると、それによって「仕合わせでない」ひとがいる。分析者のディスクールは、それ自体が象徴界のディスクールであるが、他の三つのタイプのディスクールを相対化し、それ自体をふくめて、それぞれを移動させようとする。分析者のディスクールからすると、他の三つのディスクールは象徴界にありながら、それに目を向けず、背を向けているので、いわば想像界のディスクールである。四つのタイプは、すべて意味にかかわっているが、それらは意味をランガージュの法が支配するシニフィアンの網のなかに閉じ込めている。それゆえに、意味のディスクールなのである。そのなかで、とくに「仕合わせでない」ひとからは、「意味の果てまで連れてって」という訴えが聞こえてくる。そこで、分析者は、日常のディスクールの効果として残された文字の意味を探ろうとして、その謎に直面する。いまの訴えを突きつめて、それに応じようとすれば、意味のディスクールから無意味のディスクールへ向かわなくてはならない。その過程における生の意味とは、逆説的ながら、生の無意味にたどり着くまで、謎の文字の意味を読み続けることである。

　なるほど、日本語のエクリチュールは、つねに白紙を前にして始まる。しかし、日本語を話すひとが、すべて書家ではない。また、書家も慣習のなかにいて、どのひとにとっても、最終的に昇華はそれとして実現しない。ひとの住む世界の象徴体系には、言語（ランガージュ）のそれと慣習（歴史的に受け継がれた社会関係）のそれとの二つの面がある。日本の慣習は、ひとに共通する基本的な道徳を習得させるとともに、位階的な上下関係に

よる抑圧と不平等と差別を生んでいる。日常のディスクールは、そうした慣習のなかでみんなが「仕合わせである」ようにと願い、それがお互いの掛け声や号令となって絶えずくり返されている。たとえ、そこに「仕合わせでない」ひとがいても、分析者のディスクールには、慣習を変える力はない。せいぜい、慣習に閉じこもろうとする知の場所で、そこから知を審理の法廷に引き出そうとするくらいである。だが、もしかすると、それによって主人と大学人のディスクールは、そのタイプを変えるかもしれない。主人にしても、二人称を大他者化しているところでは、目の前の相手は同一化の対象ではあるが、つまりは鏡に映った自分の姿であり、絶対的な他者の代理としての主人ではない。二人称の世界には、そうした主人の表象は出現しないので、いわば「汝」と「汝の汝」が、ともども慣習の奴隷になり合うように、社会的な訓練が行われているのである。

　分析者のディスクールは、その役目が、想像界のディスクールであるディスク・ウールクーランを相対化して、慣習のなかで「仕合わせでない」ひとのパロールから、そこに書かれている文字を読み、そのひとが閉じ込められているディスクールのタイプを動かそうとする。しかし、その文字は、意味が謎のままで、やがて性関係に突き当たると、そこで無意識になる。性には意味がない。ディスクールがそこに至るまでのあいだに、といっても、ひとがそこへ生きているうちに至ることはないが、残された知の場所から生まれる無意識を土台にした症状が発生する。精神分析家の職務である解釈は、そこに書かれている文字を読み、象徴界のありさまと、ひとが閉じ込められているディスクールのからくりを突き止めて、そこに風穴を開けることである。

　だが、文字の国で、音読みにも訓読みにも頼らない読みができるかどうか。無意識への接近はそこにかかっているだろうが、日本語で書かれた文字から、その謎をどう読んでいくか、それが雲をつかもうとするような話なのである。

第八章　無意識への問い　331

あとがき

　ラカンは、戦後、日本を二度訪れている。最初は、1963年に春休みに、二度目は、1971年の春に、やはり休みを利用している。最初の旅行では、帰国直後の5月8日、当時行っていた「不安」と題するセミネールの16回目に「仏陀の瞼」と題して「日本」について語っている。その講義について、私は拙著『文字と見かけの国』の一章「うつろな鏡」でかなり詳しくふれた。本論「リチュラテール」は、それから8年後の1971年に日本を訪れたさいの印象がもとになっている。印象と言っても、たんなる感想からはほど遠く、彼の理論的な世界と深くかかわっているのは言うまでもない。この年度は、帰国直後の7回目に、本論のもとになった講義を行っている。

　「評注」で述べたように、二度目の旅行のさいには東京で、当時『エクリ』の翻訳計画を進めていた出版社を訪れ、編集長と翻訳の予定者たちを前に、あらかじめ伝えておいた質問に答える形で二時間の話をした。この話は、後に「ル・モンド」紙の特派員フィリップ・ポンス氏がテープから起こしてくれたのを、その原稿をもとにして雑誌（『現代思想』、1983年12月号）に紹介され、単行本（『ディスクール』、弘文堂）にも収録されている。若輩の私は、ラカンに会うのも、話を聞くのもはじめてで、そのときのようすは、しばしば鮮明に思い起こされて、彼が去った後、同席したひとりが「あまり真面目な（sérieux）ひとを見ると、かえって滑稽（comique）ですね」と語った言葉とともに、その後も消えることがない。

　本論「リチュラテール」は、とくに後半では「日本」を語っている。前半は、語る存在としての主体を規定している三領域（象徴界、想像界、現実界）について、それを背景にしたディスクールにおけるシニフィアンと文字の関係について、とくに文字の役割について語っている。後半で「日本」を話題にしているのは、ディスクールにおける文字の役割を説くためであって、いわばその理論を強化するためである。「日本」は、そのための特殊な例として、良い材料になる。しかし、特殊と言っても、けっして例外ではない。したがって、それを話題にして、理論を作り変えたり、新

たに理論を作ろうというのではない。特殊な例とか、さらには反対例とも言えるのは、あくまでヨーロッパの歴史から眺めたときである。精神分析にとって、語る存在としての人間の歴史は、ディスクールの歴史である。「日本」は、むしろヨーロッパにおけるディスクールの歴史を相対化するための好例なのであり、精神分析の理論的な関心はそこに根ざしている。

かりにヨーロッパの歴史を、真理をめぐる議論の歴史と、また、その一面を言語記号の一義性を目指す努力と見るなら、「日本」は、その強迫的な傾向を免れている。言葉に究極の意味を求めて一義性に向けようとするディスクールと、それを強要せずに、言葉が多義性に向かうのをそのままにするディスクールがあり、そこに記号としての書かれた文字が関与する。そのさい、文字は、シニフィアンと区別されなくてはならない。シニフィアンとは、ある記号がそこから生まれる表象過程においてシニフィエの効果を生むことのできる記号の一面（要素）である。その効果から、意味（sens）が作られる。シニフィアンは、たしかに物質としての記号を感覚につなぐ物質性をおびているが、文字の物質性からは遠ざかっている。なぜなら、文字は、たしかに言葉のシニフィアンになりうるが、すべての文字が言葉にシニフィアンの材料を提供するわけではない。むしろ、文字には、これから言語記号の要素（シニフィアン）と結ばれるかもしれない物質として、シニフィアンの手前にとどまっている一面がある。

精神分析の歴史で、フロイトは、はじめに神経症（ヒステリー）の症状に目を向けた。そこには心的に相反して、もつれ合った動きが、対立したまま、何か煮え切らずに妥協しているところがあった。彼は、そこに何かうまくいかないもの、やり損なっているもの、欠けているものを認めて、それが多かれ少なかれ、患者に苦しみとして体験されているのを見た。その後、ラカンは、フロイトの神経症における対立と葛藤が、ランガージュの効果によって生まれた妥協と見なした。それが症状である。その背景には、象徴界と現実界のしっくりいかない関係、齟齬、さらには断裂がある。言葉の世界に生きる「語る存在」としてのひとは、言葉に自分を委ね、その支配に服している。そこで、あまねく言葉が具えているしくじりや足りないところが、それぞれのひとに特有な症状となって現われる。しかし、

あとがき　333

それはまったくばらばらな症状ではなく、欠けたところを補おうとする努力が、いくつかの共通する現象として認められる。はたして、そのことをいくつもの集団や文化に敷衍して述べることができるだろうか。

　私は、ラカンが晩年に近づくほど「文字」に関心を寄せてきたのは、そのことに答えるヒントを与えるためだと考えたい。つまり、言葉の本質であるしくじりは、それぞれの集団や文化における文字の読み方と書き方の表現となって具体的に目に見えるものとなる。そこで、文字による表現は、それぞれの症状であると言うことができよう。文字は、集団のなかの言葉によるコミュニケーションから、つまりディスクールからこぼれ落ちたものであるが、それはたんなる残りものではなく、読まれるものであり、その読まれ方によってひとの症状を決定してしまうものである。同時に、いくら読んでも、そこに謎を残すことによって、ひとに書くことをやめさせないものである。この面から見れば、症状は文字の書かれ方によって形成される。また、その書かれ方は、集団のなかでコミュニケーションを実現しているディスクールと切っても切れないがゆえに、そこにおけるひとの話し方を決定している。

　本書で例にあげたR・バルトは、ヨーロッパ語における話し方の特徴を教条的、帝国主義的と呼んでいた。それは、言葉を意味で満杯にして、文字を完全に象徴的な記号としてひとの世界に取り込もうとする立場である。言いかえると、文字に、シニフィエとして記号化されない部分を残さない。つまり、記号としての文字を書くことによって、シニフィアンを究極のシニフィエに一致させようとする立場である。彼は、それを記号の帝国主義と呼び、それに対して、シニフィアンを究極のシニフィエに向かわせようとする束縛から解き放し、文字に記号化されない部分を残したままにしておく立場を「その他」と呼んだ。そして、彼の目には、「日本」がその好例と映ったのである。ラカンの立場からすれば、帝国主義は、たんに対象aに対する幻想を土台にして、ランガージュの性質を見失っている。だが、症状は「帝国主義／その他」の一方だけに現われるわけではない。それぞれの話し方に、それぞれの形で現われるのである。

　ディスクールのなかで、ひとは「主体」として、はじめに「見かけ」の

ポジションをとる。そこから主体を代理表象して、究極のシニフィエに向かおうとするシニフィアンから生じるのは、いわば一義性の症状である。一方、シニフィアンが究極のシニフィエに向かわず、言葉や文字に何も意味しない余地を残したまま、次つぎに入れ代わる動きから生じるのは、多義性の症状である。バルトはヨーロッパ語の、言葉に意味を詰め込もうとする教条主義的な意味体系の文化を耐えがたいとしながら、シニフィアンにシニフィエからの自由を許し、言葉から意味を免除（exemption）している日本語の環境が、自分を高揚させると言っている。だが、むろん日本でも、ひとは話すのをやめることはない。ラカンは精神分析家として、バルトを大いに魅惑した文化のなかに、多義性の症状の現われを嗅ぎつけた。二つの意味体系では、ともにひとが言語活動（ランガージュ）の性質を見誤っているのが共通しているのだ。その証拠を示した日本語の例は、ほんの一端であるにしても、理論の要諦に直結している。

　たしかに、それはほんの一端だが、だれもが日本語を使って体験している日常の表面的な印象とつながる。つまり日本語では、ひとは言葉を、ただ言っているだけである。言いかえると、ひとの言っていることと、やっていることは、ほとんど関係がない。精神分析からすれば、そこから欲望と無意識を読みとるのは、並大抵のことではないだろう。その欲望や無意識も、漢字の表意性をもとにして作った音読みの翻訳語である。理論は、精神分析ならずとも、言葉の意味作用とともに進むその論理性、つまり意味のつながりから離れることはできない。そこで、日本語による精神分析は、翻訳語を意味の多義性のなかに放っておいたままでは、その理論を口にすることと精神分析することとは、まるで関係がないと思うことから始めなくてはならないだろう。

　漢字は、はじめは日本語を書き記すための表音文字として使われたが、そもそも、その表語文字としての性質から、一字一字に何か意味があるように見える。象形的な表意文字としても、無意味ではない。しかし、それは文字の見かけとともに生まれる意味であって、その後、日本語で、漢字は見かけとしての性質を失わなかった。そして、伝来の漢字は、その特徴によって、まだ意味を帯びていない創設的シニフィアンとして、不可能な

あとがき　　335

享楽につながる面があるとともに、その後、日本語のなかで、感覚的な受け取りによる情動的な反応と、その過程から生まれる意味から遠ざかることはなかったのである。

　ラカンは、バルトの著書（『記号の帝国』）についてふれたさい、「見かけほど、文字によって穿たれた空虚から遠いものはない」と語った。文字は、もともとそれ自体が見かけであるが、それによって穿たれた空虚を埋めるのも、また見かけの他にない。漢字の音読みには、何の意味もない。音読みによって意味される日本語はないのである。しかし、そこには正反対の含みがある。漢字を音読みするのも見かけの仕草であるが、それはもっぱら空虚（無意味）を埋めるための見かけである。だが、意味は、その空虚な仕草から生まれる。それゆえ、音読みされた漢字は、どれほど多義性のなかに迷い込んでも、そこから日本語のなかに意味が生まれる材料となっている。

　「あとがき」を借りて、ついくどくど書いてしまったが、最後に、本書の原稿をはじめから丁寧に読んで下さった林行秀氏に厚くお礼を申し上げたい。同氏には、前著『ラカン「レトゥルディ」読解』のときと同じように、大意、評注から、本論の各章を書き終えるたびに原稿をお送りしたが、そのつどメールで詳しい意見を返して下さり、しばらくしてからは、せりか書房の船橋純一郎氏も同席して、じっさいに会って意見を交換し、細かく検討して下さった。また、制作にあたっては、船橋氏とともに、せりか書房の方々に大変お世話になった。諸氏に、末尾ながら、深い感謝の念をお伝えしたい。

　2017 年 8 月 20 日　　　　　　　　　　　　　　　　佐々木孝次

Lituraterre

Ce mot se légitime de l'Ernout et Meillet : lino, litura, liturarius. Il m'est venu, pourtant, de ce jeu du mot dont il arrive qu'on fasse esprit : le contrepet revenant aux lèvres, le renversement à l'oreille.

Ce dictionnaire (qu'on y aille) m'apporte auspice d'être fondé d'un départ que je prenais (partir, ici est répartir) de l'équivoque dont Joyce (James Joyce, dis-je) glisse d'a letter à a litter, d'une lettre (je traduis) à une ordure.

On se souvient qu'une « messe-haine » à lui vouloir du bien, lui offrait une psychanalyse, comme on ferait d'une douche. Et de Jung encore...

Au jeu que nous évoquons, il n'y eût rien gagné, y allant tout droit au mieux de ce qu'on peut attendre de la psychanalyse à sa fin.

A faire litière de la lettre, est-ce saint Thomas encore qui lui revient, comme l'œuvre en témoigne tout de son long ?

Ou bien la psychanalyse atteste-t-elle là sa convergence avec ce que notre époque accuse du débridement du lien antique dont se contient la pollution dans la culture?

J'avais brodé là-dessus, comme par hasard un peu avant le mai de 68, pour ne pas faire défaut au paumé de ces affluences que je déplace où je fais visite maintenant, à Bordeaux ce jour-là. La civilisation, y rappelai-je en prémisse, c'est l'égout.

Il faut dire sans doute que j'étais las de la poubelle à laquelle j'ai rivé mon sort. On sait que je ne suis pas seul à, pour partage, l'avouer.

L'avouer ou, prononcé à l'ancienne, l'avoir dont Beckett fait balance au doit qui fait déchet de notre être, sauve l'honneur de la littérature, et me relève du privilège que je croirais tenir ma place.

La question est de savoir si ce dont les manuels semblent faire étal, soit que la littérature soit accommodation des restes, est affaire de collocation dans l'écrit de ce qui d'abord serait chant, mythe parlé, procession dramatique.

Pour la psychanalyse, qu'elle soit appendue à l'Œdipe, ne la qualifie en rien pour s'y retrouver dans le texte de Sophocle. L'évocation par Freud d'un texte de Dostoïevski ne suffit pas pour dire que la critique de textes, chasse jusqu'ici gardée du discours universitaire, ait reçu de la psychanalyse plus d'air.

Ici mon enseignement a place dans un changement de configuration qui s'affiche d'un slogan de promotion de l'écrit, mais dont d'autres témoignages, par exemple, que ce soit de nos jours qu'enfin Rabelais soit lu, montrent un déplacement des intérêts à quoi je m'accorde mieux.

J'y suis comme auteur moins impliqué qu'on n'imagine, et mes Écrits, un titre plus ironique qu'on ne croit : quand il s'agit soit de rapports, fonction de Congrès, soit disons de « lettres ouvertes » où je fais question d'un pan de mon enseignement.

Loin en tout cas de me commettre en ce frotti-frotta littéraire dont se dénote le psychanalyste en mal d'invention, j'y dénonce la tentative immanquable à démontrer l'inégalité de sa pratique à motiver le moindre jugement littéraire.

Il est pourtant frappant que j'ouvre ce recueil d'un article que j'isole de sa chronologie, et qu'il s'y agisse d'un conte, lui-même bien particulier de ne pouvoir rentrer dans la liste ordonnée des situations dramatiques : celui de ce qu'il advient de la poste d'une lettre missive, d'au su de qui se passent ses renvois, et de quels termes s'appuie que je puisse la dire venue à destination, après que, des détours qu'elle y a subis, le conte et son compte se soient soutenus sans aucun recours à son contenu. Il n'en est que plus remarquable que l'effet qu'elle porte sur ceux qui tour à tour la détiennent, tout arguant du pouvoir qu'elle confère qu'ils soient pour y prétendre, puisse s'interpréter, ce que je fais, d'une féminisation.

Voilà le compte bien rendu de ce qui distingue la lettre du signifiant même qu'elle emporte. En quoi ce n'est pas faire métaphore de l'épistole. Puisque le conte consiste en ce qu'y passe comme muscade le message dont la lettre y fait péripétie sans lui.

Ma critique, si elle a lieu d'être tenue pour littéraire, ne saurait porter, je m'y essaie, que sur ce que Poe fait d'être écrivain à former un tel message sur la lettre. Il est clair qu'à n'y pas le dire tel quel, ce n'est pas insuffisamment, c'est d'autant plus rigoureusement qu'il l'avoue.

Néanmoins l'élision n'en saurait être élucidée au moyen de quelque trait de sa psychobiographie : bouchée plutôt qu'elle en serait.

(Ainsi la psychanalyste qui a récuré les autres textes de Poe, ici déclare forfait de son ménage.)

Pas plus mon texte à moi ne saurait-il se résoudre par la mienne : le vœu que je formerais par exemple d'être lu enfin convenablement. Car encore faudrait-il pour cela qu'on développe ce que j'entends que la lettre porte pour arriver toujours à sa destination.

Il est certain que, comme d'ordinaire, la psychanalyse ici reçoit, de la littérature, si elle en prend du refoulement dans son ressort une idée moins psychobiographique.

Pour moi si je propose à la psychanalyse la lettre comme en souffrance, c'est qu'elle y montre son échec. Et c'est par là que je l'éclaire : quand j'invoque ainsi les lumières, c'est de démontrer où elle fait trou. On le sait depuis longtemps : rien de plus important en optique, et la plus récente physique du photon s'en arme.

Lituraterre   339

Méthode par où la psychanalyse justifie mieux son intrusion : car si la critique littéraire pouvait effectivement se renouveler, ce serait de ce que la psychanalyse soit là pour que les textes se mesurent à elle, l'énigme étant de son côté.

Mais ceux dont ce n'est pas médire à avancer que, plutôt qu'ils l'exercent, ils en sont exercés, à tout le moins d'être pris en corps –, entendent mal mes propos.

J'oppose à leur adresse vérité et savoir : c'est la première où aussitôt ils reconnaissent leur office, alors que sur la sellette, c'est leur vérité que j'attends. J'insiste à corriger mon tir d'un savoir en échec : comme on dit figure en abyme, ce n'est pas échec du savoir. J'apprends alors qu'on s'en croit dispensé de faire preuve d'aucun savoir.

Serait-ce lettre morte que j'aie mis au titre d'un de ces morceaux que j'ai dit Écrits..., de la lettre l'instance, comme raison de l'inconscient ?

N'est-ce pas désigner assez dans la lettre ce qui, à devoir insister, n'est pas là de plein droit si fort de raison que ça s'avance ? La dire moyenne ou bien extrême, c'est montrer la bifidité où s'engage toute mesure, mais n'y a-t-il rien dans le réel qui se passe de cette médiation ? La frontière certes, à séparer deux territoires, en symbolise qu'ils sont mêmes pour qui la franchit, qu'ils ont commune mesure. C'est le principe de l'Umwelt, qui fait reflet de l'Innenwelt. Fâcheuse, cette biologie qui se donne déjà tout de principe : le fait de l'adaptation notamment ; ne parlons pas de la sélection, elle franche idéologie à se bénir d'être naturelle.

La lettre n'est-elle pas... littorale plus proprement, soit figurant qu'un domaine tout entier fait pour l'autre frontière, de ce qu'ils sont étrangers, jusqu'à n'être pas réciproques ?

Le bord du trou dans le savoir, voilà-t-il pas ce qu'elle dessine. Et comment la psychanalyse, si, justement ce que la lettre dit « à la lettre » par sa bouche, il ne lui fallait pas le méconnaître, comment pourrait-elle nier qu'il soit, ce trou, de ce qu'à le combler, elle recoure à y invoquer la jouissance ?

Reste à savoir comment l'inconscient que je dis être effet de langage, de ce qu'il en suppose la structure comme nécessaire et suffisante, commande cette fonction de la lettre.

Qu'elle soit instrument propre à l'écriture du discours, ne la rend pas impropre à désigner le mot pris pour un autre, voire par un autre, dans la phrase, donc à symboliser certains effets de signifiant, mais n'impose pas qu'elle soit dans ces effets primaire.

Un examen ne s'impose pas de cette primarité, qui n'est même pas à supposer, mais de ce qui du langage appelle le littoral au littéral.

Ce que j'ai inscrit, à l'aide de lettres, des formations de l'inconscient pour les récupérer de ce dont Freud les formule, à être ce qu'elles sont, des effets de signifiant, n'autorise pas à faire de la lettre un signifiant, ni à l'affecter, qui plus est, d'une primarité au regard du signifiant.

Un tel discours confusionnel n'a pu surgir que de celui qui m'importe. Mais il m'importe dans un autre que j'épingle, le temps venu, du discours universitaire, soit du savoir mis en usage à partir du semblant.

Le moindre sentiment que l'expérience à quoi je pare, ne peut se situer que d'un autre discours, eût dû garder de le produire, sans l'avouer de moi. Qu'on me l'épargne Dieu merci ! n'empêche pas qu'à m'importer au sens que je viens de dire, on m'importune.

Si j'avais trouvé recevables les modèles que Freud articule dans une Esquisse à se forer de routes impressives, je n'en aurais pas pour autant pris métaphore de l'écriture. Elle n'est pas l'impres-

Lituraterre   341

sion, ce n'en déplaise au bloc magique.

Quand je tire parti de la lettre à Fliess 52e, c'est d'y lire ce que Freud pouvait énoncer sous le terme qu'il forge du WZ, Wahrnehmungszeichen, de plus proche du signifiant, à la date où Saussure ne l'a pas encore reproduit (du signans stoïcien).

Que Freud l'écrive de deux lettres, ne prouve pas plus que de moi, que la lettre soit primaire.

Je vais donc essayer d'indiquer le vif de ce qui me paraît produire la lettre comme conséquence, et du langage, précisément de ce que je dis : que l'habite qui parle.

J'en emprunterai les traits à ce que d'une économie du langage permet de dessiner ce que promeut à mon idée que littérature peut-être vire à lituraterre.

On ne s'étonnera pas de m'y voir procéder d'une démonstration littéraire puisque c'est là marcher du pas dont la question se produit. En quoi pourtant peut s'affirmer ce qu'est une telle démonstration.

Je reviens d'un voyage que j'attendais de faire au Japon de ce que d'un premier j'avais éprouvé… de littoral. Qu'on m'entende à demi-mot de ce que tout à l'heure de l'Umwelt j'ai répudié comme rendant le voyage impossible : d'un côté donc, selon ma formule, assurant son réel, mais prématurément, seulement d'en rendre, mais de maldonne, impossible le départ, soit tout au plus de chanter « Partons ».

Je ne noterai que le moment que j'ai recueilli d'une route nouvelle, à la prendre de ce qu'elle ne fut plus comme la première fois interdite. J'avoue pourtant que ce ne fut pas à l'aller le long du cercle arctique en avion, que me fit lecture ce que je voyais de la plaine sibérienne.

Mon essai présent, en tant qu'il pourrait s'intituler d'une sibériéthique, n'aurait donc pas vu le jour si la méfiance des Soviétiques m'avait laissé voir les villes, voire les industries, les installations militaires qui leur font prix de la Sibérie, mais ce n'est que condition accidentelle, quoique moins peut-être à la nommer accidentelle, à y indiquer l'accident d'un amoncellement de l'occire.

Seule décisive est la condition littorale, et celle-là ne jouait qu'au retour d'être littéralement ce que le Japon de sa lettre m'avait sans doute fait ce petit peu trop qui est juste ce qu'il faut pour que je le ressente, puisque après tout j'avais déjà dit que c'est là ce dont sa langue s'affecte éminemment.

Sans doute ce trop tient-il à ce que l'art en véhicule : j'en dirai le fait de ce que la peinture y démontre de son mariage à la lettre, très précisément sous la forme de la calligraphie.

Comment dire ce qui me fascine dans ces choses qui pendent, kakémono que ça se jaspine, pendent aux murs de tout musée en ces lieux, portant inscrits des caractères, chinois de formation, que je sais un peu, mais qui, si peu que je les sache, me permettent de mesurer ce qui s'en élide dans la cursive, où le singulier de la main écrase l'universel, soit proprement ce que je vous apprends ne valoir que du signifiant : je ne l'y retrouve plus mais c'est que je suis novice. Là au reste n'étant pas l'important, car même à ce que ce singulier appuie une forme plus ferme, et y ajoute la dimension, la demansion, ai-je déjà dit, la demansion du papeludun, celle dont s'évoque ce que j'instaure du sujet dans le Hun-En-Peluce, à ce qu'il meuble l'angoisse de l'Achose, soit ce que je connote du petit a ici fait objet d'être enjeu de quel pari qui se gagne avec de l'encre et du pinceau ?

Tel invinciblement m'apparut, cette circonstance n'est pas rien : d'entre-les-nuages, le ruissellement, seule trace à apparaître, d'y opérer plus encore que d'en indiquer le relief en cette latitude, dans ce qui de la Sibérie fait plaine, plaine désolée d'aucune végétation que de reflets, lesquels poussent à l'ombre ce qui n'en miroite pas.

Le ruissellement est bouquet du trait premier et de ce qui l'efface. Je l'ai dit : c'est de leur conjonction qu'il se fait sujet, mais de ce que s'y marquent deux temps. Il y faut donc que s'y distingue la rature.

Rature d'aucune trace qui soit d'avant, c'est ce qui fait terre du littoral. Litura pure, c'est le littéral. La produire, c'est reproduire cette moitié sans paire dont le sujet subsiste. Tel est l'exploit de la calligraphie. Essayez de faire cette barre horizontale qui se trace de gauche à droite pour figurer d'un trait l'un unaire comme caractère, vous mettrez longtemps à trouver de quel appui elle s'attaque, de quel suspens elle s'arrête. À vrai dire, c'est sans espoir pour un occidenté.

Il y faut un train qui ne s'attrape qu'à se détacher de quoi que ce soit qui vous raye.

Entre centre et absence, entre savoir et jouissance, il y a littoral qui ne vire au littéral qu'à ce que ce virage, vous puissiez le prendre le même à tout instant. C'est de ça seulement que vous pouvez vous tenir pour agent qui le soutienne.

Ce qui se révèle de ma vision du ruissellement, à ce qu'y domine la rature, c'est qu'à se produire d'entre les nuages, elle se conjugue à sa source, que c'est bien aux nuées qu'Aristophane me hèle de trouver ce qu'il en est du signifiant : soit le semblant, par excellence, si c'est de sa rupture qu'en pleut, effet à ce qu'il s'en précipite, ce qui y était matière en suspension.

Cette rupture qui dissout ce qui faisait forme, phénomène, météore, et dont j'ai dit que la science s'opère à en percer l'aspect, n'est-ce pas aussi que ce soit d'en congédier ce qui de cette rupture ferait jouissance à ce que le monde ou aussi bien l'immonde, y ait pulsion à figurer la vie.

Ce qui de jouissance s'évoque à ce que se rompe un semblant, voilà ce qui dans le réel se présente comme ravinement.

C'est du même effet que l'écriture est dans le réel le ravinement du signifié, ce qui a plu du semblant en tant qu'il fait le signifiant. Elle ne décalque pas celui-ci, mais ses effets de langue, ce qui s'en forge par qui la parle. Elle n'y remonte qu'à y prendre nom, comme il arrive à ces effets parmi les choses que dénomme la batterie signifiante pour les avoir dénombrées.

Plus tard de l'avion se virent à s'y soutenir en isobares, fût-ce à obliquer d'un remblai, d'autres traces normales à celles dont la pente suprême du relief se marquait de cours d'eau.

N'ai-je pas vu à Osaka comment les autoroutes se posent les unes sur les autres comme planeurs venus du ciel ? Outre que là-bas l'architecture la plus moderne retrouve l'ancienne à se faire aile à s'abattre d'un oiseau.

Comment le plus court chemin d'un point à un autre se serait-il montré sinon du nuage que pousse le vent tant qu'il ne change pas de cap ? Ni l'amibe, ni l'homme, ni la branche, ni la mouche, ni la fourmi n'en eussent fait exemple avant que la lumière s'avère solidaire d'une courbure universelle, celle où la droite ne se soutient que d'inscrire la distance dans les facteurs effectifs d'une dynamique de cascade.

Il n'y a de droite que d'écriture, comme d'arpentage que venu du ciel.

Mais écriture comme arpentage sont artefacts à n'habiter que le langage. Comment l'oublierions-nous quand notre science n'est opérante que d'un ruissellement de petites lettres et de graphiques combinés ?

Sous le pont Mirabeau certes, comme sous celui dont une revue qui fut la mienne se fit enseigne, à l'emprunter ce pont-oreille à Horus Apollo, sous le pont Mirabeau, oui, coule la Seine primitive, et c'est une scène telle qu'y peut battre le V romain de l'heure cinq (cf. l'Homme aux loups). Mais aussi bien n'en jouit-on qu'à ce qu'y pleuve la parole d'interprétation.

Que le symptôme institue l'ordre dont s'avère notre politique, implique d'autre part que tout ce qui s'articule de cet ordre soit passible d'interprétation.

C'est pourquoi on a bien raison de mettre la psychanalyse au chef de la politique. Et ceci pourrait n'être pas de tout repos pour ce qui de la politique a fait figure jusqu'ici, si la psychanalyse s'en avérait avertie.

Il suffirait peut-être, on se dit ça sans doute, que de l'écriture nous tirions un autre parti que de tribune ou de tribunal, pour que s'y jouent d'autres paroles à nous en faire le tribut.

Il n'y a pas de métalangage, mais l'écrit qui se fabrique du langage est matériel peut-être de force à ce que s'y changent nos propos.

Est-il possible du littoral de constituer tel discours qui se caractérise de ne pas s'émettre du semblant ? Là est la question qui ne se propose que de la littérature dite d'avant-garde, laquelle est elle-même fait de littoral : et donc ne se soutient pas du semblant, mais pour autant ne prouve rien que la cassure, que seul un discours peut produire, avec effet de production.

Ce à quoi semble prétendre une littérature en son ambition de lituraterrir, c'est de s'ordonner d'un mouvement qu'elle appelle scientifique.

Il est de fait que l'écriture y a fait merveille et que tout marque que cette merveille n'est pas près de se tarir.

Cependant la science physique se trouve, va se trouver ramenée à la considération du symptôme dans les faits, par la pollution de ce que du terrestre on appelle, sans plus de critique de l'Umwelt, l'environnement : c'est l'idée d'Uexküll behaviourisée, c'est-à-dire crétinisée.

Pour lituraterrir moi-même, je fais remarquer que je n'ai fait dans le ravinement qui l'image, aucune métaphore. L'écriture est ce ravinement même, et quand je parle de jouissance, j'invoque légitimement ce que j'accumule d'auditoire : pas moins par là celles dont je me prive, car ça m'occupe.

Je voudrais témoigner de ce qui se produit d'un fait déjà marqué : à savoir celui d'une langue, le japonais, en tant que la travaille l'écriture.

Qu'il y ait inclus dans la langue japonaise un effet d'écriture, l'important est qu'il reste attaché à l'écriture et que ce qui est porteur de l'effet d'écriture y soit une écriture spécialisée en ceci qu'en japonais elle puisse se lire de deux prononciations différentes : en on-yomi sa prononciation en caractère, le caractère se prononce comme tel distinctement, en kun-yomi la façon dont se dit en japonais ce qu'il veut dire.

Ça serait comique d'y voir désigner, sous prétexte que le caractère est lettre, les épaves du signifiant courant aux fleuves du signifié. C'est la lettre comme telle qui fait appui au signifiant selon sa loi de métaphore. C'est d'ailleurs : du discours, qu'il la prend au filet du semblant.

Elle est pourtant promue de là comme référent aussi essentiel que toute chose, et ceci change le statut du sujet. Qu'il s'appuie sur un ciel constellé, et non seulement sur le trait unaire, pour son identification fondamentale, explique qu'il ne puisse prendre appui que sur le Tu, c'est-à-dire sous toutes les formes grammaticales dont le moindre énoncé se varie des relations de politesse qu'il im-

Lituraterre   347

plique dans son signifié.

La vérité y renforce la structure de fiction que j'y dénote, de ce que cette fiction soit soumise aux lois de la politesse.

Singulièrement ceci semble porter le résultat qu'il n'y ait rien à défendre de refoulé, puisque le refoulé lui-même trouve à se loger de la référence à la lettre.

En d'autres termes le sujet est divisé comme partout par le langage, mais un de ses registres peut se satisfaire de la référence à l'écriture et l'autre de la parole.

C'est sans doute ce qui a donné à Roland Barthes ce sentiment enivré que de toutes ses manières le sujet japonais ne fait enveloppe à rien. L'Empire des signes, intitule-t-il son essai voulant dire : empire des semblants.

Le Japonais, m'a-t-on dit, la trouve mauvaise. Car rien de plus distinct du vide creusé par l'écriture que le semblant. Le premier est godet prêt toujours à faire accueil à la jouissance, ou tout au moins à l'invoquer de son artifice.

D'après nos habitudes, rien ne communique moins de soi qu'un tel sujet qui en fin de compte ne cache rien. Il n'a qu'à vous manipuler : vous êtes un élément entre autres du cérémonial où le sujet se compose justement de pouvoir se décomposer. Le bunraku, théâtre des marionnettes, en fait voir la structure tout ordinaire pour ceux à qui elle donne leurs mœurs elles-mêmes.

Aussi bien, comme au bunraku tout ce qui se dit pourrait-il être lu par un récitant. C'est ce qui a dû soulager Barthes. Le Japon est l'endroit où il est le plus naturel de se soutenir d'un ou d'une interprète, justement de ce qu'il ne nécessite pas l'interprétation.

C'est la traduction perpétuelle faite langage.

Ce que j'aime, c'est que la seule communication que j'y aie eue (hors les Européens avec lesquels je sais manier notre malentendu culturel), c'est aussi la seule qui là-bas comme ailleurs puisse être communication, de n'être pas dialogue : à savoir la communication scientifique.

Elle poussa un éminent biologiste à me démontrer ses travaux, naturellement au tableau noir. Le fait que, faute d'information, je n'y compris rien, n'empêche pas d'être valable ce qui restait écrit là. Valable pour les molécules dont mes descendants se feront sujets, sans que j'aie jamais eu à savoir comment je leur transmettais ce qui rendait vraisemblable qu'avec moi je les classe, de pure logique, parmi les êtres vivants.

Une ascèse de l'écriture ne me semble pouvoir passer qu'à rejoindre un « c'est écrit » dont s'instaurerait le rapport sexuel.

Littérature, 1971, no3, pp3-10

筆者紹介

佐々木孝次（ささき　たかつぐ）

1938 年生まれ

著書　『母親・父親・掟』（せりか書房、1979 年）、『ラカンの世界』（弘文堂、1984 年）、『三熊野幻想』（せりか書房、1989 年）、『蟲物としての言葉』（有斐閣、1989 年）、『エディプス・コンプレックスから模倣の欲望へ』（状況出版、1996 年）『文字と見かけの国──バルトとラカンの「日本」』（太陽出版、2007 年）、『「気」の精神分析』（せりか書房、2011 年）、『ラカン『アンコール』解説』（共著、せりか書房、2013 年）、『ラカン『レトゥルディ』読解』（せりか書房、2015 年）他。

訳書　J・ラカン『エクリ』Ⅰ，Ⅱ，Ⅲ（共訳、弘文堂、1972-1981 年）G・ロゾラート『精神分析における象徴界』（法政大学出版局、1980 年）、P・コフマン『フロイト＆ラカン事典』（監訳、弘文堂、1997 年）、J・ラカン『無意識の形成物』上・下（共訳、岩波書店、2005-2006 年）他。

ラカン「リチュラテール」論──大意・評注・本論

2017年　9月 28日　第 1 刷発行

著　者　佐々木孝次

発行者　船橋純一郎

発行所　株式会社 せりか書房

　　　　〒 112-0011　東京都文京区 1-29-12 深沢ビル

　　　　電話 03-5940-4700　振替 00150-6-143601

　　　　http://www.serica.co.jp

印　刷　信毎書籍印刷株式会社

装　幀　工藤強勝

ⓒ 2017 Printed in Japan

ISBN 978-4-7967-0368-0

精神分析関連書

ラカン『アンコール』解説 — 佐々木孝次・林行秀・荒谷大輔・小長野航太　本体 4300 円

ラカン『レトゥルディ』読解 — 佐々木孝次　本体 5,000 円

フロイト講義＜死の欲動＞を読む — 小林敏明　本体 2,500 円

「気」の精神分析 — 佐々木孝次　本体 2,800 円

ラカンと文学批評 — パメラ・タイテル　市村卓彦・荻本芳信 訳　本体 3,200 円

フロイトかユンクか — エドワード・グローヴァー　岸田秀 訳　本体 2,500 円

無意識と精神分析 — ジャン－ポール・シャリエ　岸田秀 訳　本体 1,300 円

ファシズムの大衆心理（上） — ヴィルヘルム・ライヒ　平田武靖 訳　本体 2,000 円

ファシズムの大衆心理（下） — ヴィルヘルム・ライヒ　平田武靖 訳　本体 1,800 円

せりか書房